कल्पना से भी अपरिचितः राजीव गाँधीजी का कपटवध

हरीश वेणुगोपालन

INDIA · SINGAPORE · MALAYSIA

ISBN 979-8-89002-872-3

अनुक्रम

भाग 1

भाग 2
प्रश्नऔर उत्तर

प्रस्तावना

मोहनराज जेबमणि

मैं मोहनराज जेबमणिजीके मौल्यवान आगत के लिए हृदयपूर्वक धन्यवाद करता हूँ। इस पुस्तक में अधिक जानकारी उन्ही से प्राप्त हुई है।

मैं कृष्णस्वामीजी (कोइम्बतूर) के कई विषयों पर समय पर सहायता करने के साथ आर्थिक सहायता के लिए हृदय से कृतज्ञता व्यक्त करता हूँ। मेरी अभिलाषा इस पुस्तक में जानकारी उपलब्ध करवाने के लिए जो भी संपर्क संख्या, विभिन्न पुस्तक सन्दर्भ थे सभी मेरे घर में, मेरे फोन पर उनके द्वारा प्राप्त हो जातेथे। किसी न किसी तरह से, हम तीनों के लिए यह पुस्तक एक स्वप्न परियोजना है – मोहनराज, कृष्णास्वामी और मैं।

मैंने इस पुस्तक के लिए मोहनराज तथा कृष्णस्वामीजी से कई रूपों में अपार योगदान प्राप्त किया हूं जिनमें से अल्प मात्र को ही ऊपर वर्णित कर सका हूँ।

मैं स्व.रगोथमन (विशेष अन्वेषण टीम – एसआईटी), दौरैस्वामी (नलिनी मुरुगन के विधिवक्ता), पोन कृष्णमूर्ति (मरगधम चंद्रशेखर के निकटम परिसहायक), त्रिची वेलुस्वामी (लेखक एवं कोंग्रेस के कार्यकर्ता), अनुसूया डेसी (पूर्व पुलिस अधिकारी एवं श्रीपेरुम्बुदुरके विस्फोटकमेंगंभीर रूप से घायल व्यक्ति), कराटे थ्यागराजन (पूर्व कोंग्रेस कार्यकर्तातथा इस समय भारतीय जनता पार्टी – बीजेपी के सदस्य), धननचेज़ियन (मूपनार अंतर्गत पूर्व कोंग्रेस कार्यकर्ता), डॉ. एच.वी हांडे(वरिष्ठ राजनैतिज्ञ) तथा रमेश दलाल (लेखक एवं चंद्रस्वामी के साथ निकटता से रहें) आपके अमूल्य समय मुझे प्रदान करने के लिए आभारी हूँ।

मैं क्रिस्टोफर क्लंकर (जर्मनी में मेरा मित्र), भारनिधरण रामास्वामी (अल्फ़ा मेट्रिक्यूलेशन से मेरा मित्र) एवं जे.वी रजनीकांत (पीएसएसबी एवं मेट्रिक्यूलेशन से मेरा मित्र) मेरे

पुस्तक में से प्रालेख की प्रतियों का अवलोकन करने के लिए एवं समय पर मौल्यवान प्रतिपुष्टि प्रदान करने के लिए आभार व्यक्त करता हूँ।

मैं डॉ. संथम (पीएसबीसीबी से मेरा मित्र) समाचार तथा टीवी मीडिया में उसके बहुमूल्य संपर्क के लिए मेरा हृत्पूर्वक आभार। मैं मुकेश कोर्डिया (वेंकट सुब्बा राव स्कूल से मेरा मित्र) हिंदी भाषा में कुछ नमूने अध्यायों पर गौर करने के लिए धन्यवाद करता हूँ।

मैं पीएसबीसीबी से मेरा मित्र कार्तिक के लिए आभार व्यक्त करता हूँ जिसने बरसाती दिन में, अपनी कार से मोहनराज, धननचेज़ियान और मुझे श्रीपेरुम्बुदुर में छोड़ा था। यह उत्तम भाव था।

मैं विमला ठक्कर अनुवाद में उनके योगदान के लिए एवं उदार वित्तीय भाव के लिए धन्यवाद करता हूँ।

मैं मारिया सेल्वराज का तमिल में अनुवाद करने के लिए तथा तेजस्विनी चिकमठ का हिंदी भाषा में अनुवाद करने के लिए धन्यवाद करता हूँ।

मैं दिल्ली के प्राणिक हीलिंग फ़ौंडेशन विभाजी (सुश्री विभा शर्मा) का मनःपूर्वक आभार व्यक्त करता हूँ, जिनके कारण आर्थिक सहायता प्राप्ति पर मैं सहजता से पुस्तक पर ध्यान केन्द्रित कर पाया।

मैं अपने अभिभावक का धन्यवाद करता हूँ– मेरे पिताजी से संपर्क कुशलता प्राप्त करने के लिए और मेरी माँ –इस पुस्तक की सफलतापूर्वक रचना करते देख वे (ख़ुशी से) आश्चर्यचकित हुईं हैं।

मैं कई लोगों का धन्यवाद करता हूँ जिन्होंने मुझे इस पुस्तक की यात्रा में प्रेरित किये एवं सहायक रहें हैं।

अंततः किन्तु प्रामुख्य से, मैं ग्रैंड मास्टर चोआ कोक सुई एवं अन्य अध्यात्मिक गुरुओं का कृतज्ञ हूँ जिन्होंने इस पुस्तक को पूर्ण करने में सहायक एवं मार्गदर्शी रहें हैं।

भाग ॥

18प्रऔर उ– फेरफैक्स, चंद्रस्वामी के बारे में आगे का प्रश्न, MAPS सिद्धांत, पीड़ित, दो समिती, अन्य पुस्तकों में से रोचक जानकारी, ऑलोफ पाल्मे एवं राजीवजी की हत्या

19प्रऔर उ – बोफोर्स एवं राजीवजी का कपटवध, बोफोर्स बंदूकों का मायादास समिति वृत्तांत, बोफोर्स - बदनामी प्रकटीकरण, बदनामी में क्वातरोच्ची की भूमिका

20प्रऔर उ – बोफोर्स का अन्वेषण दौरान अन्य रोचक निष्कर्ष, राजीवजी का कपटवध – कांट्रेक्ट जॉब?मल्टी डिसिप्लिनरी मोनिटरिंग एजेंसी (एम्डीएम्ए) प्रियंका का नलिनी से भेट, इतर, राजीवजी की हत्या के अन्य प्रयत्न, जैन आयोग की कार्यप्रणाली, अन्य अपूर्ण अन्वेषण सिद्धांत, क्वातरोच्ची की सभा

21प्रऔर उ – राजीवजी की यात्रा कार्येक्रम, आर.डी प्रधानजी का पुस्तक, पदोन्नति एवं पुरस्कार की प्रचुरता, आय.बी की भूमिका, भीष्म नारायण सिंह, हत्या का हलफनामा

मैं इस पुस्तक को इलयराजाजी के लिएसमर्पित करता हूँ। मेरे लिए वे प्रेरणा स्रोत हैं। निस्संदेह, जैसे उनके लाखों प्रशंसकों की तरह, उनका संगीत भी मुझे मेरे सोने से पेहले शानदार संगीत की दुनिया में ले जाता है। मैंने सुना है कि उनकी दिनचर्या, सुबह 6 बजे प्रारंभ होती है जब वे चेन्नई के टी.नगर में मुरुगेशन मार्ग द्वारा अपने घर से उनके रेकोर्डिंग स्टूडियो के लिए निकलते हैं। तो, अगर वे सुबह 6 बजे निकलते हैं तो सोचें की वे कितने बजे उठते होंगे? 03:30 बजे, 04:00 बजे? आपका अनुमान मेरे जैसा सही है। उनका संगीत मुझे परिचित, सुखदायक तथा शीतलता का प्रदान करती है। तमिल में कई ऐसे दिग्गज संगीत निर्देशक हैं जैसे एम् एस विश्वनाथन, ए आर रेहमान,

हैरिस जेयराज इन सभी को मैं पसंद करता हूँ लेकिन, मेरे लिए इलयराजा का संगीत भिन्न लगता है, क्यों कि ओरों का संगीत मेरे कानों में सुखदायक है किन्तु इलयराजा के संगीत सुनते ही मेरी अंतरात्मा को छू जाती है। इस प्रकार से मैं इस पुस्तक को इलयराजाजी जो मेरे द्रोणाचार्य हैं उन्हें समर्पित करता हूँ।

परिचय

किसी भी हत्या में, जिस व्यक्ति ने षड़यंत्र रचाया है वह सबसे बड़ा अपराधी है। जो व्यक्ति हत्या का निष्पादन करता है वह आपराधिक तो है ही लेकिन वह इतना बड़ा नहीं जिसने हत्या करने का निर्णय लिया हो। वैसे भी यह सभी जानते हैं की उस घटनास्थल पर केवल सात लोग थे जिन्हेंराजीव की हत्या प्रकरण में गिरफ्तार किये गए थे, वे ही घटनास्थल पर उपस्थित थे और उन्हें भारी सज़ा दी गई थी, प्रकरण को समाप्त करने के भी प्रयत्न किये गयेथे। तमिलनाडू के राज्य में, सात लोगों की मुक्ती के लिए सुनिश्चिता के साथ उत्सुक थे। एक व्यक्ती, अरिवू जो पेहले ही मुक्त हो चुका था। कई लोग तो दावा करते हैं किवोसैट लोग वास्तविक में अपराधी नही हैं। यदि वो वास्तविक में अपराधी नही हैंतो फिर असल में अपराधी कौन है/हैं? कोई भी इस प्रश्न को पूछने के लिए इच्छुक नहीं है/हैं। प्रकरण में असल अपराधियों का क्या हुआ?

पूर्व केंद्रीय अन्वेषण ब्यूरो (सीबीआय)राजा विजय करण जो कपटवध के समय सीबीआय के मुख्य रहें, उनकी परिभाषा में राजीव शर्माजी कीहत्याकांडपर संबोधित करते हुए कहते हैं कि, राजनैतिक हत्याओं को सुलझाना सबसे कठिन कार्य है। लेकिन मेरे अभिमत में यह बिलकुल सही नहीं है। राजनैतिक हत्यायें सुलझाना बहुत आसान है।

अंतर्राष्ट्रीय संबंधों से जुड़े मामलों में भी, उद्देश्य एकदम साफ़ है। लेकिन प्रकरण लाना और साबित करना मुश्किल रहेगा क्यों कि जांचकर्ताओं पर भारी नैतिक दबाव रहेगा जो प्रकरण को तार्किक अंत तक नहीं ले जा सकते हैं जैसे की राजीवजी के प्रकरण में हुआहै। इसलिए, राजनैतिक हत्या प्रकरण सुलझाने में आसान होता है लेकिन वैध रूप से साबित करना सबसे कठिन कार्य होता है। राजीवजी का कपटवध प्रकरण जांचकर्ताओं के लिए थाल पर प्रदान किया गया था किन्तु एसआईटी सीबीआई को कारण ढूँढने के लिए अलग पेहलू पर गौर करना चुना, इसके कारण पाठक के लिए तब तक स्पष्ट हो जायेंगे जब पुस्तक पढ़कर पूर्ण करता /करती हैं।

राजीवजी के कपटवध के समय में, मैंने 10वी कक्षा पूर्ण करके नयी पाठशाला मद्रास के के.के नगर में अल्फ़ा मेट्रिक्युलेशन, पीएसएसबी में जाने की तैयारी कर रहा था।

मैं आराम था क्यों कि मैंने 10वी कक्षा में बहुत अच्छे अंक प्राप्त कर लिए थे (मैं आश्चर्य था)। किन्तु मई 21 के दिन कपटवध का समाचार सुनकर मुझे एवं संपूर्ण देश के लिए एक झटका था। जिस तरह से जांच हो रही थी वहाँ

पर कुछ अफवाहें एवं दोषानुसंधन थे। परंतु मद्रास से दो प्रख्यात पत्रकार जिनके लिए मेरे मन में बहुत सम्मान था, एसआईटी के प्रमुख्य कार्तिकेयन, उनकी दाहिनी तरफ– चो रामास्वामी तथा उनकी बायीं तरफ – एन राम और उनके दल थे सभी मिलकर प्रधान के गुणगान कर रहे थे। इसलिए मुझे भी यह प्रतीत हुआ कि जांच सही ढंग से हो रही है।

उस समय, मुझे ज्ञात नहीं था कि 31 साल बाद, मैं पुस्तक लिखूंगा, केवल त्रुटियों एवं अन्वेषण में जानबूझकर सत्य से वंचित रखना नहीं बल्कि षड्यंत्र की तह तक जाने का प्रयत्न था।

जैसे की प्रकरण में, चाहे कोई भी दाहिनी तरफ झुके या बायीं तरफ, बीजेपी हो या कोंग्रेस, एआईएडीएमके या डीएमके अथवा कोई भी राजनीती से घृणा करता हो, सच्चाई ये है कि इस देश के भूतपूर्व प्रधान मंत्री की हत्या 15 अन्य लोगों (दो लोगों को छोड़कर जिन्होंने हत्याकांड में सहभागी हुए थे) के साथ निर्दयता से की गई थी। सत्य उजागर करना ही मेरा प्रयास है।

कोई भी, कुछ भी लिख सकता है। किन्तु जिसके पास साक्ष्य हैं उसे सिद्धांत की क्या आवश्यकता? यही महत्त्वपूर्ण है।

मैंने जो लिखा है, इस पुस्तक को पढ़ने के बाद पाठक को योग्यता के बारे में अपने निष्कर्ष निकालने के लिए प्रोत्साहित किया जाता है।

पढ़ने का आनंद लीजिये !

मोहनराज जेबमणि –
पूर्व पुलिस अधिकारी द्वारा प्रस्तावना

जून 1990 में, जब मुझे मेरी पत्नी से फोन आया तब मैलापोर पुलिस थाने में मैं अपराध निरीक्षक था। ईलम पीपल्स रेवलुशनरी लिबरेशन फ्रंट (ईपीआरएलएफ) के नेता पद्‌मनाभ, मेरे घर आये थे और मेरे पिताजी से बात कर रहे थे। मेरे पिताजी, नेल्लई जेबमणि, कोंग्रेस के वरिष्ठ नेता एवं कामराजजी के विश्वासपात्र थे। इसलिए, मैं पुलिस जीप से घर पहुंचा। मेरे घर के सामने खड़ा एक व्यक्ति मुझे दैहिक रूप से जांच किये बिना अंदर जाने के लिए मना किया। मैंने उससे कहा की यह मेरा घर है, किन्तु उसने मना किया और मेरी जांच करने के लिए आग्रह किया। जांच करने के बाद, पद्‌मनाभ के अंगरक्षक मुझे अंदर जाने दिये। पद्‌मनाभजी अंदर बैठे थे लेकिन उनका ट्रेडमार्क दाढ़ी गायब थी। वे शुद्ध मुंडे हुए थे। मैंने जब उनसे पूछा, उन्होंने कहा कि प्रभाकरन उन्हें निशाना बना लिया है और कभी भी उनकी हत्या हो सकती है। दुर्भाग्यवश, उन्होंने सत्य कहा था, प्रभाकरन एवं उसके गिरोह ने हमसे मिलने के पश्चात एक – दो हफ्ते में ही पद्‌मनाभजी की हत्या की गई।

तेज़ी से 1991 में जाते हैं, मैंमद्रास सिटी पुलिस केआसूचना विभाग में ट्रिप्लिकेन क्षेत्र की रक्षा करने के लिए था, 18 अप्रैल 1991 के दिन, राजीव गाँधी का आगमन मद्रास के अमीर महल में होनेवालाथा। मैं इस परिसर का प्रभारी था, जाने से पेहले मुझे जापान के रेड आर्मी के लोगों की दो तस्वीरें दिखाई गयी और मुझे यह कहा गया था कि इस उग्रवादी संगठन के लोग राजीवजी को निशाना बना सकते हैं, इसलिए मुझे सतर्क रहने के लिए कहा गया था। मुझे बताया गया था कि केवल विशेष आमंत्रिगण राजीव के साथ भोजनालय में भोजन करने की अनुमति दीगई है। जब मैं भोजन कक्ष पहुंचा, मैं अवाक रह गया, मैंने देखा कि यहाँ लगभग 50लोग इस कक्ष में उपस्थित हैं। राजीव गाँधी भीड़ से घेरे हुए थे और उनका दम घुट रहा था इसलिए मैंने कानून एवं व्यवस्था उपायुक्त

(डीसी) मोहम्मद अलीजी को सूचित किया, उन्होंने सभी को *"खुदाफिस, खुदाफिस"* कहकर स्वागत कर रहे थे। मैंने जब उनसे कहा कि राजीवजी भीड़ से घेरे हुए हैं तब उन्होंने कहा "तुम अपने काम से काम रखो"।

मैं चिढ़ गया और बाहर जाकर हूथायादासजी जो सहायक आयुक्त (एसी) (आसूचनाविभाग) थे स्पष्ट रूप से कहा, "सर, इस बार स्पष्ट रूप से जान लीजिये, इसके बाद यदि राजीव गाँधीजी की हत्या होती है तो मैं इसका जिम्मेदार नहीं रहूँगा"। उसके बाद, मुझे बी2 कानून विद्यापीठ पुलिस थाने का निरीक्षक – कानून और व्यवस्था पर भेजा गया। मई 21 के दिन, हूथायादासजी मुझे रात में बुलाये, उन्होंने मुझसे कहे "मोहनराज, तुमने जो कहा वह सच हुआ है। राजीवजी की हत्या हुई है"। उन्होंने भद्देपन से कहा, "सौभाग्यवश, उन्हें श्रीपेरुम्बुदुर में समाप्त किये बल्कि मद्रास में नहीं"।

हत्या के बाद एसआईटी दल से मुझे मेरे मित्रों से फ़ोन आया, उन्होंने बताया, "जो, अन्वेषण सही तरह से नहीं हो रही है इसलिए हम चाहेंगे की तुम इसमें शामिल हो जाओ"। मैं इसमें शामिल हुआ क्यों कि उस वक्त एसआईटी के लिए ज्यादा अधिकारीयों की आवश्यकता थी।

उन्होंने सही कहा था, यह प्रकरण अनियमितताओं से भरा हुआ था। मैं भवानी (डैरिल पीटर की पत्नी जिसकामृत्यु धमाके में हुई थीं) उनका पता एवं पत्र लेकर जिसमें वेलिखीं थीं कि ललित चंद्रशेखर की वजह से हम सभी अमरीका में कष्ट सहन कर रहें हैं। इसीलिए, हमने पत्र को कार्तिकियन के हाथ में दियेउन्होंने लिया और मुझसे कहा, "रगोथमन ने यदि यह देख लिया तो वह ज्यादा पिएगा" उन दिनों में, रगोथमन अमरीका में थे और प्रकरण से संबंधित कार्य के लिए गयेथे। मैंने उन पर विश्वास किया और वहाँ से चला गया। एक हफ्ते या दस दिन बाद जब रगोथमन वापिस आये, उत्सुक्तापूर्वक सेमैंनेउनसे पूछा, "भवानी से आपकी भेंट हुई? उन्होंने घूमकर पूछा, "कौनसी भवानी? कौन भवानी? तुम क्या बात कर रहे हो?" तब मुझे समझ आया की उस धूर्त व्यक्ति ने अपना खेल खेल चुका था।

हम बहुत मेहनत करते और दिन में केवल 3-4 घंटे ही सोतेथे। एक अच्छा दिन आया, हमें कहा गया, हम सभी सात विभिन्न जगहों पर छापा मारने के लिए जायेंगे। चौदह कार उसके लिए तैयार थे। उन स्थानों में से छापे के लिए रवीचंद्रन (वाइको का भाई) एवं सुब्बुलक्ष्मी जगदीशन थे। लेकिन अंत में, दिल्ली से एक फ़ोन आया और सभी छापे रद्द हुए।

यह किस ख़ुशी में किया गया था इस प्रश्न का उत्तर आज भी मेरे पास नहीं है। उसके बाद सिवरासन को जान-बूझकर आत्महत्या करने के लिए प्रेरित किया गया। उसे पकड़ने के लिए कोई प्रयत्न नहीं किये गए। मेजर रवी (कोणनकुंटे) स्थल पर कार्तिकेयन के सामने रोने के साथ बहस कर रहा था। लेकिन उस धूर्त ने अपने कान बहरे किये थे और उसे जाने की अनुमति नहीं दी।

एसआईटी की सभा जो घटना के कुछ दिन बाद आयोजित किया गया था, जब कार्तिकेयन प्रकरण की जानकारी दे रहे थे, मैंने टिप्पणी की, "यदि इस तरह से एसआईटी कार्यवाई करेगी तो मैं भी पकडे जाने से बच जाता"। मेरे मित्र/सहकर्मी हँसने लगे। शोर-गुल सुनने के बाद कार्तिकेयन ने टिप्पणी की, "मुझे भी हास्य को साझा करो यार, मैं भी इसका आनंद ले लूँ"।

तभी मैंने निर्णय लिया कि भविष्य में जब मेरी भेंट किसी एलटीटीई उग्रवादी से होगी तब मैं उसको ख़त्म कर दूंगा, वैसे भी, अन्वेषण सही ढंग से चल नहीं रही थी। इसी निर्णय के आधार पर, मैंने त्रिची संथन(एलटीटीई साथी) को समाप्त किया। हम में से कुछ लोग त्रिची में केंटोनमेंटपुलिस थाने पर खड़े थे, कार्तिकेयन दिल्ली से त्रिची तक हेलीकॉप्टर द्वारा सुशोभित ढंग से चलकर मेरे समीप आये जहाँ मैं खड़ा था और उदासीनतापूर्वक कहे, "संपूर्ण जग खुश है किन्तु मैं खुश नहीं हूँ"उनके कहने का अर्थ यह था कि मुझे उसे ज़िंदा ले जाना चाहिए था और उससे पूछताछ करनी चाहिए थी। ये उन व्यक्तियों में से थे जिन्होंने सिवरासन के प्रकरण में जानबूझकर मूर्ख बनाकर उसे आत्महत्या करने के लिए विवश किया। कार्तिकेयन अपनी पुस्तक में जो लिखेहैं, उसमें मेरा नाम नहीं लिखा है। उन्होंने सभी अधिकारीयों के नाम लिखे किन्तु उसमें मेरा नाम नहीं था क्यों कि प्रारंभ से ही मैं कपटपूर्ण तरीकों के विरुद्ध था जिसमें उसने षड्यंत्र को छिपाया था। उसके बारे में और भी इस पुस्तक में है।

इस घटना से पूर्व भी, जब हमने लॉरी ड्राइवर धनशेखर से पुछा, धनशेखर स्वीकार किया कि वह द्रविदर कज़ागम के (डीके) कोलथुरमणि था जिसके निर्देश पर उसे सिवरासन एवं सुभा को पूनमलीपेट्रोल बैंक से बेंगलोर तक छोड़ने के लिए कहा गया था।

वह हमारे पास आया और कहा, "आप कोलथुरमणि का एक बाल भी बांका नहीं कर सकते" राधाविनोद राजू एसआईटी में एक सज्जन अधिकारी थे। वे अच्छे व्यक्ति थे। उन्होंने सेलम गेस्टहाउस में कोलथुरमणि से दो घंटो तक पूछताछ किये। केवल उनके जैसे वरिष्ठ अधिकारी कोलथुरमणि जैसे व्यक्तियों से पूछताछ कर सकते थे। हम नहीं कर सकते थे। तीन घंटे बाद राधाविनोद राजूजब बाहर आये, उनका चेहरा गुस्से से लाल

हुआ था, वे हमसे क्रोध भरी आवाज़ में उसे गिरफ्तार करने के लिए कहे, मैंने इससे पहले उन्हें इतना क्रोधित हुए नहीं देखा था।

इस तरह से कोलथुरमणि ने बर्ताव तथा सहयोग किया था। इसलिए हमने उसे गिरफ्तार किया, मद्रास ले गए और *मल्लिगाई* में पुलिस हिरासत में छोड़ा और मैंने उससे कहा, "मैं सुबह आऊंगा और तुझे देखूंगा"। किन्तु सुबह मैं जब वापिस आया देखा कि वह आनंद से बाहर चाय की दूकान में चाय पी रहा है। धनशेखर सही था, हमने कोलथुरमणि का एक बाल भी बांका ना कर पाये।

2006 में, एमडीएमए ने तब तक (आज तक)जांच की गई के कोई निष्कर्ष प्रकट नहीं किये थे इसलिए इसे जानने के लिए मैंने उन पर एक अभियोग दर्ज किया, उस समय सीबीआई अधिवक्ता ने न्यायालय में न्यायाधीश से कहे कि, उन्होंने मुझे 1998 में ही मानहानि के लिए पकड़ना चाहिए था। उनका कहने का अर्थ था कि, दिसंबर 1998 में, राजीव हत्याकांड के फैसले से पहले, विशेष अन्वेषण दल (एसआईटी/सीबीआई) द्वारा किये गए जानबूझकर छिपाई के बारे में *थामिज़न एक्सप्रेस* में पूर्णतया प्रकाशित हुए तथा एक छोटा लेख *इंडियनएक्सस्प्रेस* के दिल्ली प्रकाशन में प्रकाशित हुए दोनों मैंने एक भेंटवार्ता मेंकिया था। न्यायाधीश ने मुझे अपने कमरे में बुलाकर मुझसे तथा मेरे अधिवक्ता से बात किये, थोड़ी देर बाद, मैंने जब घटित घटना के बारे में सुना रहा था, न्यायमूर्ति ने मेरे अधिवक्ता को कमरे से बाहर जाने कानिर्देश दिए, एसआईटी/सीबीआई दवारा भ्रष्टाचार का कथन सुनने के पश्चात न्यायमूर्ति व्याकुल हुए, वे बाहर आये, उन्होंने इसकी जांच अभी भी जारी रहने के कारण खारिज़ किये। लेकिन फैसले में, उन्होंने मुझे किया हुआ अभिनन्दन अभिलिखित किये, "समापन पंक्तियों का प्रारूपण करने से पूर्व, यह मंच एक कर्तव्य के प्रति जागरुक नागरिक के रूप में देशभक्त एवं राजीव गाँधी हत्याकांड के लिए एक बार एसआईटी/सीबीआई के सदस्य होकर, सार्वजनिक मामले में याचिकाकर्ता (मोहनराज) द्वारा इस

प्रकार की रूचि और उत्साह का प्रदर्शन प्रशंसनीय, सराहनीय तथा आदरणीय है, फिर भी, सख्त कानूनी अर्थों में, यह मंच इस संबंध में उनके साथ जाने की स्थिति में नहीं है"।

2013 में, राजीव गाँधी हत्याकांड के बारे में, सीमन द्वारा संचालितमैंने एक टीवी कार्येक्रम में भाग लिया था। एसआईटी/सीबीआई के मुख्य अन्वेषण अधिकारी (सीआईओ) रगोथमनभी इसमें सम्मिलितहुए थे। मेरे प्रकोप को देखकर वे प्रभावित

हुए, कार्येक्रम के पश्चात, उन्होंने मुझसे बात किये और कहा कि सूचना की उपलब्धिता पर, इस प्रकरण का पहला आरोपी वाइको होना चाहिए। उन्होंने कहा कि संपूर्ण साक्ष्य उन्हें तथा अन्यों को नहीं दिखाए हैं।

वाइको के बारे में बात किया जाय, 1992 की शुरुआत में, वाइको को पूछताछ के लिए *मल्लिगाई* के लिए जाना था लेकिन उसका *मल्लिगाई* में आगमन के लिए, मेरी अनुपस्थिति के कई प्रयास किये गए किन्तु मुझे किसी तरह से सूचना मिली और बाहर जाने के लिए मैंने मना किया। लेकिन, हमेशा की तरह, हमारे प्रिय कार्तिकेयन आये और सारे प्रयासों पर पानी फेर दिए, उसका पोर्तिगो पर स्वागत करते कहे *"वांगा एमपी (स्वागत है एमपी)"।* उसे अपने कमरे में ले गए, फिर वाइको की पूछताछ वहीँ समाप्त हुई।

मैंने हरीश के साथ कई तथ्यों के बारे में लगभग प्रतिदिन चर्चा करता हूँ, इस पुस्तक में बहुत सारे ऐसे सत्य के रहस्य छुपे हैं, भारत के सभी लोग तथा बाहर भी इसे जान लेना चाहिए।

उपक्षेप

इबिकस प्राचीन के एक यूनानी गीतकार थे जो छठी शताब्दी में रहते थे। हिंजियम में जन्मे इबिकस कुछ पश्चात सामोस में चले गए जहाँ उस समय अत्याचारी शासक के पिता पोलीक्रेट्स शासन करते थे। एक दिन इबिकस, कोरिंथ जंगल में से गुजर रहे थे की कुछ डाकुओं ने उन्हें घेर लिए और वे पकडे गए। उन्होंने सहायता के लिए चिल्लाये लेकिन वह क्षेत्र निर्जन होने से कोई नहीं पहुंचा। वे नीचे बैठकर सोचे कि उनका अंत अब निकट है। उतने में ही, उन्हें सारसों का झुण्ड ऊपर उड़ते हुए चीत्कार की आवाज में सुनाई दिया, वे चीखे, "ओह! सारसों, मेरी अवस्था देखो, मैं आपको मेरी मौत का बदला लेने के लिए पुकारता हूँ" थोड़ी देर में, वे अंतिम श्वास लिए। तत्पश्चात इबिकस का मृत शरीर पाया गया, किन्तु उन्हें किसने मारा यह कोई नहीं जान पाया। वह एक रहस्य ही रह गया।

कुछ दिन बाद, डाकूओं ने एक खेल देखने के लिए शहर में आये। खेल के दौरान, सारसों का झुण्ड ऊपर उड़ गए – ये वही झुण्ड थे। एक डाकू ने देखकर उपहास्य के साथ कहा, "देखो! इबिकस के सारसों हमारा बदला लेने के लिए आये हैं"लोगों ने इस बात को सुना और किसी ने जोर से पुकारा, "किसने कहा? दूसरा व्यक्ति बोल उठा, "यहाँ है वो, उस अपराधी को पकड़ो"डाकू को उसकी गलती का एहसास हुआ, लेकिन वो अपने शब्द अब वापिस नहीं ले सकता था, बहुत देर हुई थी। उसे पकड़कर पूछताछ की गई, उसके साथ बैठे गिरोह के अन्य साथियों को भी पकडा गया। उन्होंनेअपना अपराध स्वीकार किया और उनके मौत के घाट उतर दिए गए।

सारसों ने अपने पंखों को फडफडाते हुए ख़ुशी से उड़ गये।

भाग 1

प्रधान का अभिवृत होना....

मई 20, 1991 – 13.00 घंटे

सहायक पुलिस उपाधीक्षक (एडीएसपी) प्रदीप फिलिप एवं सहायक अधीक्षक एएसपी रामकृष्णन, श्रीपेरुम्बुदुरमें मंदिर के परिसर में आ पहुंचे। सुबह उन्हें मोहम्मद इक्बाल से फोन आया था। इक्बाल कांचीपुरम के पुलिस अधीक्षक (एसपी) थे, जिन्होंने फोन पर कहा था कि कोंग्रेसने राजीव गाँधी को चुनावी रैली में भाग लेने के लिए स्कूल मैदान में करने की अनुमति मांगी थी, वह अनुमति स्वीकार की गई है। उन्हें जानकारी प्राप्त हुई थी कि संसद के सदस्य (एमपी) मरगधमचंद्रशेखर जो श्रीपेरुम्बुदुर के लिए उम्मीदवारथींजिसके लिए राजीव गाँधीप्रचार में आनेवाले थे, उन्होंने उस आयोजित स्थल को स्वतः ही बदल दी थींऔर मंदिर के परिसर में बिना जानकारी के या बिना पुलिस की अनुमति की तैयारियां कर रहींथीं। मरगधमचंद्रशेखर उस स्थान पर उपस्थित थीं और व्यवस्था की निगरानी कर रहींथीं। फिलिप एवं रामकृष्णन ने मरगधम से पूछे कि वे कैसे स्वयं आयोजित स्थल बदल सकती हैं, तब मरगधम अहंकार से बोलीं कि नयी योजना के अनुसार राजीव गाँधी इंदिरा गाँधीजी की प्रतिमा पर माला चढ़ाएंगे। (इंदिरा गाँधीजी की प्रतिमानये स्थान के समीप हाईवे पर था) और वैसे भी वे बृहत भीड़ की अपेक्षा में थे, इसीलिए नयी जगह की योजना बनाई गयी है। पंद्रह मिनट तक की बहस के बाद, पुलिस अधिकारीयों को समझ आया कि मरगधम हठी थीं एवं स्वयं को रोकनेवाली नहीं थीं। वे वापिस गए और एसपी मोहम्माद इक्बाल से फोन में जो हुआ उसका वृत्तांत दिए। एसपी हतप्रभ हुए, जगह छोड़ने के लिए कहा और यह भी कहा कि यदि कुछ हो जाता है तो पुलिस इसकी जिम्मेदारी नही लेगी।

मई 21 1991

प्रदीप फिलिप दोपहर आयोजित स्थान पर पहुंचे और सुरक्षा व्यवस्था का निरीक्षण किये जो सबकुछ ठीक दिखाई दिया। लगभग 250 पुलिसकर्मी/महिलाएं उपस्थित थे। पुलिस महानिरीक्षक (आईजी) एवं एसपी ने उन्हेंनिर्देशानुसारविस्तृत जानकारी दी थी कि क्या करना चाहिए।

उन्हें कहा गया था कि जो भी व्यक्ति राजीवगाँधी की भेंट करने आयेंगे, उनकी जांच मेटल डिटेक्टर द्वारा किया जाए और उनके नाम आयोजकों द्वारा स्पष्ट किया जाए। पुलिस उप निरीक्षक (एसआई) राजेंद्रन, कोनामों की सूची करने एवं पुष्टि करने के लिए नियुक्त किया गया था। वे एक कागज़ पर कर

रहे थे, सभा रात 8 बजे शुरू होनेवाली थी लेकिन कुछ कारणवश राजीव गाँधीके आगमन में विलंबहुई। अंततः रात 10 बजे यह सूचित किया गया कि राजीव पहुंचे हैं और वे हाईवे पर उनकी माँ की प्रतिमा पर माल्यार्पण कर रहें हैं। साथ ही समारोह के हिस्से के रूप में पटाखे फोड़े जा रहे थे। सफ़ेद एम्बेसिडर नेता को लेकर आ पहुँची और लाल कालीन के पास रूक गयी जहाँ मंच की ओर जाने के लिए कार का दरवाज़ा खुला था। [1]

मई 21 1991 – 23.23 घंटे, हैदराबाद

देवारन्यपुरम रामस्वामी कार्तिकेयन (डी.आर कार्तिकेयन) हैदराबाद में उनके सरकारी निवास में थे जब उन्हें प्रेस ट्रस्ट ऑफ़ इंडिया (पीटीआई) से फ़ोन आया, वे यह सुनकर हैरान हुएकि राजीव गाँधीजी की हत्या की गई है। कार्तिकेयन 1964 में सर्वोत्कृष्ट भारतीय पुलिस सेवा में सम्मिलित हुए थे। उनकीजीवन वृत्ति के दौरान, वे प्रमुख पदों पर रहे जैसे कर्नाटक पुलिस ट्रेनिंग एकेडेमी के निदेशक, कर्नाटक राज्य के आसूचना एवं सुरक्षा के प्रधान, वे मोस्को में कुछ समय भारतीय दूतावास में प्रमुख चान्सेरी भी रहे। यह 1974 एवं 1977 के बीच में थी। 1985 एवं 1989 के बीच में सिडनी, ऑस्ट्रेलिया, भारत के लिए उनकीदूतावास की नियुक्ति हुई थी जहाँ उनकी जिम्मेदारी ऑस्ट्रेलिया, न्यूज़िलेंड एवं फिजी में भारतीय निर्यात को बढ़ावा देना था।

---

[1] https://tl mesofl ndl a.l ndl atl mes.com/cl ty/chennal /total-recall-on-the-day-of-rajl v-gandhl -assassl natl on/artl cleshow/86829495.cms

मई 22 के दिन लगभग सुबह 10 बजे, उनका फ़ोन फिर से, दो बार बजा। केंद्रीय रिजर्व पुलिस बल के महानिदेशक के.पी.एस गिल तथा सीबीआई के निदेशक राजा विजय करण, इन दोनों ने कुछ ही अंतरालों में फ़ोन किये थे।

वे इन्हें यह जानकारी से अवगत कराये कि वे सरकार के उच्चतम स्तर पर सीबीआई के एसआईटी के प्रमुख के तौर पर राजीव हत्याकांड के लिए नियुक्त किया गया है। राजा विजय करण आगे बताये कि अभी तक कुछ भी सुराग प्राप्त नहीं हुआ है कि किसने किया है। यह प्रतिक्रिया (आईबी)तथाRAW द्वारा थी। भारत के बाहर बाह्य आसूचना के प्रभारी के लिए रिसर्च & अनालैसिस विंग (RAW) एजेंसी थी, जबकी आंतरिक आसूचना के लिएआईबी जिम्मेदार थी। राजा विजयकरण यह भी कहे कि यह प्रकरण अनसुलझे रहने की संभावना हो सकती है जैसे की जॉन ऐफ़ केनेडी की हत्या के प्रकारण में हुआ था।

इस जिम्मेदारी को स्वीकार करने के लिए कार्तिकेयन ने तीन शर्तें रखीं। पहली शर्त, वे किसी भी राजनैतिक हस्तक्षेप की अनुमति या सहन नहीं कर सकते हैं। वे तार्किक थे क्यों की यह एक भूतपूर्व प्रधानमंत्री की हत्या थी, वहाँ कुछ राजनैतिक हस्तक्षेप रहेंगे। दूसरी शर्त यह था कि संदिद्ग्धों की थर्ड – डिग्री यातना की अनुमति या सहन नहीं कर सकते हैं।

तीसरी शर्त थी कि सीसीआरपीएफ के महानिरीक्षक का पद जारी रखेंगे। के.पी.एस गिल एवं राजा विजय करण के साथ की संलाप 11 बजे से 12 बजे के बीच में हुई। राजा विजय करण उनका विचार - विमर्श संभवतः कर रहे थे क्यों कि तीसरा शर्त कपटी था। लेकिन कार्तिकेयन लगभग 3 बजे वापिस आये और पुष्टि किये कि केंद्रीय सरकार को तीनो शर्तें स्वीकार्य है। इस प्रकार यह निर्णय हुआ कि कार्तिकेयन सीबीआई के विशेष अन्वेषण दल, एसआईटी का नेतृत्व करेंगे। [2]

मई 21, 1991, 21.45 घंटे. बेंगलोर रेल्वे स्टेशन

सीबीआई के विशेष अपराध शाखा के अधिकारी रगोथमन, बेंगलोर ट्रैन में बेंगलोर से मद्रास जा रहे थे। वे बेंगलोरमें एक दिन पेहले किसी सरकारी कार्य के लिए आये थे और सुचारू रूप से पूर्ण किये। वे मद्रास के केन्द्रीय रेल्वे स्टेशन पर रुकने पर उतर गए।

---

[2]   D R Kaarthl keyan and Radhavl nod Raju – pgs 19-21

तुरंत उनको कुछ आभास हुआ कि यहाँ कुछ अनुचित हुआ है, जबकी स्टेशन में इस समय कुछ कार्यों की गूंज सुनाई देती थी, जबकी चायवाले चाय और कॉफ़ी लेकर घूमते रहते, अखबार दुकाने, एवं छोटी दुकानों में नाश्ता बेचते रहते, सब खाली था। आज, कोई भी नही था और सभी दुकाने बंद थीं, यहाँ बंद या हड़ताल भी नहीं थे। उनको लगा की कुछ तो हुआ है लेकिन क्या हुआ है पता नहींथा। वे धीरे से स्टेशन से बाहर आये जहाँ उनकी सरकारी कार बहुधा खडी रहती एवं ड्राइवर भी बाहर खड़ा रहताथा। किन्तु आज ना कार थी और ना ही ड्राइवर था। अजीब से उन्होंने एक राहगीर को पूछे की क्या हुआ है, राहगीर ने तुरंत उत्तर दिया की राजीव गाँधीजी की हत्या हुई है और चला गया।

अब रगोथमन समझे की सच्चाई क्या थी। उन्हें पता चला कि उनकी कार अब कभी नहीं आएगी और किसी तरह से उन्हें ही प्रबंध करना होगा। वहाँ ऑटो या टैक्सी भी नहीं थे इसलिए वे अपने सूटकेस के साथ पैदल चलने लगे। यद्यपि उस समय दिन था, वे एग्मोर तक चलने का कष्ट

किये जो 2 कि.मी की दूरी पर था। 'अब नहीं' उन्होंने निर्णय किया और सार्वजनिक टेलीफोन बूथ के लिए ढूंढना शुरू किये, भाग्य से दो मिनट के बाद उन्हें एक दिखाई दिया। वे अपने मित्र को फ़ोन किये जो यात्रा संस्था चलाते थे और एक कार भेजने की विनंती की। कई बार समझाने के बाद उनके मित्र ने बाइक पर किसी को भेजने के लिए स्वीकार किया। मोटर बाइक आया और रगोथमन के.के नगर के सीबीआई क्वार्टर्स पहुंचे जहाँ वे रहते थे। लेकिन जब वे अपने घर पहुंचे ही थे कि उन्हें पुलिस उप महानिरीक्षक (डीआईजी) रमणी से तुरंत नुंगमबक्कम के शास्त्री भवन में सीबीआई कार्यालय पहुँचने का 'अति आवश्यक संदेश' फ़ोन आया[3]। कार्यालय पहुँचने के बाद हत्याकांड कीविस्तृत जानकारी दी जायेगी।

मई 22, सुबह 03:00, श्रीपेरुम्बुदुर

जगह के चारों तरफ भयंकर भ्रांति छाई हुई थी। पुलिस छायाकार वर्धन वहाँ आया था और संपूर्ण दृश्य की तस्वीरें खींचने लगा, यह एक सामान्य प्रक्रिया थी।

उस समय तक, राजीव की शरीर को अस्पताल ले जाया गया था। उस समय जब वह तस्वीर खींच रहा था, अचानक से देखा कि मृत शरीर के कंधे पर एक कैमरा लटक

---

3   Ragothaman Tamil I (pp 11-13)

रहा है, वह बहुत महंगा कैमेरा था और उसेदूर से देखने पर सक्षम था। यह आश्चर्य था कि धमाके के प्रभाव से व्यक्ति मर गया था लेकिन कैमेरा बिलकुल ठीक ठाक थी। उसने सोचा कि यह अच्छा मौका था, उसने कैमेरा को निकाला और धीरे से चलकर आ रहा था कीनिरीक्षक ने उसे रोका और पूछा, कैमेरा लेकर भाग तो नहीं रहा। उसने उत्तर दिया, इसमें कुछ महत्वपूर्ण साक्ष्य हो सकते हैं और इसीलिए इसे जांच रहा था। निरीक्षक को विशवास नहीं हुआ लेकिन बड़ामुद्दा होने के कारण कैमेरा के साक्ष्य पर ध्यान देने के लिए उन्होंने चुना। तत्पश्चात दोनों सुनुवर्चत्रम जाने के लिए सोचे जो इस जगह से लगभग 2 कि.मी पर स्थित थी, पास में ही स्टूडियो था।

उस सुबह के समय में जब थोडा अँधेरा था, वे दोनों सुनुवर्चत्रम गए, स्टूडियो बंद थी, उन्होंने छायाकार को उठाया जिसका घर पास ही में था। सभी स्टूडियो गए। निरीक्षक कृष्णन बाहर खड़े थे और वर्धन से कहे कि मालिक के साथ स्टूडियो के अंदर जाए। कुछ देर बाद वर्धन बाहर आया और कहा कि कुछ अप्रकाशित नेगेटिव्स के बिना कैमेरा में कुछ नहीं है। फिर वे दोनों ने वापिस जाने का निर्णय लिए और कैमेरा को पुलिस महानिरीक्षक (आईजी) आर.के. राघवन भी समग्र व्यवस्था के प्रभारी थे उनकों सौंपा गया[4]।

मई 22, सुबह 01.00बजे, पूनमली पुलिस थाना

ठेल्कड़ीराममूर्ती एक स्वतंत्र छायाकार पूनमली पुलिस थाने में आश्रय लिया था। सुभा सुन्दरमठेल्कड़ी राममूर्ती से बात करना के लिए पुलिस को फोन किया। सुभा सुन्दरम मद्रास में फोटो स्टूडियो चलाते थे जिसका था सुभा स्टूडियोज। ठेल्कड़ीराममूर्ती को पता था की सुभा सुन्दरम के छायाकारहरीबाबू ने अपने गले में कैमेरा लटकाने से मरे थे।

उसने सुभा सुन्दरम से कहा की हरिबाबू मर चुका है, सुभा सुन्दरम ने शांततापूर्वक उसे कैमेरा लाने के लिए कहा जो हरिबाबू के गले में था और यह भी कहा कि उसकी कीमत दस लाख डॉलर है। यह सुनने के बाद ठेल्कड़ी राममूर्तीआश्चर्यचकित हुआ और कहा कि वह पुलिस की संपत्ति होने से उसे छूने की मनाई थी इसलिए देने से मना किया[5]।

---

4   https://www.youtube.com/watch?v=OzdI ScuIFKE – RagothammanI ntervI ew wI th SI thannan – EngII sh Chapter 2 – from 3rd mI nute

5   Ragothaman (TamI I) – pg 39

मई 22, सुबह 07.45 बजे, कांचीपुरम जेनरल हॉस्पिटल

अपराध निरीक्षक कृष्णन को अज्ञात शरीर के जेबों में से दो विसिटिंग कार्ड्स मिले। लेकिन अब, उन्हें पुरुष शरीर की पहचान करनी थी। पेहली विसिटिंग कार्ड पर "रवी शंकर" नाम लिखा था। उस कार्ड पर टेलीफोन नंबर के साथ संस्था का नाम 'वाईड एंगल' पदनाम पत्रकार से छपा था। उन्होंने उस नंबर पर फ़ोन करके पुष्टी कर ली की वह रवी शंकर का ही घर है। लेकिन उनके पिता कामराजजी ने फ़ोन उठाया और कहा कि रवी शंकर राजीव की शरीर के कुछ तस्वीरें खींचने जेनरल हॉस्पिटल (GH) गया हुआ है। तब उन्हें पता चला की मृत व्यक्ति रवी शंकर नहीं है फिर दुसरे नंबर पर फ़ोन किया, दुसरे विसिटिंग कार्ड पर 'हरिबाबू' नाम और संस्था 'सुभा स्टूडियो' लिखा था। वक्ता ने स्वतः की पहचान सुभा सुन्दरम बताया लेकिन कहा की उसे कोई 'हरिबाबू' नहीं पता है। निरीक्षक कृष्णन प्रत्युत्तर से चकित हुए[6]।

---

6   Ragothaman (Taml I) – pp 22-23

समूह का तैयार होना
सीसीपीए संयोजित होती है

प्रधान मंत्री चंद्रशेखरजी ने मई 22 की सुबह को राजनीतिक मामलों की केबिनेट समिती (सीसीपीए) संयोजित किये, यह आपातकाल थी। **RAW** के प्रमुख जी.एस बाजपई, आईबी प्रमुख एम.के नारायणन एवं कानून मंत्री सुब्रमनियम स्वामी सीसीपीए के अन्य सदस्यों में से सभा में उपस्थित थे। प्रारंभिक पत्रसार के बाद किसी ने हत्याकांड के बारे में एक प्रश्न पूछा, प्रश्न ऐसा था – किसने किया होगा? सुब्रमनियम स्वामी ने टिपण्णी की कि एलटीटीई ने किया है। लेकिन बाजपई ने इसका खंडन किया कहा कि एलटीटीई ने किया है इसका अनुमान लगाना सही नहीं है। इस तरह से, प्र.मं **RAW** के एवं आईबी के प्रमुख से नियमित रूप से इसके बारे में अवगत करने के लिए कहते हुए सभा समाप्त किये[7]।

एक बार कार्तिकेयन मद्रास के मीनम्बक्कम में उतरे थे, वे सीधा मनमोहक मरीना बीच के सामने स्थित पुलिस हेडक्वार्टर्स में पहुंचे। पुलिस हेडक्वार्टर्सके सम्मलेन कक्ष में, तमिलनाडू के पुलिस महानिदेशक (डीजीपी) बी.पी रंगास्वामी, महानिरीक्षक (आईजी) आर.के राघवन के साथ वो व्यक्ति श्रीपेरुम्बुदुर में सुरक्षा व्यवस्था का कार्यभारी भी था। कुछ विचार-विमर्शों के बाद कार्तिकेयन अपोलो अस्पताल गए जहाँ विस्फोटक में घायल हुए पीड़ित लोगों से मिले[8]।

डॉ. सिसिलिया सिरिल ने राजीव की शरीर का पोस्टमार्टम कीं। वेदेखीं कि कुल 22 चोटें थीं। उनमें से गंभीर चोट खोपड़ी के ऊपर दिखे जो खोपड़ी का पूर्ण भाग खुलाहुआ था जिसके साथ हड्डियों से मिश्रित अस्थिभंग पाए गए। मस्तिष्क लुप्त था। होंठ, आँखें एवं

7   Subramanl am Swamy – pg 125

8   Kaarthl keyan and Radhavl nod Raju – pg 21

नाक संपूर्ण नष्ट हुए थे। दाई ओर की छाती में कई मर्मझ चोटें थीं। बाँया फेफड़ा लुप्त हुआ था, पेट की बाँई ओर के सामने गहरी चीर खरोंच के निशान थे, आतों के वक्र, यकृत और पेट बाहर आये हुए थे।

बाई अंगूठी और तर्जनी उँगलियाँ क्षतिग्रस्त थे। हड्डियों में एकाधिक अस्थिभंग देखे गए। शरीर छर्रों से भरे हुए थे[9]।

केंद्रीय फोरेंसिक विज्ञान के विशेषझ (सीएफएसएल), राष्ट्रीय सुरक्षा रक्षक (एनएसजी) एवं तमिलनाडू फोरेंसिक विज्ञान प्रयोगशाला (टीएनएफ़एसएल) संयुक्त होकर सुराग के लिए स्थलों की तलाशी ले रहे थे[10] प्रकरण पेहले अपराध शाखा, अपराध जांच विभाग (सीबी सीआईडी) के लिए आवंटित किया था जो राज्य सरकार की सीमा के अंतर्गत थी, सीबी सीआईईडी अधिकारीगण, टीएनएफ़एसएल अधिकारीवर्ग, विडियोग्राफर, छायाकार एवं अन्य लोग 22 की सुबह उपस्थित हुए[11]।

इसके बाद, इस प्रकरण की जांच सीबीआई के लिए सौंपने का निश्चय हुआ, 23 मई के दिन सीबीआई निदेशक राजा विजय करण ने 2 संयुक्त निदेशक, 3 फोरेंसिक विशेशझ्न, एक संगणक विशेषझ और एक रेखाचित्र विशेषझ इस तरह एक टीम तैयार की गई और ये सभी दिल्ली से आये थे। सीबीआई निदेशक विशेष विमान से आ पहुंचे। वे सभी सीधे श्रीपेरुम्बुदुरचले गये।

रगोथमन सीबीआई के विशेष अपराध विभाग के प्रमुख थे। एस.के दत्ता ने उन्हें सम्मिलित होने के लिए कहेतथा रगोथमन भी टीम का हिस्सा बने। वह स्थान खाली था, खुला मैदान, जैसे कुछ भी नहीं। मृत शरीर और उस घटना में घायल हुए लोगों को भी अस्पताल ले जाया गया था। कुछ सैंडल एवं जूते चारों तरफ अस्त व्यस्त हुए थे। वे वहाँ से गुज़र रहे थे की फोरेंसिक विशेषझ एंटोनी को एक वस्तु दिखाई दिया वह तुरंत पहचान लिया की वह मस्तिष्क का वस्तु है, परंतु वह राजीव कीथी या अन्य लोगों में से थी यह निश्चय होना बाकी था, बाद में पुष्टि हुई की वह राजीवजी कीथी।

उस समय, विजय करण को सूचना मिली कि सभी मृत शरीर कांचीपुरम अस्पताल में ले जाया गया है उनमें से दो अज्ञात शरीर थे – एक पुरुष और एक महिला की थी।

---

9   Kaarthl keyan and Radhavl nod Raju – pg 24

10   Kaarthl keyan and Radhavl nod Raju – pg 23

11   https://www.youtube.com/watch?v=m85jzhZHsHc – Ragothamanl ntervl ew wl th SI thannan (Engll sh) – Chapter 1 – from the 3rd ml nute

इसीलिए, यह टीम कांचीपुरम अस्पताल पहुंची, अस्पताल पहुंचने के बाद वे सीधे शवागार में पहुंचे जहाँ शवों को रखेथे। तुरंत ही दो शवों को स्ट्रेचर पर लाया गया। इसके साथ ही, शवागार मुंशी ने बांबू बास्केट लेकर अधिकारीयों के सामने रखा। उन्हें महिला की शरीर में दिलचस्पी थी क्यों कि उन्हें लगा की संभवतः यह आत्मघाती हमलावर हो सकती है। मुंशी ने बास्केट खोलकर उसमें से महिला का सिर निकाला। केवल सिर, मुख, दाई हाथ और निचले अंग बिना बिगड़े हुए थे।

धड भाग जो छाती से नितंभ तक का भाग, पूरी तरह से लुप्त हुआ था। शरीर जला हुआ था और रंग बहुत ही गहरी थी। उसके बाल घने एवं काले थे। विजय करण ने बिना झिझकउसकीपिंडली की मांसपेशी को दबाये और टिपण्णी किये, यह प्रशिक्षित मांसपेशी जैसे लगी[12]। उसके बाद कार्तिकेयन एवं कुछ वरिष्ठ अधिकारीगण तमिलनाडू के मद्रास में पूर्व डीजीपी (आसूचना) मोहनदास के घर गए जिनके पास एलटीटीई केसाथ संपर्क थे। मोहनदास मान लिए की इसमें एलटीटीई का कोई हाथ नहीं है क्यों कि उन्हें ज्ञात था कि भारत के साथ उनके संबंध अच्छे और स्वस्थ हैं। इस मत को ध्यान में रखते हुए सभी लोग नुंगबक्कम कीबैठक के लिए रेल्वे गेस्ट हाउस पहुंचे[13]। अनुरोध के अनुसार वे सम्मेलन कक्ष में गए। कक्ष में पेहले से ही 15 लोग उपस्थित थे, कुछ आईबी से और कुछ लोग RAW सेथे।

तमिलनाडू से – क्यू विभाग से पुलिस अधिकारीवर्गएवं स्थानीय जगह से आसूचना अधिकारीगणउपस्थित थे। बैठक में घोषणा की गई थी कि रगोथमन जांच अधिकारी के प्रमुख हैं। दिल्ली से अधिकारीयों ने टिपण्णी किये कि यह द्रविदर मुन्नेत्रा कज्हगम (डीएमके)[14]ने एलटीटीई की सहायता से किया गया होगा।

दत्ता ने रगोथमन की ओर देखा और पूछा की उनका मत क्या था, रगोथमन ने उत्तर दिये कि तमिलनाडू में 60 प्रतिशत तमिल ईलम का समर्थन करती है, 20 प्रतिशत लोग एलटीटीई का समर्थन करती है एवं 10 प्रतिशत मूल रूप से डीएमके का समर्थन करती है। उन्होंने कहा कि, डीएमके के नेता करूणानिधि एक प्रतिशोधी व्यक्ति है लेकिन किसी की हत्या करने की चेष्टा नहीं कर सकतेहैं। इस कथन पर विशवास दिलाने के लिए उन्होंने एक घटना का वृत्तांत दिया। 1970 के अंत में, रगोथमन सीबीआई का

---

12   Ragothaman (Taml I) – pgs 19-20

13   https://www.youtube.com/watch?v=I IhVahYBhUQ – RagothamanI ntervI
      ew wI th SI thannan (Taml I) – part 1, from the 5th mI nute

14   One of the maI n polI tI cal partI esI n Taml I Nadu

हिस्सा थे और वे नियमित रूप से सरकारीयाआयोग की ओर से करूणानिधि के लिए सूचना जारी करते जो करूणानिधि द्वारा की गई अनियमितताओं के आरोपों की जांच के संबंधित रहती जब वे मुख्य मंत्री थे।

ऐसे ही एक घटना के दौरान, उन्हें सूचित करना था लेकिन करूणानिधिजी दो लोगों के साथ बहुत व्यस्त होने से सुरक्षाकर्मी उन्हें रोक लिये और प्रतीक्षा कक्ष में प्रतीक्षा में रहने के लिए कहा। सीबीआई अधिकारी होने से वे कभी भी सिविल पोषाक में रहते, इस कारण कोई भी उन्हें पहचान नहीं पाता था की वे सीबीआई अधिकारी हैं। डीएमके पार्टी के दो कर्मचारी उनके सामने बैठे थे, उनके नाम 'पाज्हकधाई' पांडियन एवं 'मदुराई' मुत्तु थे।

वे ज़ोर ज़ोर से बात कर रहे थे। 'मदुराई' मुत्तु ज़ोर से बातें कर रहाथा। उसने कहा कि अपने नेता के समक्षएमजीआर को ख़त्म करने का प्रस्ताव उसी ने रखा था (दैहिक रूप से) किन्तु करूणानिधि इसका विरोध करते हुए कहे थे कि यदि ऐसा हुआ तो वे (करूणानिधि) स्वतः को ही ख़त्म कर लेंगे (राजनैतिकता से) और इसलिए यह सुझाव सफल नहीं हुआ।

इससे रगोथमन ने सभा में बैठे अन्यों से कहे कि यह स्पष्ट है कि करूणानिधि इस हद तक नहीं जा सकते हैंकी वे किसी व्यक्ती की हत्या कर दें। रगोथमन बाद में यह कहने लगे की महिला आत्मघाती हमलावर होने की संभावना ज्यादा होने से वह इस घटना में एक प्रमुख कारण बन चुकी है और यदि सभी विस्तृत सूचना एकत्रित होंगे, प्रकरण को सुलझायेंगे[15]।

इसके बाद टीम तैयार होने में ध्यान केन्द्रित किये और विविध टीम बन गयीं। जो चार टीम तैयार हुए वे थे ट्रैकिंग टीम, इंटरोगेशन टीम, इन्वेस्टिगेशनटीम एवं फोरेंसिक टीम। इन सभी दलों के लिए रगोथमन ही संपर्क केंद्र थे और केस डायरी लिखने की जिम्मेदारी भी उनकी थी। मई 21 की मध्यरात्री में, पहली जांच रिपोर्ट (एफआईआर) मदुरम निरीक्षक द्वारा श्रीपेरुम्बुदुर में दर्ज हुई थी। 22 के दिन, इस प्रकरण को सीबी सीआईडी द्वारा लिया गया जो राज्य सरकार की जांच एजेंसी थी।

पार्थसारथी अन्वेषण अधिकारी (आईओ) व पुलिस उपाधीक्षक (डीएसपी) थे। उन्होंने पोस्ट मार्टम कराने की मांग की। 17 लोगों की मौत मौके पर ही हुई थी तथा पुलिस

---

15   https://www.youtube.com/watch?v=m85jzhZHsHc – RagothamanI ntervl ew wI th SI thannan (EngII sh) – chapter 1 – from the 20th mI nute

हवलदार मुरुगन की मौत अस्पताल में हुई थी। मई18 से 9 पुलिस कर्मचारी मर गये थे, उनमें से 25 पुलिस अधिकारीयों की मौत हुई थी।

नया दल संक्षेप में लिखे थे "भारत सरकार के आदेशानुसार एवं राज्य सरकार की सम्मति से इस प्रकरण को अब सीबीआई के लिए सौंपा जाएगा" एफआईआर में धारा 302 केवल विस्फोटक कृत्यके लिए उल्लेखितथी[16]। उसी दौरान, मद्रास के मल्लिगई, अड्यार में एसआईटी ने भवन आवंटन किया था, इसके साथ ही आवाजावी के लिए कारों की संख्या, लगभग 10 टेलीफोन लाइनें एवं टीएनएफएसएल से वैज्ञानिक एसआईटी के लिए आवंटित किये गए[17]।

---

16 https://www.youtube.com/watch?v=I IhVahYBhUQ – RagothamanI ntervI ew wI th SI thannan (TamI I) – part 1
17 KaarthI keyan and RadhavI nod Raju – pg 22

पेहला सुराग़

24 की सुबह जब रगोथमन ने 'द हिन्द' अखबार देखे, उन्हें सद्मा पहुंचा। अखबार में छपी तस्वीर में कहा गया था कि यह हत्या एक महिला ने किया है, कथित हत्यारे के अलावा, तस्वीर में दो अन्य महिलाओं की तस्वीरें भी थीं। ये तस्वीरें 'द हिन्द' के पास कैसे हो सकती हैं? क्या उनके दल से किसी ने प्रकट किया था? लेकिन इसका तो प्रश्न ही नहीं था। कैमरा मिलने की कोई जानकारी नहीं थी। जल्दी से कार्यालय पहुँचने के बाद, उन्हें डीजीपी रंगास्वामीसेफ़ोन आया, पूछा कि 'द हिन्द' में कौनसी तस्वीरें प्रकट हुई है? उनके लिएइस विषय पर बहुसंख्या में फ़ोन आने से तथा साथी ही, एसआईटीसीबी सीआईडी से सीबीआई को सौंपे जाने की औपचारिकताएँ भी पूर्ण करनी थीं। इसी कारण उन्हें रहस्यमय तस्वीरों पर ध्यान केन्द्रित नहीं कर पा रहे थे। रगोथमन बाद में 'द हिन्द' कचेरी गए, उस समय एन राम वहाँ नहीं थे, रगोथमन उसके लिए वापिस फ़ोन करने का संदेश दिये और वे मल्लिगई वापस चले गए। जब वे वापस आये उन्हें एन राम से फ़ोन आया, उसने रगोथमन से कहा कि वह काम उसकी छायाकारी की नहीं थी लेकिन उसने मूल कारण नहीं बताया।

कुछ आदानप्रदान के बाद, रगोथमन राम से कहे कि वे राम के विरुद्ध कार्यवाई कर सकते हैं, यह सबूतों को दबाने के बराबर था और इसे केवल अधिवक्ताओं एवं पुलिस अधिकारीयों के लिए ही छूट प्रदान की गई थी (राम ने कुछ नहीं बताया) राम उनसे कहा कि असली कारण वो बताएगा तथा कैमरा अपराध स्थल से लिये जाने का उल्लेख किया। रगोथमन तुरंत सीबीसीआईडी कार्यालय पहुंचे[18]। वे वही लोग थे जो घटनास्थल पर प्रारंभिक जांच कर रहे थे, उनके पास कुछ सुराग़ मिल सकते हैं। डी मनोहरन पुलिस उपनिरीक्षक (एसपी) थे जबकी पार्थसारथी आई.ओ थी। विषय की

---

18   https://www.youtube.com/watch?v=m85jzhZHsHc – RagothamanI ntervI ew wI th SI thannan (EnglI sh) – Chapter 1 from the 23rd mI nute

विस्तृत जानकारी रगोथमन के लिए देने की आवश्यकता नहीं थी। मनोहरन के लिए उसके वरिष्ठ अधिकारीयों से कई फ़ोन आया था। वे पूरी तरह से हैरान और थके हुए दिखे, कुछ आदानप्रदान के बाद मनोहरन अंत में कहा कि उनसे भी कैमेरा जप्त कर लिया गया था।

तुरंत रगोथमन को ज्ञात हुआ की यही वो कड़ी हो सकती है जिसेवे ढूंढ रहे थे और उनके सहायक से कैमेरा लाने का आदेश दिया, कैमेरा लाया गया और मेज पर रखा गया। सीबी सीआईडी छायाकार ने कैमेरा खोलकर फिल्म बाहर निकाला। अप्रकट फिल्म पाया गया लेकिन प्रकट किया गया फिल्म ग़ायब था, रगोथमन को झट से पता चला की कैसे ये तस्वीरे 'द हिन्द' में छपी थीं। उन्होंने मनोहरन से कहा कि सीबी सीआईडी कार्यालय में कोई आया था और रगोथमन से कहा था की उसके पास टीएनएफसी के फोरेंसिक प्रमुख अधिकारी डॉ. चंद्रशेखर से नेगेटिव्स मिले थे। लेकिन कोई भी इसका उत्तर नहीं दे सकता था की सबसे पहले नेगेटिव्स चंद्रशेखरजी के पास कैसे आये। उन नेगेटिव्स को रगोथमन को सौंपा गया, रगोथमन बाद में मल्लिगई वापस आये और नेगेटिव्स को रूपांतरित किया गया, इसमें कुल मिलाकर 10 तस्वीरें थीं।

पहली तस्वीर बिलकुल सही थी, उस हत्यारिन महिला के अलावा, एक और व्यक्ति सफ़ेद कुर्ता –पाजामा पहनाहुआ था। यह अपरिचित था, रगोथमन ध्यान दिए। इसी कारण 'द हिन्द' तस्वीर में, सफ़ेद पोषक व्यक्ति नहीं दिखाई दिया। अभी तक रगोथमन यथोचित रूप से निश्चत थे की यही तस्वीर अखबार में छापी गयी थी। फिर रगोथमन ने हाथ में तस्वीर लिए राम के दफ्तर पहुंचे और पूछा की क्यों सफ़ेद पोषक व्यक्ति तस्वीर में छापी नहीं गयी, राम ने बताया कि वह व्यक्ति नादान पत्रकार दिखा जबकी यह हत्या की अन्वेषण थी उस पत्रकार को उसमें घसीटना नहीं चाहता था इसलिए उस यक्ति को तस्वीर में से हटाया और तीन लोगों की तस्वीरें छाप दी गयी।

रगोथमन वापिस कार्यालय आये, उन्हें उस महिला हत्यारिनके बारे में जानना था, उन्हें पता चला की निरीक्षक कृष्णन भी उस स्थल पर उपस्थित थे इसलिएउससे पूछताछ की गई। उसनेसुनुवर्चत्रम में घटी संपूर्ण घटना के बारे में वर्णन किया। कृष्णन को बतायागया था कि अप्रकट तस्वीरें नहीं थीं तब रगोथमन के लिए पुलिस छायाकार वर्धन का पता लगाना आसान रहता जो दोषी है। सुनुवर्चत्रम में स्टूडियो के अंदर छायाकार ने उसे बताया था की ये सभी तस्वीरे रंगीन थीं और उसे रूपांतरित करने के लिए कोई सुविधा नहीं थी। वे भी 10 तस्वीरे ही प्रकट कर सकाथाऔर शेष अप्रकटित थे। इसीलिए वर्धन ने दस प्रकट किये तस्वीरों को अच्छी तरह से अपने जेब में डाला, बाद में बाहर

आया और निरीक्षक कृष्णन से आराम से झूठ बोल दिया कि कोई प्रकटित फिल्म नहीं थीं और सभी अप्रकटित फिल्म ही थे।

ये सभी निरीक्षक कृष्णन के प्रति इष्र्या भावना व्यक्त करने के लिए किया जिसने मृत व्यक्ति के कंधों से महंगा कैमेरा चुराने की उसके प्रयत्न को विफल कर दिये, इसी वजह से उसने तस्वीरों को सीधे चंद्रशेखर को सौंपा जो टीएनएफएसएल के निदेशक थे। सीबी सीआईडी को बिना बताये चंद्रशेखरनने तस्वीरों को 'द हिन्द' को दे दिए क्यों की उनका संबंध उनके प्रति अच्छेथे, ये यहीं समाप्त नहीं होता है। अगले दिन 'साक्ष्य' के बारे में व्याख्या करने के लिए चंद्रशेखरनको भव्य पत्रकार - सम्मलेन में बुलाने के लिए निश्चय किया गया।

उसी समय, गृह सचिव शेट्टीजी ने स्थिति का जायज़ा लिया। पूरा देश आग में लिपटा हुआ था और इस तरफ अन्वेषण दल अभी भी प्रारंभिक पूछताछ में ही थी तथा किसी भी तरह की कोई घोषणा भी नहीं की थी, एक अखबार में प्रकट किये महिला तस्वीर दावा कर रही थी की महिला ही आत्मघाती हत्यारिन है। शेट्टी की सिफारिश थी कि साक्ष्य में बाधा डालने पर नीलंबन करने के लिए चंद्रा को निशाना बना दिया जाए। जब चंद्रशेखरन को इस बात की भनक हुई वे मल्लिगई में कार्तिकेयन के पास दौड़ते चले आये और उनके पैरों पर गिरकर माफ़ी मिलने तक याचना की[19]।

भगवान् सिंह एक पत्रकार थे जो समाचार संस्था .... के लिए काम करते थे। वे 21 मई के दिन श्रीपेरुम्बुदुर में उपस्थित थे। एसआईटी द्वारा दिए विज्ञापन की अधिक जानकारी के लिए पढ़ा और एक जिम्मेदार नागरिक की तरह उसने इस जानकारी के बारे में बताने के लिए एसआईटी गए, एसआईटी से फ़ोन द्वारा संपर्क करने के बाद यह जानकारी दिया –

"मैं भगवान् सिंह हूँ, मैं हरिबाबू को बहुत पेहले से ही जानता हूँ। वह मद्रास के सुभा स्टूडियो में काम करता था। 21 मई के दिन, मैं उससे मिला। सभी सभा शुरू होने की राह देख रहे थे। जी.सी शेखर, सहकर्मी जो अन्य प्रेस एजेंसी के लिए काम करता था और मैं जगह के सुरक्षा प्रभारी आर. के. राघवन के पास गया, उसने बताया की राजीव गाँधी एक घंटे में आनेवाले हैं इसलिए हम पास ही चाय के दूकान पर गए और थोडा नाश्ता किये।

---

19   https://www.youtube.com/watch?v=OzdI ScuIFKE – RagothamanI ntervI ew wI th SI thannan (EngII sh) – Chapter 2 – from the 1st mI nute

नाश्ते के बाद जब हम वापिस आ रहे थे हम लोग हरिबाबू के पास गए, उन्होंने हमें चश्माधारी व्यक्ति से परिचय करवाया जो सफ़ेद कुर्ता पाजामा में था, उसने कहा की ये व्यक्ति और हरिबाबू दोनों 'वाइड एंगल' समाचार संस्था में भागीदार थे। हमें देखने के बाद, कुर्ता पाजामा पोषक व्यक्ति हमसे मिलने के बजाय अँधेरे में चला गया, हमें थोडा अजीब लगा लेकिन हमने इस पर ज्यादा ध्यान न देकर चले आये। **(भगवान के साथ दिनांक देखे)**

केलिफोर्निया के सेक्रेमेंटो से पश्चिमी भारतके लिए फोन आय था, जो केलिफोर्निया में भारतीय विशिष्ट संस्कृती की साप्ताहिक प्रकाशित हुई थी। फोन करनेवाला व्यक्ति का दावा था कि एलटीटीई की ओर से हत्या की गई है[20]। उस वक्त, एसआईटी के प्रमुख ठेल्कड़ीराममूर्ती की पूछताछ की गयी। ठेल्कड़ीराममूर्ती कार्तिकेयन को विस्तार से सूचित किया कि कैसे सुभा सुन्दरम उन्हें बुलाकर घटनास्थल से कैमेरा उठाने के लिए कहा गया, उसने ऐसा कहने पर मना किया और फोन रख दिया। कार्तिकेयन सुभा सुन्दरम पर कड़ी नज़र रखने एवं जांच करने के निर्देश उनके दल को दिए। जुलाई 1 के दिन, सुभा सुन्दरम ने ठेल्कड़ीराममूर्ती को फोन किया और कार्तिकेयन एवंउसके बीच हुए बातचीत का खुलासा ना करने की धमकी दी। ठेल्कड़ीराममूर्ती तुरंत मल्लिगई भवन पहुंचा और सुभा सुन्दरम की धमकी का हवाला देते हुए शरण और सुरक्षा मांगी। कार्तिकेयन ने रगोथमन को बुलाकर सुभा सुन्दरम को गिरफ्तार करने को कहा।

रगोथमन स्पष्ट रूप से 'जी हां' कहा और इसका कारण भी बताया – सुभा सुन्दरम को गिरफ्तार करने के लिए मार्ग खुल गया था, एक कारण यह था कि उसने झूठ बोला कि वह हरिबाबू कों नहीं जानता था, दूसरा कारण कि वह ठेल्कड़ीराममूर्ती को रिश्वत देने की कोशिश की तथा धमकाया भी। इससे यह पता चलता है की सुभा सुन्दरम जो कहना चाहता था उसके बारे में उसे ज्यादा जानकारी नहीं थी और पूरी योजना के बारे में खुद को थोड़ी बहुत जानकारी थी। इस वजह से सुभा सुन्दरम के लिए गिरफ्तार करने का निर्णय लिया गया और सुन्दरम को पूछताछ के लिए बुलाया गया तथा जुलाई 2 के दिन उसे गिरफ्तार कियागया [21][22]।

---

[20]   Kaarthl keyan and Radhavl nod Raju – pg 30

[21]   Ragothaman (Taml I) – pgs 39- 40

[22]   Subramanl am Swamy – pg 113

संदिग्ध व्यक्ति

यह स्थापित किया गया था कि हरिबाबू हत्यारे गिरोह के लिए काम करता है। हरिबाबू के घर से कुछ साक्ष्य जैसे उँगलियों के निशान, अंगूठे के निशान इत्यादि टीएनएफएसएल के लिए चाहिए थे यह सुनिश्चित करने के लिए की मृत व्यक्ति हरिबाबू ही था। यह पता चला की हरिबाबू सैदापेट में रहता था, रगोथमन उस गली में गए जहाँ हरिबाबू रहताथा और उसके घर एवं पास-पड़ौस में देखे। यह उनमें से कुछ के बीच छप्पर की झोपड़ियों में से एक थी। रगोथमन ने तुरंत निष्कर्ष निकाला की हरिबाबू के परिवार की हालात उतनी अच्छी नहीं थी। अंदर जाने के बाद देखा की हरिबाबू के साथ राजीव गाँधी की तस्वीर एक कमरे में रखी हुई थी। दोनों तस्वीरें पर मालाएं थीं।

यह थोडा अजीब लगा, पूछताछ करने के बाद पता चला की राजीव गाँधी के प्रशंसक थे इसलिए उनकी तस्वीर पर माला थी। वे यह भी ध्यान दिये की हरिबाबू की माता सब प्रश्नों के उत्तर दे रहीं थीं जबकी प्रश्न उसके पति सुन्दरम के लिए पूछा जा रहा था। कुछ और नियमित प्रश्नों के बाद, रगोथमन सुराग या दस्तावेजों के लिए घर की तलाशी लेना चाहते थे लेकिन हरिबाबू के माता पिता ने कोई विरोध नहीं दिखाया। रगोथमन ने दो अधिकारीयों के साथ मिलकर पूरे घर की तलाशी ली, एक फ़ाइल जो कुछ अखबार कतरन के सिवाय कुछ नहीं मिला और उन्हें ऐसे कुछ महत्वपूर्ण सबूत भी नहीं मिले। तलाशी लगभग 30 मिनट तक चली, जब वे तलाशी ले रहे थे तब रगोथमन ने परिवार के सदस्यों में चिंतित भाव देखे, वे खाने के लिए उन्हें पूछे, उन्होंने जब नहीं कहा, वे उनके बटुए से कुछ पैसे निकाल ही रहें थे की हरिबाबू की माता आयीं और कहीं कि वे मेहमान हैं और वह उन्हें पैसे देने नहीं देंगी।

इतना कहते ही उसने अपने ब्लाउस में से 100 रुपये नोटों के गुच्छे निकालीं। रगोथमन इसपर ध्यान दिए (हत्याकांड के बाद मई 23 के दिन, सिवरासन भाग्यनाथन के घर

जाकर 1000 रुपये देकर कहा की इसे हरिबाबू के परिवार के हाथ में देना है और भाग्यनाथन ने ऐसा ही किया था)[23]। वे गरीब दिखे।

लेकिन माता के हाथ में नोटों के गुच्छे थे, कुछ और प्रश्नों के बाद एवं तलाशी के बाद जब उन्हें कुछ नहीं मिला, रगोथमन बाहर निकले और सुन्दरमणि से अलग से फ़ोन पर बात करते गए, उसे लालची दिखाकर कहे कि उसके पास प्रकरण की सहायता करने की जानकारी यदि है, उसे 10 लाख रुपये दिए जायेंगे।

कुछ दिन बाद मई 29 के दिन, सुंदरमणि ट्राईपोड के साथ आया और कहा की घर से लाया है। रगोथमन चकित हुए, क्यों की गहरी तलाशी के दौरान यह उनको नहीं मिली थी। पूछने पर सुंदरमणि ज़ोर देकर कहा की ये घर से ही है, सुंदरमणि को वापिस देने के बहाने, पुलिस अधिकारीयों ने सुंदरमणि से पता करवाया की हरिबाबू ने एक झोपड़ी के अलावा दो और झोपड़ियाँ ली थी। रगोथमन को सूचित किये जाने पर उसी सुबह तलाशी ली। एसआईटी के हाथ सफलता मिली, कई दस्तावेज, भाग्यनाथन ने हरिबाबू को लिखे हुए पत्र समेत मिले। महत्वपूर्ण बात यह थी की पूम्पुहुर एम्पोरियम से खरीदी गयी 65 रुपयों की चंदन माला की रसीद मिली (महिला हत्यारिन चंदन की माला के साथ खड़ी थी) और एक महत्वपूर्ण बात की सुंदरी नामक एक लड़की ने हरिबाबू को पत्र लिखी थी उसमे पूछा था की वे क्यों श्रीलंका जायें, क्यों वो (हरिबाबू) ने खतरे का मार्ग चुना था और वे क्यों शादी करके भारत में ही बस जाना चाहते हैं।

फिर 'मुरुगन' नामक एक अधिकृत कार्ड भी मिला। इस समय, जब पता चला था की हरिबाबू का एलटीटीई के संबंध में जांच चल रही है, सुभा सुन्दरम ने सुंदरमणि से मिलने गया था और हरिबाबू से एलटीटीई के साथ कोई संबंध नहीं लिखने के लिए आग्रह किया और उसे 'द हिन्द' में छापने के लिए कहा गया था[24]। लेकिन पाठक यहाँ जानता है की उसी समय सुभा सुन्दरम को गिरफ्तार किया गया था।

जनवरी में भाग्यनाथन ने प्रेस आरंभ कियाथा। सुभा सुन्दरम की स्टूडियो में भाग्यनाथन की भेंटकुछ एलटीटीई लोगों से हुई थी, वह – हरिबाबू भाग्यनाथन एवं सुभा सुन्दरम तमिल ईलम और एलटीटीई के लिए समर्थन करते थे।

---

23   Kaarthl keyan and Radhavl nod Raju – pg 49
24   Ragothaman (Taml I) – pg 38

इसीलिए एलटीटीई के लोगों ने स्टूडियो खोलने के लिए कहा था औरउनके पक्ष में जानकारियों को छापने के लिए कहा गया था। एलटीटीई से बेबी सुब्रमनियम प्रमुख व्यक्ति थाजिसने भाग्यनाथन को विश्वास दिलाया।

रगोथमन पता लगाया की सुंदरी एक नर्स थी और वह विल्लुपुरम में रहती थी। फिर दल का मार्ग विल्लुपुरम की ओर चल पड़ा। यहाँ सुंदरीसे पता चला की हरिबाबू, अरिवू और अन्य सभी लोग भाग्यनाथन के समर्थन पर काम कर रहे थे। यहाँ से दल ने भाग्यनाथन के घर प्रस्थान किया, भाग्यनाथन एलटीटीई का समर्थन करने का स्वीकार किया लेकिन कहा की हत्या के बारे में कुछ नहीं जानता है। रगोथमन ने नलिनी और सुभा की तस्वीर भाग्यनाथन को दिखाई, जो हरिबाबू के कैमेरे से मिली दस तस्वीरों में से एक थी तथा पूछा की यदि इनको जानते हैं। उसने कहा की इन दोनों को उसने कभी नहीं देखाहै।

रगोथमन वापिस जाने के बाद आदेश दिए की भाग्यनाथन को प्रतिदिन के तौर पर पूछताछ के लिए लाया जाए। पुलिस अधिकारीगण उसके घर के बाहर तैनात थे यह सुनिश्चित करने के लिए की वह भाग ना जाए। यह कुछ दिनों तक चला। उसी समय, शंकर (आका) कोनेश्वरण नामक एलटीटीई उग्रवादी थिरुथारैपूंडी के पास वायुमेडू में गिरफ्तार हुआ था। उसके जेब से दो टेलीफोन संख्याएं प्राप्त हुईं –एकथी नलिनी का संपर्क संख्या -उसके आगे दास का नामलिखा हुआ था। एसआईटी के अधिकारीगण ने मई 27 के दिन अनाबोंड सिलिकोन के लिए भेंट दिए थे और वहाँ नलिनी से बातचीत की गई लेकिन नलिनी उन्हें बताई की वह सिर्फ दास को जानती है और दास ने उसका संपर्क शंकर को दिया होगा।

तत्पश्चात एक आश्चर्यजनक स्थिति सामने आयी, सभा के दौरान, एक पुलिस अधिकारी ने तस्वीर में से व्यक्ति की पहचान बताई (जो नलिनी थी) और उन्हें बताया कि वे भाग्यनाथन के घर में पूछताछ के समय उसे देखा था लेकिन वह मुझे देखने के बाद वहाँ से अचानक गायब हुई थी। तभी पूछताछ की गयी थी और तथ्य सामने आया की भाग्यनाथन के दो बहने उनमें से नलीनी एक थी।

9 जून के दिन, डीएसपी कृष्णन भाग्यनाथन को रात्रिभोज के लिए घर लेकर जाते थे यह उनका अभ्यास था। जब हाथों को धो रहे थे वह भागने का प्रयत्न किया, यह स्पष्ट दिखाई दिया था। वह पकड़ा गया और उसके गर्दन को पीछे से पकड़कर वापिस लाया गया। उसके बाद से पुलिस के कुख्यात तरीकें अपनाये गए। भाग जाना अपराध का स्पष्ट संकेत था। थोड़े ज़ोर से मारने पर जानकारी बाहर निकलीं। 'पेरियरीवेलन, मुरुगन, धनु, सिवरासन, नलिनी, सुभा' उसने ये सभी नाम बताये। साथ ही, उसकी माता पद्मा को

भी पुलिस थाने बुलाया गया जो तुरंत ही सब सच्चाई प्रकट की, कि धनु ही आत्मघाती हमलावर थी और उसका संबंधएलटीटीई के साथ थी।

उसने स्वीकार किया की 25 मई के दिन – सुभा, सिवरासन, वह, नलिनी, दास ये सभी तिरुपति गए थे और वहाँ अंगप्रदक्षिणम (भगवान के प्रति सम्मान करने का एक विधि) किये थे। एसआईटी दल ने बाद में उसे पूछे की नलिनी कहाँ है? पद्मा ने उत्तर दिया की नलिनी और मुरुगन तुरंत भाग निकले जब उन्हें पता चला की भाग्यनाथन की पूछताछ की जा रही है[25]।

झट से नलिनी एवं मुरुगन की तस्वीरें अखबार में छापी गईं, उसी दिन मदुरै से एक फोन आया। वह फोन रगोथमन से संपर्क हुआ, फोन पर व्यक्ति बता रहा था की नलिनी अनाबोंड सिलिकोन के लिए काम करती थी, उसने एक गंजे व्यक्ति को लाकर परिचय करवाया थाकी वोउसके पति का भाई है। अगले दिन सुबह उसने अखबार में नलिनी एवं मुरुगन की तस्वीरें देखीं। नलिनी तथा मुरुगन उस समय यह बताकर बाहर गये थे कि वे मंदिर जा रहें हैं और वापिस आयेंगे लेकिन वे कभी वापिस नहीं आये। वे अखबार में अपनी तस्वीरों को देखते ही भाग गए थे।

इस तरह मुरुगन 'मोट्टाथलाई मुरुगन' (गंजा मुरुगन) बना। इस पर चर्चा हुई की क्या किया जाए और यह निश्चय हुआ की दल विल्लुपुरम जायेगा क्यों कि दल के सदस्य यह सोचे कि मद्रास से नलिनी और मुरुगन सुंदरी के घर गए होंगे, सुंदरीहरिबाबू की प्रेमिका थी और विल्लुपुरम में रहती थी। विल्लुपुरम मद्रास से लगभग 160 कि.मी दूरी पर थी, इसलिए डीएसपी कृष्णमूर्ति एवं छोटा दल शांती के घर विल्लुपुरम गए।

घर पर ताला लगा हुआ था, एक वृद्ध महिला सुपारी फोड़ती हुई सामने के घर में बैठी थी, ये लोग उससे मिले। निरीक्षक इस प्रश्न का उत्तर जानते थे की उस समय मद्रास में एसआईटी सुंदरी से पूछताछ कर रही है; उन्होंने अन्जान बनकर पूछा की घर क्यों बंद है, वृद्ध महिला ने हताश तरीके से कहा, आज उसकी खोज में कितने लोग आ रहे थे और थोड़ी देर पेहले ही एक गोरी चमड़ी *पोट्टाई* (तमिल में 'महिला' शब्द के लिए संबोधित) और एक *मोट्टा थलाई (गंजा)* यहाँ आये थे और इसके बारे में पूछ रहे थे। तेज़ वृद्ध महिला ने पुलिस अधिकारी से यह भी बताया की वे दोनों आपस में चेन्नई जाने की बातें कर रहें थे।

---

25   https://www.youtube.com/watch?v=OzdI ScuIFKE – RagothamanI ntervI ew wI th SI thannan (EnglI sh) – Chapter 2 – from the 9th mI nute

डीएसपी ने तुरंत एसआईटी से संपर्क करके रगोथमन को सूचित किये की नलिनी एवं मुरुगन मद्रास के मार्ग पर हैं, तुरंत ही एक आपातकाल बैठक बुलाई गयी और कुछ ही मिनटों में टीम इकट्ठा हुई। रगोथमन संक्षिप्त में विषय के बारे में बताये और संबंधित पुलिस थानों के लिए वाकी–टाकी द्वारा निर्देश भेजे गए, सभी बस स्थानों एवं रेल्वे स्टेशन तम्बरम से मद्रास सेन्ट्रल तक जो रेल्वे एवं बसों के लिए अंतिम स्टेशन थी (ब्रोडवे) सभी जगह विस्तारित किये गए।

इस तरह पुलिस सादे कपड़ों में तैनात सभी बस स्थानों एवं रेल्वे स्टेशनों में दोनों को पकड़ने का निर्देश दिये गये – विशेष रूप से जो व्यक्ति गंजा था।

सैदापेट बस स्थानक पर, नलिनी पेहले उतरकर एक ऑटो में बैठ गयी, मुरुगन उसका पीछा करते हुए अपने गंजेपन को शाल से ढककर आकर बैठा, बैठते समय उसका शाल हवा के झोंके से उतर गया और उसका गंजा सिर स्पष्टरूप से दिखने लगा। पुलिसगण जो इस के लिए तत्पर थे, भागे और दोनों को पकड़ लिए। उन्हें मल्लिगई लाया गया। पूछताछ शुरू हुई, मुरुगन को पीटने पर – नलिनी को जानबूझकर इसे देखने की अनुमति दी थी, उसने तुरंत पुलिस से विनंती करवाकर रोका और जो भी वह जानती थी बताना शुरु किया। वास्तव में वोगाना गाते हुए बताई[26]। नालिनि एवं मुरुगन दोनों तिरुपति में शादी करने गए थे, तिरुपति से वे मदुरै पहुंचे जहाँ उसने अपनी पूर्व सहकर्मी के घर में आश्रय लियाथा, उन्हें संदेह हुआ इसलिए वहां से भागे और उसकी सहेली शशिकला के घर दावणगेरे पहुंचे लेकिन शशिकला और उसके पति ने आश्रय देने से मना किया

क्यों की उनको आभास हुआ की इन दोनों की वजह से उन्हें गाँधीकी हत्याकांड में सहभाग होने की संभावना रह सकती है [2728]। वहाँसे वे विल्लुपुरम गए जहाँ उनकी भेंट वृद्ध महिला से हुई जो सुपारी फोड़ रही थीं और अंत में वे पकडे गए[29]।

जल्द ही जयकुमार एवं अन्य लोगों को ढूंढा गया। 9 जून के दिन, जयकुमार के साथ उसकी पत्नी शांती को भी गिरफ्तार किया गया, 10 जून के दिन, रॉबर्ट पायस और उसके परिवार के लोगों को गिरफ्तार किये, 11 जून के दिन, पेरियवेलन ने जोलरपेट्टाई

---

26 https://www.youtube.com/watch?v=EC4sCGMD2_c – RagothamanI ntervI ew wI th SI thannan (EnglI sh) – Chapter 3 – from the begI nnI ng

27 Ragothaman (EnglI sh) – pgs 46-47

28 Ragothaman (TamI l) – pgs 46-59

29 KaarthI keyan & RadhavI nod Raju – pg 51

में आत्मसमर्पण किया। जयकुमार उनमें से एक था जो एलटीटीई आसूचना ने उसे मद्रास में सुरक्षित रहने के लिए एक घर लेने के लिए कहा गया था, उसने बताया की मुथामिज़ नगर में स्थित कोड़ुंगयुर घर के रसोई घर में एक छेद है जहाँ सिवरासन ने कुछ सामान छिपाकर रखा था। जब फर्श को खेंच के खोला गया तो 3 फीट गीली गहरी खाई के आसपास 2 फीट* 2 फीट की रसोई घर का फर्श थोडा कटा हुआ बाहर आया, फर्श को खोलने पर तमिल – अंग्रेजी शब्दकोश में एक 9 एमएम पिस्तौल को छुपाने के लिए अंदर की ओर गढ़ा दिया गया था। दो पॉकेट डायरी, एक नोटबुक और एक नकली चशमा भी पाए गए। सात आरोपियों को फंसाने के लिए डायरी अहम् सबूत थी।

सिवरासन ने कनाकासबाबथी और अथिरै को भेजा था वे नयी दिल्ली में पकड़े गए, निरंतर पूछताछ के बाद स्वीकार किया कि चित्रसंथन आकर मुझे मिले और सिवरासन द्वारा संदेश भेजने के लिए कहा गया था। अथिरै द्वारादी गई जानकारी के आधार पर जिस घर में चित्रसंथन था, लेकिन वहघर को पहचान नहीं पायी थी, स्कूल की वर्दी देखकर उसे याद आया की घर मालिक की बेटियों ने पहनी थीं और यह तथ्य की दोनों बहनें एक ही स्कूल में पढ़ रहीं थीं, इस पहचान की वजह से उसने घर के मालिक से संपर्क किया। घर मालिक ने उसका कमरा किराये पर दिया था, यह नहीं जानता था की चित्रसंथन हत्याकांड गिरोह से जुडा है। एसआईटी अधिकारीयों ने चित्रसंथन से मिले जो अँधेरे में छत के ऊपर सो रहा था।

जब चित्रसंथन को पता चला की वह पकड़ा जाएगा उसने सायनाइड केप्स्युल निगलने की कोशिश की जो अपने गले में पहना था, परंतु 3-4 पुलिस अधिकारीयों ने जबरदस्ती से उसे अपने गिरफ्त में ले लिए। एसआईटी इस घटना के लिए उनके सबसे कुशल कार्यों में से एक माने जाते हैं[30]।

---

30   Ragothaman (Taml I) – pgs 76-77

जंबुक का दिन

सिवरासन की गिरफ्तारी जारी रही। जब चिन्नसंथन पकड़ा गया, त्रिची संथन जो त्रिची में रहता था, पोट् अमन ने उसे सिवरासन को भगाने में मदत करने की जिम्मेदारी सौंपी थी। त्रिची संथन एलटीटीई की राजनितिक विभाग से था। जुलाई 29 के दिन, विकी रघु के साथ कोइम्बतूर के गौंडरपालयम में पकडे गये। ये दोनों एलटीटीई उग्रवादी थे। एक रात की पूछताछ के बाद, पुलिस दो और एलटीटीई उग्रवादी डिक्सन एवं गुना का पता करवाया की वे कहाँ रहते थे। अधिक महतवपूर्ण बात यह है, विकी ने स्वीकार किया कि उसीने सिवरासन को बेंगलोर में छोड़कर आया था[31]। उन्होंने उस जगह को घेर लिया और डिक्सन को आत्महत्या करने से रोकने का प्रयत्न किये लेकिन असफल रहे, डिक्सन एवं गुना दोनों सायनाइड खाकर मर गए।

डिक्सन ने कार्तिकेयन केप्रयासों के लिए बधाई की नोट छोडा था और एक नोट तत्कालीन मुख्य मंत्री जयललिता के लिए भीथी कि (एलटीटीई) उनकी सरकार के विरोध में नहीं है। उन्हें विकी से ये भी पता चला की त्रिची संथन बेंगलोर में छिपा है। यह जानकारी प्राप्त होने पर की त्रिची संथन और अधिक महत्वपूर्ण सिवरासन बेंगलोरे में थे, कमांडों की दल को डीईजी राधाविनोद राजा द्वारा बेंगलोरे 1991 में अगस्त की शुरुआत में भेजी गयी। विकी से प्राप्त जानकारी को अपनाते हुए एसआईटी ट्रैकिंग टीम एनएसजी कमांडों के साथ इंदिरा नगर में उस जगह को उडा दिए, दुर्भाग्यवश, दो एलटीटीई कार्यकर्ता आर्सन एवं कुलथन ने केप्स्युल चबाकर आत्महत्या की। उनमें से एक तुरंत मर गया और एक अस्पताल में कुछ दिनों बाद मरा। 1991 में अगस्त 17 के दिन, एनएसजी कर्नाटक में मंड्या जिले के बेरुट्टा और मुथाठी ग्रामों को निशाना बनाया, पुलिस अधिकारीयों को देखेते ही 17 एलटीटीई कार्यकर्ताओं कुल (9 मुथाठी

---

[31] https://www.youtube.com/watch?v=YN9Tf7HS_8c – SI thannanI ntervI ew wI th Ragothaman (TamI I) – Part 3 - 4th mI nute

में और 8 बेरुट्टा में) सायनाइड केप्स्युल चबाये, 17 में से 2 मर गए और 5 अस्पताल में भर्ती हुए [32]।

डीआयजी के.वी बालकृष्ण राव ने ठिकाने की जांच की, उन्हें एलटीटीई कार्यकर्ताओं के एक के जेब में से छोटी नोट मिलीउसमे लिख था 'पुट्टन्हल्ली अंजनप्पा'। पूछताछ के समय पता चला था की अंजनप्पा एक कोंग्रेस कार्यकर्ता का भाई है। पुलिस अधिकारीगण कर्नाटक में मिले।

पुलिस आयुक्त कहते हैं कि वे अचंबित रहें की कैसे एक कोंग्रेस कार्यकर्ता एलटीटीई के साथ सम्पर्क रख सकते हैं? केम्पैया जो भारतीय पुलिस सेवा – आईपीएस अधिकारी थे और अतिरिक्त पुलिस महानिदेशक एडीजीपी (आंतरिक सुरक्षा) ने भी कैसे स्वीकार किये। लेकिन उन्हें स्पष्ट हुआ कि अधिक जानकारी अंजनाप्पा से पूछताछ करने के बाद निश्चित रूप से मिल सकती है[33]।

अंजनाप्पा को पूछताछ के लिए लाया गया, अन्वेषण के समय उसने प्रकट किया कि उसने अपने मित्र रंगनाथ के लिए घर लिया था ना की खुद के लिये लिया था, उसने बेंगलोर पुलिस को रंगनाथ का घर दिखाने गया लेकिन उस घर पर ताला लगा हुआ था। फिर पड़ोस में पुछने पर उन्हें जानकारी मिली कि यहीं थे लेकिन वहाँ से एक वैन में चले गए। पुलिस ट्रैवेल एजेंसी ढूँढे जिसने वैन को किराये पर भेजा था इसलिए वैन वापिस ट्रैवेल एजेंसी में लौटने की प्रतीक्षा कर रहे थे। वैन ड्राईवर वापिस लौटते समय बताया था की उसने उन्हें जयनगर के चर्च पर छोड़ा था और कहा की वह महिला रंगनाथ की पत्नी थी जो मार्ग पर उतर गयी और यह भी बताया की वह महिला चर्च में चली गयी। पुलिस अधिकारी प्रतीक्षा किये, कुछ देर बाद एक महिला बाहर आयी, वैन ड्राइवर ने पुलिस को पुकारा और उस महिला को पहचान लिया की वो वही थीं जिसको मैंने छोड़ा था।

जब वे महिला से मिले, महिला ने झट से खड़े होकर पुलिस से कहा की मुझे पता है की आप लोग क्यों आये हैं। पुलिस अधिकारी ने चकित होकर हां कहने में देर लगायी और उसे जारी रखने का संकेत दिए। अगला कथन महिला से था कि आप लोग सिवरासन कहां छिपा था यह जानने के लिए आये हैं और बोलीं की वह उनको दिखा सकती है की वो कहाँ छिपा था।

---

32   Ragothaman (Taml I) – pgs 186-195

33   http://www.thesundayI ndI an.com/cgI -sys/suspendedpage.cgI?artI cle_I d=15033 – the current message thatI s comI ng for thI s lI nkI s "ThI s Account has been suspended."

यह पूरी तरह अनिरीक्षित अचरज थी। महिला ने उन्हें थाने में पूछताछ के लिए ले जाने का प्रस्ताव रखा। इसलिए वे जयनगर पुलिस थाने ले गए। लेकिन महिला ने केवल पुलिस आयुक्त के सिवाय किसी और से बात करने के लिए मना किया, समस्या यह थी की पुलिस आयुक्त उस वक्त बेंगलोर में उपस्थित नहीं थे। इसलिए सहायक पुलिस आयुक्त अश्वत रामय्या पुलिस आयुक्त के रूप में दिखावा किये और जानकारी प्राप्त की कि सिवरासन कोणनकुंटे में घर में छिपा था, वह महिला मृदुला थी रंगनाथ की पत्नी जिसने सिवरासन एवं गिरोह को लायी थी।

संपूर्ण देश इस घडी की प्रतीक्षा कर रही थी और वो घडी लगता है आ गयी। मृदुला उनके पास AK47 राइफल एवं 9 एमएम पिस्तौल मौजूद हथियारों के संबंध में जानकारी दी, उसने यह जानकारी टैंकर ड्राइवर धनशेखरन से प्राप्त की थी, जिसने उन्हें छोड़ा था। शुरू में, कोणनकुंटे में स्थित घर पहुंचे, वहाँ पुलिस दल से केवल 4 लोग थे – केम्पैय्या, सहायक आयुक्त अश्वथ रामैय्या, निरीक्षक नरसिम्हा मूर्ति और एक महिला हवलदार मंजुला। वे कर्नाटक राज्य रिजर्व पुलिस (केएसआरपी) कमांडों एवं अन्य कई कुशल अधिकारीयों के साथ समर्थन करने स्थल पर पहुंचे, उसी समय, केम्पैय्या पुलिस आयुक्त को फोन करके मामले के बारे में सूचना दिए।

आयुक्त ने एसआईटी प्रमुख कार्तिकेयन के पास आये जो व्याकुल लग रहे थे, उन्होंने पुलिस आयुक्त से कहा की हार ना माने क्यों कि प्रतिबंध के लिए लकनऊ से सैन्य दल को बुलाया गया है। वह 19 अगस्त के दिन 36 घंटे बाद कोणनकुंटे में घर पर कब्ज़ा करने के बाद पहुंची। उसी समय, रंगनाथ एवं उसका मित्र कोणनकुंटे पहुंचे और पुलिस को देखते ही भागने की कोशिश की लेकिन वे पकडे गए जो इस समय इलाके में घूम चुके थे। अंत में जब कमांडों ने घर पर आक्रमण करके अंदर गए उन्हें सिवरासन, सुभा, एवं नीरो समेत सात शव मिले। सिवरासन के सिर पर गोली लगी थी और बाकीयों ने केप्स्युल निगले थे[34]। उसे नीरो ने गोली मारी थी क्यों की उसके हाथ में 9 एमएम का पिस्तौल था।

उन्हें जली हुई नेगेटिवस एवं फिल्म रोल मिले, वैसे भी सिवरासन साक्ष्य के सभी टुकड़ों को जला चुका था, उसने एक कागज़ में तमिल कविता लिखी थी जिसका अर्थ था की कपटवध केवल एलटीटीई द्वारा किया गया था और इसका श्रेय किसी और को लेने की

---

34   https://ti mesofi ndi a.i ndi ati mes.com/ci ty/bengaluru/wi th-a-scrap-of-paper-cops-hunted-down-raji v-assassi ns/arti cleshow/52351328.cms

अनुमति नही है। पत्र में लिखे वाक्य का अर्थ था, तमिल ईलम का झंडा फिर से श्रीलंका में फहराना चाहिए।

सिवरासन मरने के एक सप्ताह बाद, 'कोलथुर' मणि द्वारा जो एलटीटीई के सक्रियतावादी एवं समर्थक द्राविडर कज्हगम थे, उनसे जानकारी प्राप्त हुई कि उनका एक सहायक त्रिची रेल्वे स्टेशन के पास आ जाता था और इसलिए त्रिची संथन के बारे में पता चलता था। ट्रैकिंग टीम उक्त जगह त्रिची रेल्वे स्टेशन के पास गयी और कोलथुरमणि ने जैसा कहा था वैसे ही एक व्यक्ति मोटर बाइक पर आया और टीम ने उसे पकड़ लिए, दबाव के कुछ झटके डालने पर त्रिची संथन के बारे में बताया। ट्रैकिंग टीम घर ढूँढे और सुबह 4 बजे पहुंचे।

गेट तक पहुँचने के बाद द्रवीडर कज्हगम (डीके) सक्रियतावादी पेहले उठा, घर के पिछलेवाले कमरे से हलका शोरगुल सुनने के बाद अन्य व्यक्ति भी उठा और शोरगुल की वजह पता लगाने के लिए दरवाज़ा खोला। तुरंत उसने जब पुलिस को देखा, त्रिची संथन ने दरवाज़ा बंद कर किया, तभी निरीक्षक मोहनराज जो दरवाज़े के पास खड़े थे धकेलने की कोशिश किये लेकिन विफल रहे। मोहनराज किनारे पर से गए और शून्य वैट के बल्ब द्वारा रौशनी में त्रिची संथन ने अपना हाथ उठाकर कुछ लेते हुए देखे, वहसायनाइड केप्स्युल था, मोहनराज ने अपने .380 पिस्तौल से उस पर गोली चलाई, राधाविनोद राजू जो बाहर खड़े थे, मोहनराज से गोली चलाने के लिए मना किये। संथन उसी समय केप्स्युल निगल चुका था, अन्य दो पुलिस अधिकारी भी उनके .9एमएम पिस्तौल द्वारा गोलों चलाई, एक अध नंगी महिला दौड़ती हुई बाहर आयी और गोली नहीं चलाने के लिए कहा। पुलिस को तब पता चला जब वे त्रिची संथन को गिरफ्तार करने गए थे तब वो उस महिला के साथ संभोग कर रहा था।

पुलिस दल अंदर गई, घायल संथन को उठाकर कार में डालकर त्रिची में स्थित असपताल में ले गए, बादमें पोस्ट मार्टम के बाद पता चला की मौत की वजह गोली चलाने से और/या सायनाइड निगलने से हो सकती है जब त्रिची संथन साइनाइड निगल रहा था और उसी समय मोहनराज गोली चला रहे थे[35]।

त्रिची संथन की मौत का समाचार सुनने के पश्चात कोलाथुर मणि बेंगलोर में ज़ोर से कहा "ओ पापियों, तुमने त्रिची संथन का अंत कर दिया"। विडंबना से, वही एक था जिसने सूचना दी थी।

---

35   I ntervI ew wI th Mohanraj JebamanI

षड़यंत्र का निष्पादन

एक स्मृति और कुछ हत्याएं
अप्रैल 27, 1991
वेल्वेट्थिरै, श्रीलंका

एक दुबला पतला व्यक्ति कमरे में घुसा, उसका नाम थापोट् अम्मन, वो एलटीटीई केआसूचना विभाग का मुख्य था, जब उसने कमरे में नौ लोगों को देखा उनसे तमिल ईलम के बारे में, संघर्ष से उनका लड़ना, कल के लिए नयी उम्मीद की किरण इत्यादि के बारे में जोश से बातें करने लगा। जब बातें करना ख़त्म किया, वो समूह के प्रत्येक सदस्य के पास गया, अभिवादन किया और उनसे हाथ मिलाया। नौ लोग सिवरासन, नित्या (सुभा), धनु, नेरु, सिवरूपन, संथन, अय्या, कीर्ति, एवं रूसो थे। बादमें वो कमरे से बाहर गया और अंत में अकिला ने बात की, फिर सभी चले गए।

वे लोग सभी बादमें समुद्र तट पर गए और तेज़ी से जानेवाला नाव उनकी प्रतीक्षा कर रही थी।

एक के बाद एक, अंदर चढ़े, पोट् अम्मन और अकिला किनारे से ही उनको देख रहे थे। जैसे वे जाने लगे केवट नाव चलाना शुरू किया लेकिन नाव नहीं चली। वे फिर से 1991 अप्रैल 30 के दिन इकट्ठा हुए और मथगल बीच के लिए प्रस्थान किये, वह पलली के पूर्व में स्थित थी। पोट् अम्मन और अकिला एक बार फिर से उनके साथ गए और उन्हें विदा किया। इस बार नाव चलाने में कोई बाधा नहीं आयी एवं अच्छे से शुरू हो गई।

यह करीब 16 घंटे का सफ़र था, 1991 मई 1 के दिन सुबह 5 बजे यह नाव कोडाईकरई के किनारे पहुंची। षणमुगम 'मिरासुधार' (जमींदार) उसे प्यार से बुलाया जाता था, उन्हें लेने प्रतीक्षा कर रहा था। यह वही व्यक्ति था जिसने एलटीटीई के लिए विभिन्न आवश्यकताओं की सहायता की थी, पेट्रोल, डीसेल, कपडे, दवा इत्यादि जब भी एलटीटीई को आवश्यकता रहती उन्हें नाव में बांध कर ले जाता था। उसके पास बहुत सारी जमीन थी जहाँ उग्रवादी आते थे और जाफना में तस्करी करने से पेहले सामग्री छिपाते थे। उसके पास कई सारी झोपड़ियाँ भी थीं जहाँ उग्रवादी यहाँ आकर रहते। सिवरासन सफ़र में यही करने का प्रस्ताव रख रहा था।

षणमुगम अपने कार्यकर्ताओं को सावधानी से चुनता था, यह कार्य कठिन नहीं थी क्यों की एलटीटीई एवं ईलम के लिए कई लोगों को सहानुभूति थी फिर भी वह सावधानी से चुनता, विशेष रूप से तब से जब हाल ही में राज्य सरकार ने जनवरी में एलटीटीई के लिए खुली छूट देने के लिए खारिज़ की थी। जब नाव किनारे तक पहुँच रही थी, सिवरासन नाव से उतरकर पानी में चलता गया और किनारे पहुंचते ही झोंपड़ी तरफ गया जहाँ षणमुगम उस रात ठहरा था, हार्दिक स्वागत के बाद, दोनों के बीच हुई बातचीत के बाद बाहर आये और सिवरासन ने नाव को किनारे तट पर जाने का निर्देश दिया, नाव जब किनारे तट पहुंची अन्य 8 सदस्य नाव से उतरे और झोंपड़ी की ओर चले। ये सभी लोग षणमुगम एवं उसके साथी द्वारा निर्देश में थे। जब नाव खाली हुआ तभी षणमुगम के साथी उसमे पेट्रोल, डीसेल इत्यादि डाले, लगभग 30 मिनट में वह नाव जाफना के लिए रवाना हुआ। 9 लोगोंका गिरोह तमिलनाडू में लड़खड़ाहट के साथ विभिन्न जगहों पर गए। मई 3 की सुबह, चिन्नसंथन मद्रास के लिए रवाना हुआ, कोडाईकराई से मद्रास तक यह यात्रा लंबी थी। वो सोच रहा था की कैसे इस महत्वपूर्ण कार्य के लिए उसे चुना गया है .....।

मार्च 3, 1990

सुठेन्थिरा राजा (आका चिन्न संथन) ने उसे दिए गए पैसों की गिनती की। राशी सही थी, बिलकुल 20000/- रुपये थे। उसने अपने थैली में पैसे डाले और उसके सामने बैठे व्यक्ति को देखा, वह व्यक्ति एक आँख से अंधा था और उसका नाम पाकियाचंद्रण था, पाकियाचंद्रण कई नामों से जाना जाता था, उनमें से एक नाम सिवरासन था। ब्लैक जुलाई के बाद 1983 में जो तमिल लोगों के विरुद्ध घटा, वो उग्रवादी समूह तमिल ईलम लिबरेशन ओर्गनाइजेशन (टीईएलओ) में सम्मिलित हुआ। जब श्रीलंका में ब्लैक जुलाई

के कारण जबरदस्त समर्थन एवं सहानुभूति दिखाई गई थी तभी अक्टूबर 1983 में वो भारत आया। केंद्रीय एवं राज्य सरकार दोनों ने श्रीलंका की सरकार से लड़ने के लिए प्रशिक्षण, अभ्यारण्य, एवं हथियार आपूर्ति उग्रवादी समूह के लिए प्रदान किये। उसने कुम्बकोणम के पास कैम्प में प्रशिक्षण प्राप्त किया था, अंत में युद्ध में उग्रवादी समूह में से सर्वोच्चता के लिए एलटीटीई द्वारा टीईएलओ का नाशहुआ और इस प्रक्रिया में कई टीईएलओ उग्रवादीयों ने एलटीटीई में सम्मिलित हुए।

अन्य लोग मारे गए। उनमें से पकियाचंद्रण एक था जोलटीटीई में शामिल हुआ था। मई 1987 में, श्रीलंकाई सुरक्षा सेनाबल की लड़ाई में, उसकी बायीं आँख में गोली लगी और उसे मदुरै में अरवीन्द आँख की अस्पताल में चिकित्सा के लिए भेजा गया। उसकाशेष जीवन व्यतीत करने के लिए उसे एक कृत्रिम आँख पहननी पडी थी। 1989 के अंत में उसके पहले बड़े कार्य के लिए भारत पहुंचा। उसने सिवरासन नाम को अपनाया। सिवरासन ने अपने गंतव्य तक पहुँचने के लिए रवाना हुआ, चिन्न संथन रास्ता पार किया और मद्रास के कोडंबक्कम में मद्रास अभियांत्रिकी तकनीकी संस्था में प्रवेश लिया, वहाँ एक पाठ्यक्रम के लिए दाखिला लिया। इस संस्था का चालक श्रीलंकाई तमिल गुणराजन थे इसलिए दाखिला लेने में कोई परेशानी नहीं हुई।

एक मुख्य कारण यह था कि वहाँ बहुत सारे श्रीलंकाई तमिल के लोग पढ़ते थे। कुछ दिनों में उसके पास जितने भी पैसे थे उसने खर्च किया। उसे ईपीआरएलएफ मंडली में आसानी से प्रवेश मिलता। उसने केवल वही बोलकर मित्र बनाए जो उससे कहने की अपेक्षा करते। वो वेलुपिल्लई प्रभाकरन की निंदा करता एवं प्रभाकरन और एलटीटीई के लिए उसकी घृणा व्यक्त करता था। वो कई बार ऐसे इमादारी स्वर में बोलता था। ईपीआरएलएफ कार्यकर्ताओं ने इस पर पूरा विश्वास करने लगे। उसे ईपीआरएलएफ मंडली से जानकारी प्राप्त हुई की पद्मनाभ ओरिसा से मद्रास आनेवाला है। उस समय, सिवरासन श्रीलंका वापिस गया हुआ था। संथन ने तुरंत सिवरासन को संदेश उसके दिए गए ट्रांस्मिटर से भेजा।

जून की पहलीसप्ताहथी, सिवरासन इस कार्य के लिए उछलकर दीपन, रवी, डेनियल और एक कार्यकर्ता के साथ एलटीटीई आसूचनाविभाग से रवाना होकर भारत में 10 जून 1990 के दिन पहुंचा और चूलाईमेडू में एलटीटीई समर्थक जेयपाल के घर में निवास करने लगा। कुछ दिनों बाद, संथन को भी पता चला की जून 19 के दिन कोडंबक्केम के ज़कारिया कोलोनी में महत्त्वपूर्ण ईपीआरएलएफ की बैठक के लिए पद्मनाभ, किरुबकरण जो श्रीलंका के ईशान्य सरकार में वरदराजा पेरूमल के

कैबिनेट में वित्तीय मंत्री थे, जाफना के सांसद के सदस्ययोग शंकरी, कोमल राजा एवं लिंगम मद्रास में पहुंचे हैं, वास्तव में इसे कोलोनी के 'पावर अपार्टमेंट्स' में आयोजित करनेवाले थे।

एलटीटीई का ईपीआरएलएफ के लिए द्वेष बाहर आया क्यों कि ईपीआरएलएफ भारत का समर्थक के लिए देखा गया था। तमिल बहुसंख्यक उत्तर-पूर्वी परिषद में भारतीय शांति सेना की तैनाती के बाद, श्रीलंकाई सरकार ने नवंबर 1988 में चुनावी के लिए घोषणा की। एलटीटीई ने चुनावों को बहिष्कार कर दिए जाने की घोषणा की। बहिष्कार के विरोध जाकर ईपीआरएलएफ ने चुनाव लड़ा और जीत हासिल किये।

वरदराजा पेरूमल मुख्य मंत्री बने। मार्च 1990 में, श्रीलंका में जबआईपीकेएफ की वापसी हुई, ईपीआरएलएफ नेताओं के साथ वरदराजा पेरूमल सहित भारत के लिए पलायन किये।

ईपीआरएलएफ के कुछ महत्वपूर्ण लोगों ने शाम 6 बजे की बैठक प्रारंभ किये। एक सफ़ेद अम्बेसीडर ज़कारिया कोलोनी में आयी, कम रफ़्तार में गाडी चलकर संथन के पास पहुंची जहाँ वो खड़ा था, संथन ने कार में सिवरासन, जयबाल एवं डेविड को देखा। उसने सिर हिलाया और पावर अपार्टमेंट की ओर संकेत किया जहाँ बैठकसमारोह शुरू हुई थी।

सिवरासन, जयबाल एवं डेविड कार से उतरकर तुरंत अंदर दौड़कर अपार्टमेंट में टूट पड़े, सभी लोगों पर उनके कलेश्निकोव राइफल से गोली चलाने लगे, पद्मनाभ खड़े होकर अपने हाथों को ऊपर किये और बाकियों को न मारने के लिए विनंती किये, इसके प्रतिक्रिया में सिवरासन ने पद्मनाभ पर गोली चलाई, पद्मनाभजी तकिये को अपना ढाल बना लिया क्यों की उनके पास स्वयंरक्षा हेतु यही एक शश्त्र था, गोलियां उनके शरीर के विभिन्न अंगों में चली, एक मीनट में यह काम ख़त्म हो गया। पद्मनाभ और 13 अन्य लोग जमीन के पोखर पर मृत पाए गए। लकड़ी के दरवाज़े एवं फर्नीचर धात्विक छर्रों से ग्रस्त हुए थे।

सभी लोग भागने लगे। उस समय, दो दुर्भाग्य युवा गोली चलाने की आवाज़ सुनकर अपार्टमेंट की तरफ देखने आये की क्या हुआ है, डेविड उन्हें देखते ही उसके कलेश्निकोव राइफल से गोलियां चलाई, दोनों वहीँ ढेर हुए। वे संभी संथन के साथ जो बाहर नीचे खड़ा था अम्बेसीडर में गए और कार चली गयी। उन्होंने कार को बिना किसी परेशानी का सामना करते हुए ग्रैंड ट्रंक रोड से चेंगलपेट तक गए।

चेंगलपेट में एक पुलिस हवलदार (पीसी) ने कार को रोका, पीसी ने कार ट्रंक में क्या है पता करने के लिएरोका था, पीसी से सकारात्मकता से उत्तर देने के बाद, सिवरासन ने कार को अति वेग से चलाना चालू किया। साथ ही, सिवरासन ने हवलदार का हाथ पकड़ा और लगभग 30 से 50 मीटर दूरी तक खींचा फिर उसे जाने दिए, कार तेज़ी से निकल गयी और हवलदार नीचे जमिन पर गिर गया। सिवरासन निश्चित नहीं था की पुलिस हवलदार ने कार का नंबर ध्यान सेदेखा था या नहीं, वो जोखिम नहीं लेना चाहता था और इसलिए कार को बदलने का निर्णय लिया।

वे आगे एक रेल्वे गेट के सामने आ गये। उनको एक मारुती वैन दिखाई दिया, अंदर थॉमस चार्ल्स एक अधिकारी जो मद्रास में एक निजी संस्था में काम करतेथे और साथ मेंउसकी माता भी थीं, जिसका ड्राइवर वैन चला रहा था। उन्होंने वैन जप्त किया जो की मुश्किल काम नहीं था, कम रफ़्तार में गाडी चलाई और राइफल को बाहर निकालकर ड्राइवर को डराया, माँ और बेटे को चुप रहने की धमकी देने के बाद वो लोग उन्हें लेकर वैन सेनिकल गए, कुछ मिन्टों बाद, तीनों को बगल की सड़क पर छोड़ दिये और त्रिची की तरफ निकल गए। मारुती वैन कई चेक पोस्ट बिना मुश्किल के पार कर चूकी थी[36] [37]।

अंत में, पिल्लायर थिडल चेक पोस्ट पहुंचे, उपनिरीक्षक (एसआई) राममूर्ति, वैन के अंदर जाकर देखे, कुछ विचित्र लोग हाथ में परिष्कृत राइफल लिए बैठे वैन के अंदर दिखे, उन्होंने एसआई को धमकाया, परिष्कृत बंदूकों की ओर संकेत करते हुए एसआई को दिखाए की उनके पास था और अपने खिलोने पिस्तौल से ना खेलें। एस आई कुछ नहीं कर सकते थे और वैन को जाने दिये। कुछ मिनट बाद उनके उच्च अधिकारी को सूचित किये, यह सुबह के 7 बजे की घटना थी, वैन चेकपोस्ट पार करके नारियल के बाग़ में प्रवेश किया।

तंजावुर के पुलिस उप निरीक्षक चिदंबरम स्वामी, उनके सशस्त्र पुलिसकर्मियों के साथ और 'क्यू' विभागके निरीक्षक एलंगोवन एवं उनके साथीयों ने नारियल के बाग़ में दोपहर लगभग 3:30 बजे प्रवेश किये लेकिनवहाँ पर गिरोह का कोई दल नहीं दिखाई दिया।

---

36   Ragothaman (Taml I) – pgs 79-83

37   Stephen Heynes- Book Chapter - Executl on of Padmanabha and EPRLF Leaders – pgs 1 to 16

नारियल का बाग़ मुख्य सड़क से 3000 मीटर दूरी पर थी, इसकीपूर्वी हिस्सा समुद्र केपानी के साथ स्थित थी। मारुती वैन सूखी घास के ढेर में मिला, स्थिति की गंभीरता भांपते हुए गाँव के लोग आये और जो कुछ भी जानकारी उनके पास थी उसे बताये, हत्यारे गिरोह करीब दोपेहर 02:30 बजे तक रुकेथे। उन्होंने किनारे के स्थानीय लोगों से चिकन और मछली पकाकर खाए थे, एक गहरी समुद्र से जगदीश्वरन नाव को चलाकर वेधारण्यम से प्लास्टिक यंत्रीकृत नाव में लाया था। वहाँ से पेड्रो बिंदु पर पहुंचे जो श्रीलंका का उत्तर बिंदु है, फिर वहाँ से वेल्वट्थुराई पहुंचे जहाँ प्रभाकरन ने व्यक्तिगत रूप से सिवरासन को बधाई दी थी।

चिन्नसंथन विचलित हो उठा, बस मद्रास पहुँची।

मंच तैयार होता है

नवंबर 1990

एलटीटीई का अधिनायक चार लड़ाको को बुलवाया, वे थे बेबी सुब्रमनियम, मुत्तुराजा, मुरुगन एवं सिवरासन। बेबी सुब्रमनियम एलटीटीई समूह की प्रचार करने का नेतृत्व कर रहा था, वह एलटीटीई प्रचार सामग्रियों को अपने प्रिंटिंग प्रेस मद्रास में छापता था, मुत्तुराजा एलटीटीई के लिए एक श्रीलंकाई तमिल समर्थक था, मुत्तुराजा की माता एवं बहन पश्चिम मम्बलम में रहते थे। मुत्तुराजा के बिना एलटीटीईने संभवतः कभी कुछ किया हो। मुरुगन जाफना के पलली में इठाविल गाँव से था। उसने 1987 में श्रीलंकाईसेनानी के साथ लड़ाई लड़ते समय अपने भाई को खो दिया था। वह 1988 में एलटीटीई में सम्मिलित हुआ। उसकी विशेषज्ञता विस्फोटक थी, वह एलटीटीई बंदियों केजो कई तमिल लोग अन्य समूह से थे उनकी पूछताछ का प्रभारी था। सिवरासन को बुलाया गया और वहाँ कुछ अन्य भी थे। प्रभाकरन ने प्रकट किया कि भारत में जल्द ही चुनाव होने कीसंभावना हैऔर अगला निशाना राजीव गाँधीजी पर होगा। फिर उसने कमरे में स्थित लोगों को जिम्मेदारियां सौंपी।

बेबी सुब्रमनियम पेहले और बाद के कार्य में आश्रय प्रबंध करने के लिए बैक अप टीम की तैयारी कर रहा था। मुत्तुराजा मद्रास में एक आधार तैयार करने के लिए था ताकि सुचारू संपर्क सुविधाएँ, संदेशों के लिए और पैसों की सही वितरण एवं हथियारों के लिए कुरियर जो इनमें शामिल थे, यह सब कुछ सावधानिपूर्वक होने के पश्चातउसेवापिस जाफना जाने कानिर्देश दिया गया था, और दास तथा एक और कार्यकर्ता इसके बाद कार्यभार संभालने के लिए थे। यह कहा गया था कि ये सभी लोग सिवरासन को वृत्तांत प्रस्तुत करें। मुत्तुराजा, अरिवू और इरमबोरई अक्टूबर 1990 में भारत वापिस आये, वे अवैध रूप से श्रीलंका की यात्रा किये और कई एलटीटीई के नायकों से भेट की, इसमें

प्रभाकरन, महतिया एवं बेबी सुब्रमनियम‌शामिल थे। दिसंबर 1990 में मुत्तुराजा ने प्रमुख एलटीटीई उग्रवादी निशान्थन (निक्सन) से भाग्यनाथन एवं अरिवू का परिचय करवाया।

उनसे कहा गया कि यह व्यक्ति एक महत्वपूर्ण कार्य के लिया आया हुआ है और इसे संभवतः सभी प्रकारों से मदद करें, विशेस रूप से इसकी कोई भी जानकारी मद्रास में स्थित अन्य एलटीटीई कार्यकर्ताओं को नहीं बताना चाहिए[38]। अगली‌सहायता का निकटतम निशाना था संभार तंत्र में लोगों की सहायता। बेबी सुब्रमनियम एवं मुत्तुराजा सुभा सुन्दरम जिसका स्टूडियो – 'सुभा स्टूडियो' रोयापेट्टा में था उससे मिले। वह एलटीटीई का अटल समर्थक था। यह स्टूडियो एलटीटीई कार्यकर्ताओं एवं सहानुभूतियों के लिए बैठक बिंदु के प्रयोजन के लिए किया जाता था[39]। सुभा सुन्दरम भी प्रतिष्ठित पैरिस-आधारित अंतर्राष्ट्रीय समाचार फोटो सेवा – एएफपी का सदस्य था[40]।

उन्होंने उनकी आवश्यकता बताई। सुभा सुन्दरम यह सुनने के बाद दोनों ने कहा की उसकी सहेली पद्मा कल्याण नर्सिंग होम में काम करती है, उसके एक बेटा भाग्यनाथन और दो बेटियां थी, भाग्यनाथन एक सशक्त डीके सक्रियवादी था, एक संस्था के लिए जहाँ उसकी बड़ी बहन नलिनी काम करती थी वहाँ लेखन सामग्रीयों को आपूर्ति करके पैसे कमाता था।

उसे राजनैतिक पत्रिका प्रारंभ करने की अभिलाषा थी लेकिन आर्थिक कमियों की वजह से नहीं कर पाया। परिवार भी क़र्ज़ से डूबा हुआ था और ज़रूरतों को पूरा करने के लिए बहुत बड़े चुनौतियों को सामना करना पड़ता था, इसीलिए यह चर्चा करने के बाद भाग्यनाथन सही व्यक्ति होने का निर्णय लिया गया और वे पद्मा के घर गए तथा बेबी सुब्रमनियम ने कहा की वह प्रिंटिंग प्रेस बेचना चाहता है, जो निरिक्षीत था; वही भाग्यनाथन उनके जाल में फसकर कहा, उसकी इच्छा है लेकिन उसके पास पैसे नहीं हैं। बेबी सुब्रमनियम 'व्यापक रूप से' प्रेस बेचने की कीमत 50, 000 रुपये से 5000 रु. में दिया और भाग्यनाथन इसे भी बहुत कम किश्तों में भुगतान कर सकता था। एक ही शर्त थी की एलटीटीई के प्रकाशनों को प्राथमिकता देनी चाहिए।

---

[38]   Kaarthl keyan and Radhavl nod Raju – pg 44

[39]   https://www.l ndl atoday.l n/magazl ne/l nvestl gatl on/story/19910715-rajl v-gandhl -assassl natl on-ltte-supremo-pl rabhakaran-ordered-the-kl lll ng-l n-jaffna-l n-october-1990-814580-1991-07-15

[40]   Heynes, Chapter 7, "Rajl v Gandhl on the TI gers' Cross LI nes"

भाग्यनाथन पद्मा और उसकी बहन कल्याणी के साथ मयलापुर से रोयापेट्टा के लिए स्थानांतरित किये। बड़ी बहन नलिनी अड्यार में अनाबोंड सिलिकोन प्रै.ली. में मुख्य कार्यकारी अधिकारी (सीईओ) के निजी सचिव के पदस्थान पर थी। पद्मा का पति शंकरनारायण पुलिस उप निरीक्षक

थे और परिवार को त्याग चुकेथे। नलिनी स्वतः पद्मा सा झगडा करके घर छोड़कर गयी थी। थोड़े समय के लिए उसने मुत्तुराजा और उसकी माता के साथ रही लेकिन असंतोष होकर उस जगह को भी छोड़कर कामकाजी महिला छात्रावास में रहने लगी। अक्तूबर 1990 से विलिवक्कम में किराये घर में रहने लगी[41]।

बेबी सुब्रमनियम मुरुगन को भी इसमें शामिल करने के लिए प्रबंध किया गया और भाग्यनाथन के घर में पेईंग गेस्ट के रूप में रहने लगा। मुरुगन ने उसके असली उद्देश्यपूर्ति के लिए साबरी इंस्टीटयूट ऑफ़ इंग्लिश लर्निंग में भर्ती हुआ। जब कल्याणी उसके बहन से मिलने जाती, तब मुरुगन भी उसके साथ चला जाता था और नालिनी से भेट हुई। धीरे धीरे वे दोनों अलग से मिलने लगे और एक दुसरे से प्रेम करने लगे। साथ में, मुरुगन ने उसे कहानियां सुनायी, उसे तस्वीरें दिखाई और उसका बुद्धि भ्रष्ट किया केइन सभी कार्यों में राजीव गाँधी ही जिम्मेदार हैं। नलिनी अपनी माँ के घर रोयापेट्टा में स्थानांतरित होना चाहती थी की उसी समय, सिवरासन मुरुगन को सूचित किया कि राजीव गाँधीजी की हत्यारों – धनु एवं सुभा के लिए उसे महिला साथी की आवश्यकता है। मुरुगन ने नलिनी का प्रस्ताव रखा। जब नलिनी पद्मा के घर रोयापेट्टा में स्थानांतरित होना चाहती थी तभी मुरुगन ने विरोध करके उसे विलिवक्कम में रहने के लिए कहा ताकि धनु और सुभा भी उसके साथ रह सकेंगे, नलिनी ने स्वीकार किया[42]।

मुत्तुराजा, तब तक हरिबाबू के लिए खोज किया। सुभा सुन्दरम ने उसे उसकी काम में लापरवाही के कारण से निकाला था। मुत्तुराजा ने उसे सुभा सुन्दरम के पास फिर से लेकर गया। सुभा सुन्दरम 'महानता' से कहा कि वह कभी भी युवाओं की मदद करने तत्पर रहता था। उसने हरिबाबू को उसके साथ समाचार समिति – विग्नेश्वर वीडियो में काम करने के लिए रखा। हरिबाबू को प्रदान किये गये वेतन उसके मानको से अधिक था इसलिए वह सदा के लिए सुभा सुन्दरम और मुत्तुराजा के ऋणी रहा।

---

41   Ragothaman (Tam1 I) – pg 147-148
42   Kaarthl keyan and Radhavl nod Raju – pg 47

मुत्तुराजा बादमे एक व्यक्ति बालन जो कोलोम्बो से आया था हरिबाबू के साथ रहने की व्यवस्था किया। बालन यथासमय हरिबाबू का बुद्धि भ्रष्ट किया और विश्वास दिलाया की पिछले कुछ सालों में श्रीलंका में तमिलों के साथ हुई सभी बुराइयों के लिए राजीव गाँधीही जिम्मेदार हैं। हरिबाबू बादमे भाग्यनाथन द्वारा मुरुगन से परिचय करवाया।

मुरुगन ने हरिबाबू को अच्छे पैसे 1000/- रुपये देकर बरकरार रखा। हरिबाबू वेल्लोर किला का दौरा और जानकारी प्राप्त किया जहाँ बहुत सारे एलटीटीई कार्यकर्ताओं को आयोजित किया गया था। उसने सेंट जोर्ज किले की और पुलिस महानिदेशक कार्यालय की तस्वीरें खींची।

रॉबर्ट पायस एलटीटीई से था और जाफना के कोक्कुविल से आया था। वह भारत में उसकी पत्नी प्रेमा के साथ, उसका बहनोई जयकुमार और उसकी पत्नी शांती के साथ आया था। पायस की छोटी बहन प्रेमलता शरणार्थियों के रूप में मंडपम में पंजीकृत की थी। उन्होंने मद्रास में पोरुर के शबरी नगर में किराया घर लिये। मुरुगन, जयकुमार और उसकी पत्नी शांती के निर्देश से कोडयुनयुर में दूसरा घर किराये पर लिये।

एंटर पेरारिवलन (अरिवू) जो 19 वर्ष का उत्साही एलटीटीई का समर्थक एवं भारतीय तमिल था, उसके पिता ज्ञानशेखरन जोलरपेट्टाई में सरकारी उच्चतर माध्यमिक विद्यालय में शिक्षक थे और डीके के सदस्य भी थे। एलटीटीई समर्थन के प्रदर्शनों में शामिल होने से अरिवू एक बार गिरफ्तार हुआ था और 15 दिनों तक हिरासत में था। पद्मनाभ की हत्या के बाद उसने स्वतः को प्रकाशन के लिए सामग्री एवं प्रचार सामग्री एकत्र करने में जुट गया। उसने बेबी सुब्रमनियम का विश्वास जीत लिया और बदले में उससे प्यार किया और कई एलटीटीई कार्यकर्ताओं के संपर्क में आया। उसे मासिक आधार पर त्रिची संथन द्वारा बड़ी राशि मिलती।

बेबी सुब्रमनियम अरिवू को 1990 में जाफना ले जाया गया, वहाँ प्रभाकरन से मिला जिसे वह आदर्श मानता था और महत्तया एवं योगी से भी भेट की। उसने अक्तूबर 1990 में नाव से इरम्बोरई और कुछ घायल एलटीटीई कार्यकर्ताओं के साथ चिकित्सा के लिए भारत वापिस आया।

वो भाग्यनाथन के घर में रुका और वसंत कुमार से भी जुड़ा था जो दुनिया के लिए एक अभिन्यास कलाकार था लेकिन वास्तव में वह एलटीटीई प्रचारक पुस्तक 'सेटेनिक फोर्सेस' प्रकाशन के लिए जिम्मेदार था[43]।

---

43   Heynes, Chapter 7, "Rajl v Gandhl on the Tl gers' Cross Ll nes"

मध्य फरवरी में मुरुगन ने अरिवू को बुलाया। उसने उससे सूचित किया की शक्तिशाली एलटीटीई बड़ी कारवाई के लिए उसकी सीधी सहायता मांगी है। अरिवू बहुत उपकृत रहा, उसने बम को सक्रिय करने के लिए स्वतः 9v बैटरी लाया, जबकी वह इस तथ्य से जानता था या नहीं की बम के लिए बैटरी की आवश्यकता है भी या नहीं इस प्रश्न का उत्तर आज भी नहीं मिला है, जो बादमे इस पुस्तक में चर्चित किया जायेगा। अरिवू सिर हिलाने के संकेतसे मुरुगन ने सिवरासन को मद्रास आने के लिए संदेश भेजा। वहां पहुँचने के बाद, सिवरासन ने पोरुर में पायस के घर रहा जहाँ उसे आश्रय के बारे में एवं मुत्तुराजा तथा बेबी सुब्रमनियम द्वारा लोगों की भर्ती करने का विवरण मिला। योजना के अनुसार, मार्च के अंत में बेबी सुब्रमनियम और मुत्तुराजा श्रीलंका के लिए रवाना हुए।

अप्रैल 1991 के अंत में, अथिरै एवं कनाकसबपति भारत आये। अथिरै आत्मघाती हमलावर के लिए बैकअप थी और कनाकसबपति उसके दादा के रूप में काम किया। अथिरै को श्रीलंकाई परिवार के घर में रहने के लिए रोयापेट्टा में रखा था और कनाकसबपति सेलैयुर में अपने रिश्तेदार के घर में रहा। 1991 के मध्य में, कनकसबपति को दिल्ली के लिए भेजा गया और मोती बाग़ में सुरक्षित निवास स्थानढूंढ लिया। निस्संदेह जैसे की पाठक जानतेहैं, उसकी सेवाओं की आवश्यकता नहीं थीं। इस दौरान नलिनी ने मुरुगन के सुझाव को स्वीकार किया। इस तरह धनु एवं सुभा को विलिवक्कम में रहने के लिए कहा गया।

दो सप्ताहभर में, नलिनी दोनों लड़कियों के समीप आ गयी। पायस संथन को लेकर मरीना बीच गया और मुरुगन, अरिवू एवं हरिबाबू से परिचय करवाया। लेकिन उन्हें निर्देश था की एक दूसरे से बात ना करें।

सिवरासन मुरुगन को निर्देश दिया की एक दरजी को ढूंढें और बम के लिए एक बनियान सिलवाये। मुरुगन एक स्थानीय दरजी को ढूँढा और नीले डेनिम का बनियान सिलवाया ताकि एक किलो बम संभालने के लिए भारी कपड़ा काफी था[44]।

हत्यारे समूह ने अब निर्णय किया की वास्तविक कार्य का अंतिम पूर्व प्रयोग किया जाए जब वी.पी सिंह मद्रास में मई 7 1991 के दिन आये हुए थे। धनु/सुभा से वी.पी सिंह के लिए माला पहनाते समय नलिनी उनके तस्वीरों को खींचना अपेक्षित थी। लेकिन भारी सुरक्षा व्यवस्था की वजह से धनु और सुभा को नेता के लिए माला पहनाने नहीं हुआ, अतः उन्होंने वी.पीसिंह के लिए केवल मालाएं प्रदान किये।

---

44   Heynes, Chapter 9 "Rajl v's Role Curtal ledl n the Stage"

आग में घी डालने की तरह, नलिनी ने भी तस्वीरें नहीं खींची क्यों कि वह घबराई हुई थी और कैमरा के साथ काम करने के तरीके से अपरिचित भी थी। सिवरासन द्वारा यह प्रयत्न विफल रहा और चीज़े योजना के अनुसार नहीं होने से वह परेशान हुआ। मुरुगन भी डांट खाया क्यों कि यह सत्य था की वह नलिनी से प्रेम करता था और इस विशेष कार्य पर ध्यान नहीं दे पाया। सिवरासन ने तुरंत ही पोट् अम्मन से संपर्क किया और इस परिस्थिति के बारे में बताया। 'अधिकारी लड़की' के साथ रिश्ता तोड़ने के लिए, जो नलिनी के रूप में संदर्भित किया गया था, मई 11 के दिन मुरुगन को तुरंत जाफना के लिए रवाना होने के लिए कहा गया।

11 मई के दिन नलिनी, धनु और सुभा बाजार करने गए थे। पुरासवाल्कम के क्वीन्स कोर्नर में धनु ने हत्याकांड के दिन जो पोषक पहनी थी उसे, सैंडल और कपडे खरीदने गयींथीं[45]। उस दौरान, निर्देशानुसार मुरुगन कोडाईक्कराई पहुंचा। जो भी हो रहा था उसे भांपने से नलिनी असहयोग प्रकट की। अब मुरुगन नहीं था, उसे भी निर्देश दिया था की सभी लोग अपने अपने घर छोड़ दें। उसकी योजनायें फिर से विफल होते देख सिवरासन ने फिर से पोट् अम्मन को सूचित किया की अधिकारी लड़की सहयोग देने से अस्वीकारकर रही है।

इसलिए मुरुगन के लिए फिर निर्देश था की वह मद्रास के लिए फिर से रवाना हो जाए जिसने ख़ुशी से किया। नलिनी प्रसन्न हुई और फिर से सहयोग देने लगी[46]।

यह भी ज़रूरी है की संपूर्ण समूह को संक्षिप्त से देखना। धनु और सुभा नीरो के साथ विजयन एवं भास्करन के घरजो योजना के लिए सहाय करने 1991 के अंत में आये थे एवरेडी कोलोनी में गए। रूपन जयपुर में कृत्रिम पैर खोजने के बहाने सुरक्षित निवास स्थानढूँढा। विजयानंद अरिवू द्वारा उसके मित्र के घर में रहने गया बादमें एक होटल में गया। शंकर पुरासवाल्कम के ईश्वरी लॉज में थोप्पुथुरै जगदीशन व्यक्ति ने प्रदान की गई सहायता के माध्यम से रहा। चित्र संथन शुरू में हरिबाबू के घर में रहा बादमें जयकुमार के घर में रहने लगा। सिवरासन भी वहाँ रहने लगा। कीर्ती ने रॉबर्ट पायस के घर में रहने लगी। सिवरासन ने तमिल नेशन रिट्रीवल ट्रूप्स (टीएनआरटी) के नेता रवीचंद्रन और उसका प्रतिनिधि महेश से संपर्क किया। थाम्बी अन्ना नामक श्रीलंकाई तमिल रोयापेट्टा ने सोने के बिस्कुटों को बेचने के लिए जो 18 लाख रुपये की सहायता से सिवरासन के लिए किया। इस तरह संपूर्ण गिरोह मद्रास में निवास किये।

---

45   Heynes – Chapter 9, "Rajl v's Role Curtal ledl n the stage", Pgs 4-5 of 19

46   Ragothaman (Taml l) – pgs 154-162

भारी संक्रिया (डी-डे)

श्रीपेरुम्बुदुरमई 21 1991

मरगधम चंद्रशेखर, अपनी प्रचार के लिए पज्हावेर्कार्डू गयी थीं। पज्हावेर्कार्डू, श्रीपेरुम्बुदुरमें चुनाव क्षेत्र का एक भाग था जहाँ से वे चुनाव लड़ रही थीं और वापस अपने घर जा रही थीं। युवा कोंग्रेस के जिला अध्यक्ष स्व. टीएन शिवलिंगम, और पोन कृष्णमूर्ति उसकी पार्टी कार्यकर्ता भी जिला नेता जयराज के साथ थे। मरगधम चंद्रशेखर आयोजन कानिरिक्षण करने में व्यस्त थीं। अचानक से, नाव हिला और उल्टा हो गया। वह सरोवर उतनी गहरी नहीं थी। 70 वर्ष कींमरगधम फिर भी संघर्ष कर रहीं थी, जबकी कुलमिलाकर सभी 5 लोग पानी के अंदर गए और जो दैहिक से सद्दढ़ युवा थे वे पानी से सुरक्षित बाहरआ गए। भाग्य से वहीँ आस-पास कुछ मछुआरें थे जिन्होंनेतुरंत पानी में कूदे और मरगधमको किनारे तक ले लाये। वे बेहोश थीं, कोई नहीं जानता था की वह बचेंगी या नहीं लेकिन कुछ मिनट बाद, मछुआरे के पुनः होश में लाने के प्रयत्न में मरगधम सभी की तसल्ली के लिए अपनी आँखें खोलीं। महिला विभाग की पार्टी कार्यकर्ता ने नएपोशाक लाये फिर मरगधम ने कपडे बदलीं, उसके बाद चीज़ें सामान्य हुईं। मरगधम नहीं जानती थीं कि उस शाम उनका जीवन बदतर में बदल जायेगा47।

वाईज़ाग मई 21 शाम 04.00 बजे

उसने अपनी घडी को देखा। शाम के 4 बजकर 4 मिनट हुए थे। व्यस्त कार्यक्रम के बावजूद वे बहुत प्रफुल्लित दिखे। उन्हें फिर से प्रधान मंत्री बनाने के लिए प्रेस के

---

47   https://www.youtube.com/watch?v=RkG4wTBg24M – Pon Krl shnamurthyl ntervl ew wl th SI thannan – from the 15th ml nute

वर्ग सहाययुक्त थे। वे तीन साल व्यस्त थे, ऐसा नहीं था की उससे पेहले के वर्षों में कोई छूट मिली थी लेकिन विशेष रूप से पिछले 3 वर्षथकानेवाले थे, सभी ओर से भ्रष्टाचार के आरोप लग रहे थे। लेकिन अब सभी समाप्ती पर था। राजीवज भुवनेश्वर से विशाकापट्टनम पहुंचे और जनार्धन रेड्डी से बातचीत करते चल रहे थे तब उन्हें विशेष चोपर का पायलट, कप्तान चांडोक से संदेश आया की राडार में कुछ

तकनीकी खराबीहै और उसे जांचने में कुछ समय लगेंगे, जांचने के बाद पता चला की एक अतिरिक्त स्विच की आवश्यकता है, उसने राजीव से कहा, ठीक होने के बाद उन्हें सूचित किया जायेगा। जनार्धन रेड्डी खुश हुए थे और चुनावी रैली निकालने के लिए तुरंत शहर में प्रस्ताव रखा लेकिन राजीव श्रीपेरुम्बुदुर जाने के लिए बाध्य थे, इस परिस्थिति में वे सर्किट हाउस (गेस्ट हाउस) वापस जाने का निर्णय किये और एक बार हवाईजहाज़ जाने के लिए तैयार हो जायेगा, उन्हें सूचित किया जाएगा। जब वे जा रहे थे, एयरपोर्ट पुलिस वायरलेस द्वारा सूचित किया की तकनीकी समस्या ठीक हो गयी है और विमान प्रस्थान करने के लिए तैयार है। कार घूमकर हवाईअड्डा प्रस्थान क्षेत्र पहुंची, वैसे भी उनकी निजी सुरक्षा अधिकारी (पीएसओ ओ.पी सागर) समय पर पहुँच नहीं सके क्यों कि वे दुसरे वाहन में थे। विमान थोड़ी देर में चल पड़ा। राजीव गाँधी स्वतः विमान चलाये, वे प्रशिक्षित फ्लाईट पाइलट थे।

पोरुरशाम 04.45 बजे

पोरुर में डी पांडियन ने भीड़ पर ध्यान दिया, लगभग 200-300 लोग थे। पांडियनकम्युनिस्ट पार्टी (मार्क्सवादी) (सीपीआईएम) से था और मद्रास के उत्तर में संसदीय क्षेत्र में चुनाव लड़ रहा

था। उसेश्रीपेरुम्बुदुर में राजीव का भाषण जनताको समझाने के लिए अंग्रेजी से तमिल में अनुवाद करने के लिए बुलाया गया था। पेहले उसे हवाईअड्डे पर बुलाया गया था, बादमें कोंग्रेस कार्यालय से उसे फ़ोन आया की पोरुर के लिए जाए क्यों कि राजीव गाँधीश्रीपेरुम्बुदुर के रास्ते में आकर वहाँ एक सभा को संबोधित करेंगे। तदनुसार वो पोरुर में दोपहर 3:30 बजे पहुंचा। कुछ समय बीतने के बाद पुलिस अधिकारी उसे बताये कि उन्हें सूचना मिली है कि विमान कुछ तकनीकी खराबी की वजह से राजीव गाँधी सभा के लिए संभवतः नहीं आयेंगे, सभा रद्द हो सकती है।

शाम के 5 बजे विलिवक्कम संसद के लिए विधानसभा उम्मीदवार के लिए जी कालन पहुंचे। उसने पांडियन को भी वही जानकारी दी। पांडियन कालन को सुझाव दिया की

वे अपने कार्यक्रम पर चलते रहे और भाषण देते रहें। जब वह अंतिम बार कहने लगे उस समय सोचे की उन्हें सूचना मिले की यात्रा रद्द हो गयी है, यदि ऐसा होता तो वह रद्द होने की घोषणा करते।

लेकिन जब सभा प्रारंभ हुई और वे बोल रहे थे, करीब रात 08:30 बजे, एक पर्ची उनके हाथ में दिया गया की राजीव गाँधी हवाईअड्डे पर पहुंचे हैं और हवाईअड्डे से सीधे पोरुर पहुंचेगे। संदेश में यह भी संकेत दिया था की उनका भाषण जारी रखें, जो उन्होंने किया[48]।

श्रीपेरुमबुदुरशाम 06.00 बजे

जी.सी शेखर एक पत्रकार प्रेस के लिए काम करताथा। वह तीन अन्य लोगों के साथ श्रीपेरुमबुदुरमें आया था। उस दिन बहुत गर्मी थी, शाम में थोड़ी ठंड पड गई थी। वो पत्रकार होने से जल्दी पहुंचा था। सभा प्रारंभ होने में देरी की वजह से वहाँ पर चहल पहल थी। उसने आर.के राघवन को देखा जो सुरक्षा प्रभारी था, मोहम्मद इकबाल और एक पुलिस अधिकारी सुरक्षा व्यवस्था के बारे में चर्चा कर रहे थे। वे राघवन से परिचित थे, इसलिए उन्होंने उसे नमस्ते कहे, राघवन ने कहा कि राजीव की वाईज़ाग के लिए विमान में कुछ समस्या थी लेकिन अब वह ठीक हो गयी है और राजीव अपने मार्ग पर हैं। वह कहने लगा – यह अच्छा हुआ कि तमिलनाडू ज्यादातर चुनाव संबंधी हिंसा से बच गया था और यह उत्तर भारत में एक आम बात थी[49]।

वे वहाँ से निकलने की सोचें और पास ही के चाय के दुकान में कुछ नाश्ते करने के लिए आ गए। वे वापिस जा रहे थे की अचानक से एक व्यक्ति कैमरा के साथ उनकी तरह आ रहा था। भगवान सिंह ने उनका अभिवादन किया, वह हरिबाबू था जिसने कहा राजीव गाँधी की बैठक कासमाचार लेने आया हूँ। उसने एक चश्मा पहना हुआ सफ़ेद कुर्ता –पाजामा पहने व्यक्ति की तरफ संकेत किया। लेकिन भगवान का आश्चर्य की वह व्यक्ति आगे आकर उन्हें अभिवादन करने के बजाय जो भगवान चाह रहाथा, पीछे हटकर साये में कदम रखा। लेकिन भगवन ने इसके बारे में ज्यादा ध्यान नहीं दिया औए वे सभी प्रेस गेलरी चले गए।

---

48   Pandl an – pgs 63-65

49   https://www.outlookl ndl a.com/magazl ne/story/nl ght-of-the-sul cl de-bomb/300169

मद्रास, मीनम्बक्कमहवाईअड्डा, शाम 06.30 बजे

रात 08:30 बजे, राजीव गाँधी तेज़ चाल के साथ अंदर चले गए। वे पिछले महीने से उनकी कठोर यात्रा होने के बावजूद अपनी उच्च उर्जा में एवं उत्साहयुक्त दिखे। वे हवाईअड्डे में ही प्रेस को संबोधित करने के लिए निर्धारित थे। बादमें तमिल फिल्म अभिनेत्री जयचित्रा, और एक कोंग्रेस पार्टी सदस्य आगे आये और ऑडियो कसेट एवं कागज़ की दो शीट उन्हें दिए, जिसमें कुछ अभिवादन थे तथा राजीव से हस्ताक्षर करने की विनंती किये। राजीव मुस्कुराए और आभार व्यक्त किये। फिर वे तुरंत प्रेस पत्रकारों की तरफ चले, कुछ देर प्रतीक्षा करने के लिए अनुरोध कियाऔर वे प्रसाधन कक्ष जाकर वापिस आये। जल्द ही उन्होंने प्रेस के प्रश्नों के उत्तर देने लगे।

उन्होंने कहा की उन्हें उत्तर भारत में भारतीय जनता पार्टी (बीजेपी) एवं जनता दल के प्रति प्रबल रोष दिखाई दिया है, इसीलिए वह निश्चित थे की वे (कोंग्रेस) चुनाव जीतेंगे तथा स्पष्ट बहुमत से सत्ता में वापसी करेंगे। गटबंधन सरकार की संभावना के बारे में भी एक प्रश्न पूछा गया था। इसके लिए उत्तर दिए कि, वे निश्चित थे की उनकी पार्टी बहुमत प्राप्त करके सरकार बनायेगी। फिर रामजन्मभूमि – बाबरी मस्जिद मुद्दे के बारे में प्रश्न पूछा गया, इसका उत्तर उन्होंने दिया – यदि कोंग्रेस सत्ता में आएगी, एक मंदिर बनेगा लेकिन बिना मस्जिद गिराए। श्रीलंकाई तमिल मुद्दे के बारे में भी प्रश्न किया गया, वे बताये की जब तक कोंग्रेस की सत्ता रहेगी, तमिलों पर हो रहे अहिंसा को रोकने के लिए कदम उठाएंगे। डीएमके और उसका बड़ा साथी जनता दल ने पूरे मामले को केवल उलझा दिया था, जबकी तमिलों पर अत्याचार बढ़ गए थे[50]।

एक और प्रश्न का उत्तर देते हुए वे भेंटवार्ता समाप्त किये, सभी के लिए धन्यवाद करते हुए कार में बैठने के लिए चले। कार मीनम्बक्कम से पोरुर जंक्शन पर पहुंची, कुछ पार्टी कार्यकर्ताओं उन्हें माला पहनाने के लिए उपस्थित थे। राजीव ने वहाँ संक्षिप्त भाषण दिए, जिसे पांडियन ने तमिल में अनुवाद किया। वहाँ से कार पूनमली में रुकी। राजीव ने एक और चुनावी भाषण देने का संकेत किये, इतने सारे लोग मंच पर आये की वहाँ अस्तव्यस्तता छा गयी।

इसीलिए, राजीव उनके भाषण के बाद वाज़पडी को बुलाया और निर्देश दिए की उनका अगला स्थान श्रीपेरुमबुदुर है और यह सुनिश्चित करें की श्रीपेरुमबुदुर में मंच पर ज्यादा भीड़ ना हो। वाज़पडी ने सिर हिलाया और तुरंत मंच से नीचे उतरकर अपनी कार की

---

[50]   JunI or VI katan May 29th 1991

तरफ चला और श्रीपेरुम्बुदुर के लिए गया। राजीव बादमें कार में बैठ गए। एक विशेष प्रतिदीप्त प्रकाश अम्बेसिडरके ऊपर लगायी गयी थी ताकि उनके चेहरे पर झलककर लोगों को उनका चेहरा दिखे। लोगों ने उन पर फूल बरसाये और मंत्र चिल्लाये 'राजीव वाज्गा' (चिरकाल जिए)। राजीव ने मुस्कुराते हुए मालायेंएवं फूलों को वापस लोगों पर फेंके। एक बिंदु पर, एक लज्जालु महिला भीड़ द्वारा ढकेली जा रही थी। राजीव ने कार रोकने के लिए कहा, नीचे उतरे और उसके गले में स्कार्फ पहनाये और पूछा की अब वह खुश थी, महिला शर्म और ख़ुशी से लाल हो गयी, उसने अपने चेहरे को कपडे से ढककर उसे अपने समीप रखी। उसके बर्ताव ने सब कुछ कह दिया।

कार श्रीपेरुम्बुदुर पहुंची और मुख्य सड़क पर इंदिरा गाँधी की प्रतिमा के पास रुकी। पेहले उन्हें उनकी माँको माला पहनाना था जिसका अनावरण उन्होंने कुछ समय पहले किया था। यह मंच से कुछ सौ मीटर की दूरी पर था। इसे उन्होंने अपनी सामान्य तेज़ गति से किया, उसके बाद वे अपनी कार में बैठ गये। वे नीना गोपाल एवं बारबरा क्रोसेट दो पत्रकारों को देखकर मुस्कुराए। मरगधम दोपहर की घटना से ठीक हो गयी थीं और प्यार से राजीव को देखकर मुस्कुरा रहीं थीं। वे उनके लिए माँ जैसे थीं। वे मरगधम की तरफ घूमे और पूछने लगे की यहाँ किस पर में भाषण दूँ, मरगधम ने ग्राम विकास के बारे में बात करने का सुझाव दिया। संदर्भ नीना गोपाल

अनुसूया एक महिला उपनिरिक्षीक थीं। वे श्रीपेरुम्बुदुर में, पुलिस सुरक्षा की एक हिस्सा थीं जो राजीव की सभा के लिए आयोजित किया गया था। वह कार्य पर व्यस्त थी तभी उनको एसपी मोहम्मद इकबाल से संदेश आया की मंच के पास महिला विभाग के लिए दो पुलिस हवलदारों को तैनात किया जाए। अनुसूया ने स्वतः जिम्मेदारी लेने के लिए निर्णय लिया। यह निर्देश आईजी से एस पी द्वारा दिया गया था। उसने महिला पीसी चंद्रा को बुलाया और वे दोनों मंच की तरह जाने लगीं।

इससे पेहले जब उन्होंने इकबाल को सूचना दीं, उन्होंने एक ऐसी जगह की तरफ संकेत किया जहाँ कुछ कोंग्रेस महिला कार्यकर्ता बेवजह खड़ी होकर उपद्रव कर रहीं थीं। अनुसूया तुरंत उस जगह गयीं जहाँ महिलाएं खड़ी थीं, वह लक्ष्मी आल्बर्ट एवं रमादेवी को देख सकती थीं, वे दोनों महिला कोंग्रेस कार्यकर्तएं थीं। वह लता कन्नन और कोकिला को भी देख सकती थीं और जानती थी की ये सभी लोग पिछले चुनावी रैलीयों में से ही थीं। उसने एक चश्मा पहनी महिला को देखी जो चंदन की माला लेकर खड़ी थी। फिर उसने एक व्यक्ति (हरिबाबू) कैमेरा लेकर खड़ा है जो चश्मा पहनी महिला के साथ आया था और एक व्यक्ति सफ़ेद कुर्ता-पाजामा पहने हुए भी उनके साथ था।

हरिबाबू ने उसे कहा की ये लोग राजीव गाँधी को माला पहनायेंगे और वो नेताजी को माला पहनाते हुए तस्वीरें लेगा, इसके लिए अनुसूया ने उत्तर दिया की उसके लिए अनुमति लेनी होगी और इस तरह मंच पर नहीं आ सकते हैं, अनुसूया ने यह भी देखा की वो व्यक्ति एवं महिला एक शब्द भी नहीं बोले। इसके बाद हरिबाबू ने छायाकार विभाग में गया और वो व्यक्ति एवं महिला कोंग्रेस कार्यकर्ता विभाग में घुलमिल गए।

वाज़पड़ी राममूर्ती, एक कोंग्रेस नेता और टीएनसीसी अध्यक्ष घोषणा करते हुए आये की नेता आ रहे हैं और मंच पर जा रहें हैं, जहाँ ए.जे दोस पार्टी कार्यकर्ताओं के साथ बातचीत करने में व्यस्त और व्यवस्थाओं का निरिक्षण कर रहा था। उसने ए.जे दोस से कहा कि थलैवर (हमारे नेता) ने उसे मंच पर अधिक लोगों की भीड़ नहीं रहने के लिए कहा है और इसे सुनिश्चित करने के लिए उसे पेहले भेजा गया है। जबकी उड़ान में देरी की वजह से सभा देर से शुरू होनेवाली थी। उसनेए.जे दोस को सुझाव दिया की केवल तीन प्रमुख लोग मंच पर आकर राजीव को माला पहनाये और शेष लोगमंच पर जाते समय पेहना दें। ए.जे दोस स्वीकार किया और माइक पर मथुर रामस्वामी नाइडू, फ्रांसिस तथा नारायणन से विनंती करते हुए मंच पर बुलाये जबकी शेष सभी लोग *थलैवर* पर माला लाल कालीन पर जाते समय पहना दें[51]। उसने लोगों को लाल कालीन के दोंनों ओर से खड़े हो जाने के लिए कहा और राजीवजाते समय उन्हें माला पहनाने के लिए कहा। बहुत सारे लोग जमा हुए थे और लाल कालीन के दोनों ओर से इकट्ठा हो गए। इसमें राजीव को माला पहनाने के लिए अनुसूचित लोग एवं बिना अनुमति के लोग भी सम्मिलित थे।

कुछ मिनट बाद, एम्बेसीडर आयी और राजीव गाँधीमंच की तरफ चलने लगे। रामकृष्ण एवं प्रदीप फिलिप ये दो अधिकारीगण कोंग्रेस द्वारा माला पहनाने की अनुसूचित सूची की जांच किये थे। जब राजीवजी चल रहे थे, अचानक कई महिलाओं ने उन्हें घेरा। अनुसूया इसे देखने के बाद महिलाओं को राजीव से हटा रहीं थीं, राजीव ने सूक्ष्म रूप से अनुसूया को उसके पेट पर हाथ रख कर हटाये, इसलिए की राजीव सभी को उन्हें अभिवादन करने का अवसर मिलने का संकेत दे रहे थे। लेकिन जबकी अनुसूया को हटा दिएथे, वे उसकी टोपी के साथ मरगधम के ऊपर गिर गयीं, उसने अपनी टोपी उठायी, मरगधम से क्षमा मांगी और उठके खड़ीं होकर राजीव के दूसरी ओर जाकर खड़ी हो गयीं। राजीव अनुसूया को उसके कंधों पर थपथपाकर आराम से रहने के लिए कहा।

---

51   https://twl tter.com/ethl rajans/status/1130684922060988416?lang=en

उसने एक कदम आगे रखा। लता कन्नन की बेटी कोकिलाहिंदी में कविता सुनाने लगी। शोरगुल में राजीव को ठीक तरह से सुनाई नहीं दिया। लेकिन फिर भी उन्होंने सहनशीलता से सुने और प्रशंसा के लिए मुस्कुराए। चश्मा पहनी महिला, उसी समय आगे बढ़ीऔर झुक गयी, झुकते समय उसने अपना एक हाथ पीछे रखी और पेहले और फिर दुसरे स्विच को चालू किया। एक बड़ा विस्फोट हुआ और धुआं 20 फीट ऊपर उठा। लोग अस्तव्यस्त होकर भागे। अनुसूया को अचानक से एहसास हुआ की यह बम विस्फोटक था और एकदम गिर गयीं। लोग सभी ओर भागने लगे। कुछ लोग दहशत से अनुसूया के ऊपर दौड़ रहें थे। उसने विस्फोटक के प्रभाव से नंगी हुई एक महिला को देखी। अनुसूया को पता चला की वो अभी जीवित है और भगवान का आभार मानी। उसने चिल्लाया कि अभी भी वह जीवित है और मदद के लिए पुकारी।

कुछ पुलिस अधिकारीगण दौड़ते हुए उसके पास आ गए। वे उसे उठने के लिए चिल्लाये लेकिन वह उठ नहीं सकीं। वह सोचीं की उसके टुकड़े हो गए हैं और चिल्लाई की उसके पैरों को खोये हैं तथा पानी के लिए पूछी। उन्होंने उसे खड़े होने में मदद किये। वह जान गयी की उसके हाथ बुरी तरह से क्षतिग्रस्त हुए हैं, वह चिल्लायी और एक पुलिसवाला आगे आया और उसकी मदद की, उसे कहा की अपने हाथों को मत देखें। फिर उसे अस्पताल ले जाया गया। अस्पताल में डॉक्टर पर चिल्लाई, विनंती से कही, दर्द सहा नहीं जा रहा है ज़हर देकर उसे मार दें। डॉक्टर उसे शांत किये और एनेस्थेटिक का इंजेक्शन लगाये[52]।

वापस आयोजित स्थान पर, मूपनार एवं जयंती नटराजन ने राजीव की निर्जीव शरीर को नीचे व्यग्रतापूर्वक्क देखे। उन्हें स्पष्ट हुआ की अब कुछ भी नहीं किया जा सकता है। मूपनार ने शरीर को जीवित करने का प्रयत्न किये लेकिन विस्फोटक का प्रभाव इतना गहरा था की उनके हाथ में ही उनका शरीर विघटित हुआ[53]।

---

52   https://www.youtube.com/watch?v=g7H1EsahKjM – SI Anusuyal ntervl ew
53   Neena Gopal – pg 18

चित्र1.1 –राजीव (बीच में) अपने पिताजी फ़िरोज़ गाँधी के साथ (उनकी दायीं तरफ) और भाई संजय गाँधी (उनकी बायीं तरफ).

चित्र1.2 –राजीव अपनी माँ इन्दिरा गाँधी के साथ[54]

---

54   PI c 1.2 was taken from the book 'Trl umph of Truth: Rajl v Gandhl Assassl
      natl on – Thel nvestl gatl on' wrl tten by D R Kaarthl keyan and Radha VI

चित्र 1.3 –अपनी पत्नी सोनिया के साथ राजीव.

1.4 –राजीव के साथ प्रियंका, सोनिया और राहुल

nod Raju.

1.5 –महिला हत्यारिन, दो कोंग्रेसी महिलाओं के साथ राजीव के लिए माला लेकर खड़ी है. उसके साथ दाहिनी तरफ सफ़ेद कुर्ता-पाजामा संदिग्ध व्यक्ति 'रघुवरन'

1.6 –संगीत निर्देशक गणेश (दायाँ)जिन्होंने राजीव के आगमन से पहले गाये थे, जे परमानंद के साथ (बाँया)

1.7 – श्रीपेरुम्बुदुर में भीड़ का एक भाग. सुभा (बायीं) और नलिनी (दाहिनी) चिन्हित आयत में

1.8 –वही चित्र बड़े आकर में

1.9 – राजीव अपनी कार से उतरकर लाल कालीन के पास

2.0 – भीड़ सेघिरे राजीव

2.2 – राजीव शाल को स्वीकारते हुए. मरगधम चंद्रशेखर भी दिखाई दी हैं

2.3 – महिला कोंग्रेस की तरफ से शाल प्रस्तुत कर रही डॉ. रमा देवी (कोंग्रेस से महिला संघ)

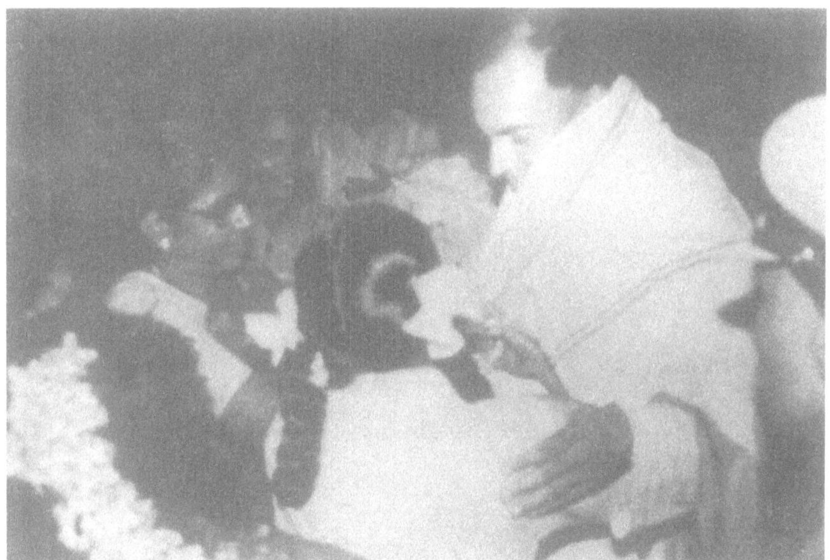

2.4 – कोकिलावाणी से कविता सुन रहे राजीव, विस्फोटक के कुछ सेकंद पहले

2.5 –हरिबाबू के कैमरा में कैद हुआ विस्फोटक.[55]

---

[55] The photos from 1.5 tI lI 2.5 have been taken from the book 'The AssassI natI on of RajI v GandhI -Unanswered Questons and Unasked QuerI es' by SubramanI am Swamy.

2.6 – विस्फोटक के बाद राजीव का शरीर, लोगों में जी.के मूपनार तथा जयंती नटराजन भी हैं

2.7 – विस्फोटक के पश्चात भयानक दृश्य.

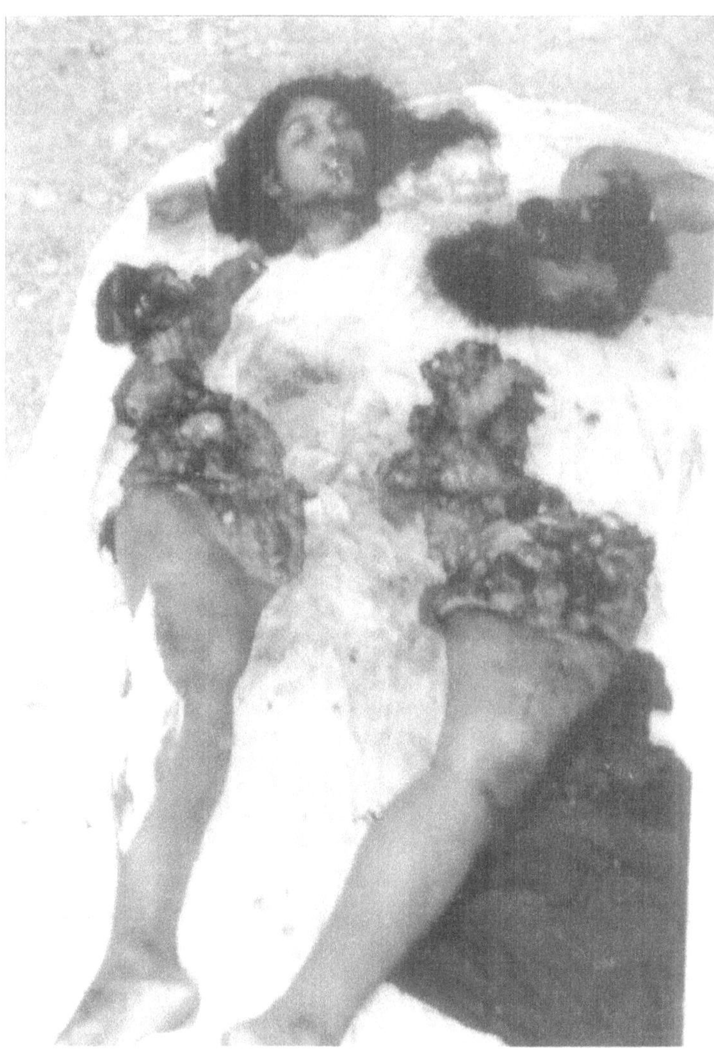

2.8 – कांचीपुरम जनरल अस्पताल में धनु, उसके शरीर के भाग.[56]

---

[56] The photograph 2.8 was taken from the book 'Conspl racy to kl ll Rajl v Gandhl From CBI FI les' wrl tten by K Ragothaman.

टाडा न्यायालय द्वारा सुनाई गई26 लोगों की सज़ा

भाग 2

प्रश्नऔर उत्तर

खण्ड 9

डी. आर कार्तिकेयन

प्र.–डी.आर कार्तिकेयन ने छुपाकर रखने की कितनी भूमिका निभाई?

उ. – कार्तिकेयन का चयन ही एक बड़ा विवाद है। कार्तिकेयन के अनुसार, मई 22, 1991 की सुबह, उन्हें, उस समयमें सीआरपीएफ के महानिदेशक, के.पी.एस गिल, और सिबीआई के निदेशक विजय करण से फोन आये थे। उन्होंने यह संदेश सूचित किए कि भारत सरकार द्वारा उच्चतम स्तर में सर्वसम्मती से आपको नियुक्त करने के लिए निर्णय लिया गया है। इसलिए कार्तिकेयन ने उनके समक्ष तीन शर्तें रखीं, इसके बारे में चर्चे चलती रहीं। यह चर्चा 11 बजे से दोपहर 12 बजे तक चली, अंत में दोपहर 3 बजे, विजय करण ने फ़ोन परपुष्षीकिये की उनकी तीनो शर्तों को स्वीकार किया है।

यह खण्ड 2 में विस्तारपूर्वक उल्लेखित है। किन्तु कार्तिकेयन ने क्या पूरा सच कहा? सामान्यतः, ये घटनाएँ उसी रूप में हुआ होगा जो कार्तिकेयन ने अपने पुस्तक में विवरण किया है। इसके सिवाय कुछ महत्त्वपूर्ण तथ्यों को कार्तिकेयन ने छोड़ा क्यों कि, वे उसके लिए लज्जाजनक सिद्ध करते हैं।

कार्तिकेयन के विरुद्ध में आरोपों पर कोई भी पुस्तक लिख सकता है। एक-एक कर आरोपों को तय किया जायेगा। बादमें, प्रश्नोत्तर सत्र में, अधिक आरोपों पर संबोधित किया जायेगा, जैसा की पाठक के लिए ज्ञात हो जायेगा।

पहला आरोप उसके चयन से ही संबंधित है। उसने लिखा है की एसआईटी का नेतृत्व करने कुछ अन्य अधिकारीगण नयी दिल्ली में संपर्क कियेथे।

प्रकरणअबोधगम्य होने से तथा उनके परिवारों को आतंकवादी संगठन से धमिकियों के भय के कारण भी सभी लोगों ने जिम्मेदारी लेने के लिए अस्वीकार किये थे[57]। यदि

---

[57]   Kaarthl keyan – pp 19-21.

किसी ने इसे पढ़ लिया, तो यह आभास होना निश्चित है की कुछ अधिकारी थे, जिन्होंने एसआईटी के प्रमुख को जिम्मेदारी सौंपी गयी थी, लेकिन उन्होंने उपरोल्लेखित कारणों से अस्वीकार किये थे।

विस्तृत में, उस लेख को देने की आवश्यकता है जिसे अनुभवी पत्रकार सैम राजप्पा कार्तिकियन के चयन की व्याख्या करते हुए लेख लिखा है। हत्याकांड के तुरंत बाद, तत्काल प्र.मं. चंद्रशेखर ने तमिलनाडू सरकार से विनंती किये कि अन्वेषण दल का नेतृत्व करने के लिए तीन नामों को भेजें, जिसे सीबीआई के अंतर्गत गठित किया जायेगा। तमिलनाडू सरकार, राज्यपाल शासन अंतर्गत थी, क्यों कि डीएमके सरकार को जनवरी 1991 में खारिज़ किया गया था, इसलिए प्र.मं. के लिए तीन नामों की सूची भेजी गयी थी। सूची में पहला नाम था के. मोहनदास, जो तमिलनाडू में डीजीपी (आसूचना) के पद से सेवानिवृत्त हुए थे, दूसरा नाम था माधवन। तीसरा नाम पता नहीं है।

प्र.मं. तुरंत तीन नामों की सूची सोनिया गाँधी को दिखाये। सोनिया गाँधी ने तीनो नामों को रद्द किये और कार्तिकियन को नियुक्त करने के लिए कहा। उस समय, कार्तिकियन की योग्यता एवं अनुभव क्या थीं? वह कर्नाटक राज्य पुलिस ट्रेनिंग एकेडेमी के महानिदेशक थे। वे कर्नाटक राज्ये के आसूचना एवं सुरक्षा के प्रधान थे, वे मोस्को में 1974 से 77 तक भारतीय दूतावास में प्रमुख चांसेरी भी रहे। उन्होंने 1985से89तक निदेशक, व्यापार संवर्धन, सिडनी, के रूप में भी कार्य किये हैं, वेऑस्ट्रेलिया, न्यूज़िलेंड एवं फिजी में भारतीय निर्यात को बढ़ावा देते थे। जब राजीवजी के कपटवध की जांच के लिए एसआईटी, सीबीआई के प्रमुख पद की नियुक्ति की गयी थी तब वे केंद्रीय रिसर्व पुलिस बल के महानिदेशक थे।

सैम राजाप्पा ने लिखा है की रशिया एवं ऑस्ट्रेलिया में पद के लिए सिफारिश कि गयी थी, केवल इसलिए की वे कोंग्रेस के निष्ठावान राजपक्ष के समर्थक, इंदिरा गाँधी के समय से थे[58]।

रगोथमन आगे यह भी पुष्टी किये हैं की जिन्होंने भेंटवार्ता में कहा की पेहले कार्तिकियन राजनितिज्ञ थे, बादमे ही पुलिस अधिकारी बने। जब वे कर्नाटक के डीआईजी (आसूचना) थे, वे सीधे गुंडू राव के लिए काम किये जो एक कोंग्रेस नेता एवं कर्नाटक के

---

58   https://bharatabharatI .I n/2012/11/17/crI me-reward-the-curI ous-I nvestI gatI on-of-rajI vs-assassI natI on-sam-rajappa/

मुख्य मंत्री भीथे। सरकारी अधिकारी के तौर पर एवं पुलिस अधिकारी के तौर पर उन्हें ऐसा नहीं करना चाहिए था।

विपक्ष के नेता रामकृष्ण हेगड़ेने उन्हें काम पर रखा और उसके लिए उनका स्थानांतरण किया। लेकिन कार्तिकेयन के पास संपर्क होने से, उसने रशिया के लिए नियुक्ति करवा ली। रगोथमन के अनुसार उसके बाद से कार्तिकेयन कर्नाटक वापिस कभी नहीं लौटे[59]। सोनिया गाँधी इस तरह की व्यक्ति चाहती थी जो उनके पति एवं भारत केपूर्व प्रधान मंत्री के हत्याकांड की हो रही जांच का प्रमुख हो। वापिस कार्तिकेयन के मूलपाठ पर आएंगे, उसने उल्लेखित किया है कि केपीएस गिल अथवा विजय करण द्वारा आया पेहला फोन उसके हैदराबाद के घर, 22 मई 1991 की सुबह 11 बजे आया था, जिसका अर्थ होता है, चंद्रशेखरजी ने सोनिया गाँधी से सुबह 11 बजे से पेहले बात की होगी। यह ये भी सिद्ध होता है कि कार्तिकेयन के संकथन से पहले कुछ अधिकारीगण एसआईटी का नेतृत्व करने के लिए आये थे, उन्होंने अस्वीकार किया यह केवल पूर्ण नहीं बल्कि अनावश्यक झूठ भी है।

जब चयन से पहले, 3 नामों को सोनिया गाँधी के लिए भेजे गए थे और कार्तिकेयन को एसआईटी का प्रमुख बनाया गया तथा, सोनिया ने स्वयं तीन नामों को हटाकर कार्तिकेयन को एसआईटी का प्रमुख बनाने के लिए कहीं फिर कुछ अधिकारीगणों ने संपर्क किये जाने का और पीछे हटने का प्रश्न ही कहाँ है?और यह भी एक महत्वपूर्ण बिंदु पर ध्यान देने की आवश्यकता है, मई 22 की सुबह, बम विस्फोटक कीजानकारी किसी को भी स्पष्ट रूप से नहीं पता था। कई तरह के सिद्धांत तैर रहे थे – पुष्प गुच्छ में बम रखा था, रिमोट कंट्रोल से कार्यचलन किया होगा इत्यादि इत्यादि। सच्चाई अस्पष्ट थी।

अभी तक, सोनिया गाँधी, जिन्हेंअभी राजनैतिकता की वास्तविक अनुभव नहीं था, उस समय वो सिर्फ राजीव की पत्नी थीं, उनका दिमाग साफ़ था की किसे एसआईटी का नेतृत्व करना चाहिए। उसने तमिलनाडू सरकार ने भेजे हुए सारे नामों को रद्द करके कार्तिकेयन के नाम की सिफारिश की। यह उल्लेख करना आवश्यक है, कि, दोनों मारगरेट अल्वा एवं कार्तिकेयन कर्नाटक से थे, मारगरेट अल्वा मंगलुरु से और कार्तिकेयन कुछ समय तक कर्नाटक आसूचना के प्रधान थे। उसकी बात में सच्चाई थी, उसने कोंग्रेस में एक व्यक्ति पर भी आरोप नहीं लगाये। व्यापक स्तर पर, उसने

---

59   https://www.youtube.com/watch?v=YN9Tf7HS_8c – RagothamanI ntervI ew wI th SI thannan (TamI l) – Part 3 – from the 1st mI nute

राजनितिज्ञ में एक व्यक्ति पर भी आरोप नहीं लगाये। यह एक रणनीति संबंधित निर्णय था और प्रभावी ढंग से भुगतान किया गया।

कार्तिकेयन की कार्यप्रणाली

प्र – कार्तिकेयन की कार्यप्रणाली में कार्तिकेयन के विरुद्ध बहुत सारे आरोप थे?

उ – हां, कार्तिकेयन की कार्यप्रणाली में भी बहुत सारे आरोप थे। सबसे पहले, उन्होंने अपनी पुस्तक में लिखे हैं कि जांच के पहले कुछ महीनों में लगभग प्रतिदिन, उन्हें सोनिया गाँधी की निजी सचिव विन्सेंट जोर्ज से फोन आते रहे, यह कहकर कि, राजीव की पत्नी तथा उनके बच्चों को जांच की वर्तमान स्थिति के बारे में जानना चाहते हैं और इसके बारे में विन्सेंट को सब कुछ बता देते थे। अन्वेषण अधिकारी के तौर पर, जाँच में हो रहे प्रगति की कोई भी जानकारी यहाँ तक अपने परिवारवालों को भी प्रकट नहीं करने की उनकी जिम्मेदारी बनती है, लेकिन कार्तिकेयन प्रकट किये और इसे शान से अपनी जिम्मेदारी का बखान अपने ही पुस्तक में किये हैं। मोहनराज ने लेखक से इसे इंगित किया है।

दूसरी, छेड़छाड़ की हुई कसेट, जो सभी लोगों को अच्छी तरह से पता था, जिन्होंने सक्रीय रूप से प्रकरण का पालन किया था, यह एक उदाहरण है। यह वीडियो कसेट विस्तार से चर्चित किया जायेगा क्यों कि यह सबूत का एक अंश है, जिसके लिए पूरे आईबी के कार्य पर ही प्रश्न उठाते हैं।

यह वीडियो कसेटआईबी ने जब्त किया और आईबी के प्रधानएम.के नारायणन के पास पहुंची, एम.के नारायणनने पूर्व प्र.मं. चंद्रशेखर को पत्र लिखे की उनके पास एक वीडियो कसेट है और उन्होंनेहत्यारिन की पहचान तथा उसकी गतिविधियों को पता लगाने के लिए जांच करने के लिए रखे थे।

लेकिन वह कसेट एसआईटी अथवा सीबी सीआईडी (जो शुरू में सीबीआई की एसआईटी के कार्यभार संभालने से पहले जांच के प्रभारी थे)के पास कभी नहीं पहुंची थी। जब न्यायाधीश वर्मा ने अनुशंसित कार्रवाई एम.के नारायणके विरुद्ध की, इस प्रकरण को कार्तिकेयन को सौंपा दिया गया, जिसने तुरंत इसे गाड़ दिया। न्यायाधीश वर्मानि पूछा कि क्यों इसे सीबीआई या फिर वर्मा आयोग के लिए नहीं सौंपागया? न्यायाधीश वर्मा ने एम.के नारायणन एवं अन्य के विरुद्ध कार्यवाईकरने की सिफारिश की। उसके बाद की गयी कार्यवायी की आख्या संसद में पेश किया गया था और

इसी आधार पर, एम.के नारायण विरुद्ध एसआईटी द्वारा केंद्रीय सरकार अंतर्गत एक प्राथमिक 1995 का पीई प्रकरण दर्ज किया गया। इस प्रकरण की जांच एम.के नारायण के विरुद्ध बालसुब्रमानियम द्वारा किया गया था, जो एसपी थे और बादमें अतिरिक्त सीपीआरएफ के डीजीपी बने थे।

लेकिन कार्तिकेयन ने उस प्रकरण को गाड़ दिया था[60]। एक भेंटवार्ता में, पत्रकार अर्नब गोस्वामी, ने जब कार्तिकेयन को वीडियो कसेट के बारे में पुछा, कहे कि, उनका कार्य था राजीव गाँधी की हत्यारों को ढूंढ निकालना। किसी भी प्रकरण में, आईबी निदेशक अथवा 2 संयुक्त निदेशकों के लिए साजिश में शामिल होने के कोई प्रश्न नहीं थे। इसलिए, इसके लिए सभी को कोई प्राथमिकता नहीं थी[61]। यह एसआईटी के प्रधान की तरफ से था। कार्तिकेयन को यह बताना ज़रूरी हैकि आईबी ने राजीव गाँधी की हत्या में मदद की थी। इसे बादमें इस पुस्तक में चर्चा किया जाएगा। केवल आईबी नहीं, बल्कि कार्तिकेयन स्वतः इसमें छुपाने में सम्मिलित थे, यह आरोप था और वही सच है।

कार्तिकेयन की लेखन शैली

प्र – कार्तिकेयन की लेखन शैली कैसी थी?

उ – कुल मिलकर पुस्तक ठीक है। लेकिन कार्तिकेयन की पुस्तक में जब तस्वीरों के बारे में बात करते हैं, यह स्पष्ट है कि कार्तिकेयन में विनम्रता के गुण कमी हैं। पुस्तक में तस्वीरें कुल मिलकर 100 होंगे।

यह कार्तिकेयन एवं राधाविनोद राजू की पासपोर्ट साइज़ की फोटो प्रारंभिक एवं पुस्तक के अंत में क्रमशःशामिल हैं। जब फ़ोटो की उप-शीर्षकाको अलग किया जाता है, संयोजित तस्वीरों की संख्या नीचे दिए गए हैं –

कुल तस्वीरें – 100

राजीव गंधिजी की तस्वीरें – 10

हत्याकांड संबंधित तस्वीरें – 43

---

60   https://www.youtube.com/watch?v=l0dhbAk6uHg – Ragothaman Interview with Sithannan (English) - Chapter 5

61   https://www.youtube.com/watch?v=PA-cKv_cM8s – Arnab Goswami Interview with Kaarthikeyan and Ragothaman (English), part 2 of 3

कार्तिकेयन की तस्वीरें – 40

राधाविनोद राजू – 2

एसआईटी की तस्वीरें – 7

इसे देखने से, राजीवकी हत्याकांड से ज्यादा आत्मकथा कार्तिकेयन की दिखाई देती है। कम से कम, कार्तिकेयन ने अपना कार्य अच्छी तरह से निभाया होता और प्रमुख षड्यंत्रीकारियों को छिपाया नहीं होता, तो इस खोखले आत्म-घमंड को सहन किया जा सकता था।

प्र – क्या कार्तिकेयन की पुस्तक के बारे में उल्लेख करना अन्य कुछ है?

उ – दो चीज़े हैं। एक यह कि कार्तिकेयन की पुस्तक में, कुछ तस्वीरें है जैसे – नरेन्द्र मोदी के साथ कार्तिकेयन की तस्वीर, चंद्रबाबू नाइडू के साथकार्तिकेयन की तस्वीर, पुट्टपर्थि साईबाबा के साथ कार्तिकेयन की तस्वीर तथा डोनाल्ड ब्रैडमैन के साथकार्तिकेयन की तस्वीर। एसआईटी लोगों का *मल्लिगाई* में भोजन करने की तस्वीर भी इसमें शामिल है। 1992 में सफलतापूर्वक आरोपपत्र दर्ज करने के पश्चात, मद्रास के *मल्लिगाई* में एक समारोह आयोजित की गई थी।

व्यक्तिगत, लोकशिकायत तथा पेंशन मंत्री (पीपीपी) मार्गरिट आल्वा, भी मद्रास में आयीथीं और समारोह का हिस्सा बनीं थी। कार्तिकेयन ने राजीव हत्याकांड के बारे में डोनाल्डब्रैडमैन के साथ ली गई तस्वीर अपनी पुस्तक में संलग्न किया है लेकिनराजीव हत्याकांड के बारे में *मल्लिगाई* में मार्गरिट आल्वा का समारोह में हिस्सा बनी हुई की तस्वीर पुस्तक में नहीं थी। फिर भी कार्तिकेयन ने पूरी पुस्तक लिखी फिर भी मार्गरिट आल्वा का उल्लेख एक बार भी करने के लिए चूक गए। मार्गरिट आल्वा आल इंडिया कोंग्रेस कमिटी(एआईसीसी) कीराजीव गाँधी की यात्रा कार्यक्रम की प्रभारी थीं। फिर कैसे कोई भी राजीव गाँधी हत्याकांड के बारे में मार्गरिट आल्वा का उल्लेखनहीं कर सकते है? इस करतब को केवल कार्तिकेयन ही कर सकते हैं।

त्रिचीवेलुस्वामी और सुब्रमनियम स्वामी

प्र – सुब्रमनियम स्वामी के विश्वासपात्र, त्रिचीवेलुस्वामी ने स्पष्ट रूप से कहा कि इस पूरे षड़यंत्र के पीछे सुब्रमनियम स्वामी थे?

उ – त्रिचीवेलुस्वामीआंशिक रूप से सही है। लेकिन वो आंशिक रूप से गलत भी हैं। यहाँ एक स्पष्ट रूप से साक्ष्य ध्यान देने लायक उपलब्ध है जो की सुब्रमनियम स्वामी जानते थे की हत्या होनेवाली है। इस बात का समर्थन करने के लिए सांयोगिक साक्ष्य हैं। मई 21 की सुबह, होटल ट्राईडेंट में रुके सुब्रमनियम स्वामी, हवाईअड्डे के नज़दीक, संभवतः विमान में जाने की तयारी में थे लेकिन इसके बदले, वे ड्राइवर को चले जाने के लिए कहे और वे दूसरी कार लेकर माउंट रोड के पास स्थित सिन्दरी होटल चले गए। वहाँ चंद्रशेखर स्वामी से मिले और दोनों ने मिलकर श्रीपेरुमबुदुर द्वारा बेंगलोर जाने का रास्ता चुना, बेंगलोर से दिल्ली जाने के लिए विमान में गए [62]।

वेलुस्वमी कहते हैं कि, दोपहर 3 बजे के आसपास, उन्होंने सुब्रमनियम स्वामी की पत्नी रोक्षना स्वामी को फ़ोन किया, पता चला की स्वामी मद्रास में हैं। उसने सुब्रमनियम स्वामी कार्यालय में फ़ोन करके पुष्टि की और उसे वही संदेश मिला, उसने फिर, व्यग्र होकर सुब्रमनियम स्वामी के करीबी दोस्त मोतीलाल से फ़ोन पर बात किया, इसके बाद उन्होंने रामास्वामी को फोन किया, दोनों ही स्वामी के लगातार संपर्क में थे, दोनों ने बताये कि सुब्रमनियम स्वामी दिल्ली में होने चाहिए।

वह और भी हैरान हुआ। अंत में, लगभग रात 10:25 बजे, उसने सुब्रमनियम स्वामी को फोन किया, जो तुरंत ही उसे बताये "तो तुमने यह कहने के लिए फोन किया है कि राजीव की हत्या हुई है ना?" वेलुस्वामीअवाक रह गए क्यों कि, वे तो एक दूसरे मुद्दे पर त्रिची में 23 मई के दिन रैली की चर्चा करने के लिए फ़ोन किये थे, जो सुब्रमनियम स्वामी ने संबोधित करने की योजना बनाई थी। जब वेलुस्वामी इसके बारे में बताया, सुब्रमनियम स्वामी ने उस मुद्दे को रोककर कहा कि हत्या की वजह से यह नहीं हो पायेगा। त्रिची वेलुस्वामी आश्चर्यचकित हो उठे और डीएमके के विपक्ष कुछ लोगों को फोन करके पूछा लेकिन कोई भी इस तथ्य को नही जानते थे। आगे, वेलुस्वामी जयंती नटराजन की तरफ से बताते हैं जिन्होंने एक भेंटवार्ता में कथन की थीं, कि, विस्फ़ोटक के पश्चात कोलाहल एवं भ्रम के बीच में अधिकप्रभाव फैला हुआ था, उन्होंने राजीव की शरीर की पहचान केवल उनके जूतों से ही पता कर पाए थे। वेलुस्वामी का अनुमान है की इस पूरे उलझन में राजीव की शरीर की पहचान करने में लोगों को कम से कम 20-25 मिनट तक लिया होगा। वेलुस्वामी का तर्क यह हैकी यदि विस्फ़ोटक रात के

---

[62] https://www.youtube.com/watch?v=EC4sCGMD2_c – SI thannanI ntervI ew wI th Ragothaman (EnglI sh) – Chapter 3

10:20 बजे हुआ था, फिर सुब्रमानियम स्वामी ने जब फ़ोन 10:25 बजे किये थे उन्हें कैसे सुनाई दिया?[63]

वैसे भी, धननशेज़ियन, जो एक साक्ष्य उपस्थित था, विस्फोटक के बाद 5 मिनट में स्पष्ट किया की राजीवकी शरीर को देखते ही पता चला की वो अब नहीं रहें। वे सभी उसी जगह पर एकत्रित हुए जहाँ राजीव की शरीर और उसके चीथड़े गिरेथे, उनका शरीर पूरी तरह से क्षत विक्षत हुआ था। लेकिन यह स्पष्ट था की वह राजीव का ही शरीर था। इसलिए वेलुस्वामी का अनुमान है की लोगों को राजीवकी शरीर कीपहचान कराने में 20-30 मिनट तक लिया होगा। लेकिन सुब्रमानियम स्वामी का इसका दूसरा भाग जो की चीज़ों में हेरफेर करके सिन्दरी होटल चले जाना और चंद्रस्वामी से मिलना यह बहुत अधिक मान्य है। इससे अनुमान लगाया जा सकता है कि राजीव को समाप्त करने के लिये सुब्रमानियम स्वामी काइस षड़यंत्र में हिस्सा रहे, यह कुछ ज्यादा कष्टदायक लगता है। यह सत्य नहीं है। प्रारंभ से यह समझना होगा कीसुब्रमानियम स्वामी ज़िद कर रहे थे की यह एलटीटीई का काम था।

अब, यदि सुब्रमानियम स्वामी इस षड़यंत्र का हिस्सा थे फिर उन्होंने अगले दिन ही रहस्य को क्यों ज़ाहिर करते? उन्होंने उस दिन से आज तक वही बात कही है। यह एक ही सत्य को साबित करना काफी नहीं है क्योंकि सुब्रमानियम स्वामी होने वाले हत्याकांड के बारे में जानते थे, वेषड़यंत्रका हिस्सा नहीं बने।

ऐसा कहने के बाद तथ्य यह है कि, उन्हें निर्दोष प्रकट करने के लिए वे अकेले इस षड़यंत्र के हिस्सा नहीं थे। यह भी सत्य है की उस समय वे कानून मंत्री थे, तो यदि उन्हें ज्ञात होता किइस तरह से भीषण काण्ड की योजना बनाई गयी है, उनका एक मंत्री, एक नागरिक और राजीव के एक मित्र की जिम्मेदारी सर्वाधिक रहती (वे आज तक राजीव के करीबी मित्र का दिखावा करते हैं) की ऐसा नहीं होना चाहिए। उन्होंने ऐसा कुछ भी नहीं किया। वैसे भी, आगे उनके वितर्क को पुख्ता करने के लिए, वेलुस्वामी यज्ञ के बारे में कहा जो सुब्रमनियम स्वामी ने जून 1991 में किये थे।

सुब्रमनियम स्वामी अचानक एक दिन वेलुसवामी को बुलाये और अगले दिन उनके साथ मद्रास में सम्मिलित होने के लिए कहा। कार कांचीपुरम में 'मंडपम' (हॉल) पहुंच गयी। वहाँ, एक यज्ञ (समारोह) किया गया। भले ही, कौनसा यज्ञ था इसके बारे में उन्होंने नहीं बताया, त्रिची वेलुस्वामी, एक पुजारी से पूछने के बाद पता चला की यह 'ब्रम्हहत्या

---

63   Trl chy Velusamy (Taml I) – pp 81-92

दोषम यज्ञ' है। त्रिची वेलुस्वामी अकेले ऐसे विश्वासु व्यक्ति थे जिसे सुब्रमनियम स्वामी ने उसले साथ यज्ञ के लिए शामिल किये। वापस आने के बाद, त्रिची वेलुस्वामी स्वतः अपने कुछ ब्राम्हण मित्रों से पूछताछ किया, और चकित रूप से उसे पता चला की ब्रम्हहत्या दोषम एक ब्राम्हण की हत्या करने का दोष है। रूढ़िवादी मान्यता के अनुसार, उच्चतम पाप वह है जब कोई भी व्यक्ती किसी ब्राम्हण की हत्या करता है। इसी कारण, इस पाप से मुक्त होने के लिए ब्रम्हहत्या दोषम यज्ञ किया गयाथा।

वेलुस्वामी यह भी कहते हैं कि, राजीव गाँधी एक कश्मीरी ब्राम्हण थे, इसीलिए वेलुस्वामी को ज्ञात हुआ की क्यों सुब्रमनियम स्वामी ने उस यज्ञ को करवाए[64]। सुब्रमनियम स्वामी एक ऐसे व्यक्ति हैं जिन्हें अपने विरोध में कोई भी आरोप लगानेवाला हर व्यक्ति को दो टूक जवाब देते, यह उनकी आदत थी।

यहाँ तक की जहाँ संभवतः लागु होता है, कुछ के विरोध में, मामलेभी दर्ज करने की हद तक चले जाते हैं। 1980 के वर्षों में, उन्होंने DOT द्वारा फोन-टैपिंग के बारे में एक पत्र लिखा था और परिणाम के तौर पर रामकृष्ण हेगड़े को त्यागपत्र देना पड़ा। उन्होंने पेहले सोनिया गाँधी, जयललिता के विरुद्ध मामलें दर्ज किये थे। ये कुछ उदहारण हैं की कैसे सुब्रमनियम स्वामी सक्रिय थे, लेकिन अभी तक, व्याकुल करानेवाला यह है कि वेलुस्वामी के आरोपों पर सुब्रमनियम स्वामी बिलकुल चुप रहें हैं। यह उनके आरोपों में केवल विशवासनियता जोड़ता है।

एक और रोचक घटना है जो त्रिची वेलुस्वामी अपनी पुस्तक में सुनाते हैं। वे लिखते हैं की मई 23 की शाम (1991), उसे सुब्रमनियम स्वामी से फोन आया की वे 24 मई की सुबह मद्रास पहुँच रहें हैं। इसलिए सामान्य आदत की तरह, त्रिची वेलुस्वामी ने उन्हें लेने हवाईअड्डापर पहुंचा। सुब्रमनियम स्वामी, डॉ. एच.वी. हांडे के साथ आयेथे। तीनों एक कार में बैठे जब की अन्य लोग जो सुब्रमनियम स्वामी को लेने आये थे वे दूसरे कार में बैठ गए और सीधे अपोलो अस्पताल चले गए। ये वही है जहाँ विस्फोटक के बाद मरगधम और अन्य घायल लोगों को भर्ती कराया गया था। जब वे असपताल पहुंचे, वे सीधे मरगधम के कमरे में गए। कमरे में जाने के बाद वे देखे की मरगधम की सांस फूल रही थी, तदनुसार एक नर्स को बुलाकरउनकी सहायता करवाई गयी।

सुब्रमनियम स्वामी ने मरगधम से उनकी स्वास्थ्य के बारे में पूछे लेकिन उन्होंने कुछ नहीं बताया। उसी समय, त्रिची वेलुस्वामी ने एक वरिष्ट महिला, जिसने मरगधम की

---

64   Tri chy Velusamy (Tamil I) – pp 103-105

सहायता के लिए गाँव से आयी थी उससे बातचीत कर रहा था,। वो महिला वेलुस्वामी को बताई कि मरगधम आपके आने से पेहले **अच्छी थीं** लेकिन अचानक से क्या हुआ कुछ पता नहीं चला। यह सुनने के बाद त्रिची वेलुस्वामी सुब्रमनियम स्वामी के पास गया, उस समय एक डॉक्टर से मरगधम की स्वास्थ्य के बारे में बात कर रहें थे। वेलुस्वामी ने सुब्रमनियम स्वामी से कहा कि उस महिला को मरगधम पर कुछ शंका है। यह सुनने के बाद, सुब्रमनियम स्वामी ने वेलुस्वामी की ऊँगली दबाकर चुप रहने के लिए कहे। वे अस्पताल से बाहर आने के बाद, सुब्रमनियम स्वामी ने हांडे से दूसरी कार से जाने की विनंती की।

वेलुस्वामी और सुब्रमनियम स्वामी पेहले कार में बैठ गए और अब सुब्रमनियम स्वामी ने वेलुस्वामी की तरफ घूमकर पूछने लगे की **अब बताओ** क्या उसके मन में था और मरगधम के बारे मे क्या शंकाएं थीं। फिर त्रिची वेलुस्वामी ने गाँव की वरिष्ठ महिला के साथ हुई छोटी बातचीत का वृत्तांत दिया। सुब्रमनियम स्वामी उत्तर दिए, मरगधम उस महिला के लोभ में फँस गयी थी, हत्यारों ने इसका उपयोग किया और उनके षड़यंत्र में इन्हें अज्ञात रूप से शामिल करवा लिया। जब लोगों ने राजीव को श्रीपेरुम्बुदुर में बुलाने काप्रस्ताव इनके आगे रखे, वे कहीं की उन्हें कोई आपत्ति नहीं है लेकिन इस समारोह की तयारी करने के लिए पैसों की आवश्यकता होगी और उनके पास पर्याप्त पैसे नहीं थे [65]।

सिवरासन ने डैरिल पीटर (मरगधम का बेटा ललित चंद्रशेखर का मित्र) द्वारा मरगधम को इसके लिए 5 लाख रुपये दिए। डैरिल पीटर भी प्रसंगवश विस्फोटक में मर गया। सिवरासन एवं धनु ने ईआरपीएलएफ के नेता के रूप में दिखावट करके राजीव के पास जाने में सफल हुए। ईआरपीएलएफ का राजीव गाँधी के साथ अच्छे संबंध थे और उनके प्रमुख वरधराजा पेरूमल जो भारतीय शांती सेना (आईपीकेएफ) श्रीलंका से निकाले जा चुके थे वे एलटीटीई द्वारा भीती एवं उनके द्वारा मारे जाने से बचने के लिए भारत के ग्वालियर में बसे थे [66]।

ये बातें अलग हैं, पाठक को एक बात का ध्यान रखना चाहिए। ये घटनाएँ 24 मई की शाम में हुई थीं। एसआईटी ने स्वतः ही मई 23 के दिन ही पूछताछ करना शुरू कर दिया था। वैसे ही, सुब्रमनियम स्वामी ने इन सभी बारीक़ जानकारियों के बारे में 24 मई

---

65   Trl chy Velusamy (Taml I) – pp 94-96

66   https://www.youtube.com/watch?v=l0dhbAk6uHg – SI thannanI ntervI ew wI th Ragothaman (EnglI sh) – Part 5

के दिन जान गए थे, इसका अर्थ यह है की, सुब्रमनियम स्वामी को हत्या होने से पहेले की कुछ चहलपहल की खबर जान गए थे।

प्रभाकरन को समाप्त करने के प्रयत्न

प्र – क्या राजीव गाँधीप्रभाकरन को समाप्त करने का प्रयत्न किये?

उ – मेजर जनरल हरकीरत सिंह जो आईपीकेएफ के हिस्सा थे सुनाते हैं कि, सितंबर 14/15 की रात 1987 में उन्हें जे.एन. दीक्षित से फोन आया, जो श्रीलंका में भारत के उच्चायुक्त थे। प्रभाकरन हरकीरत सिंह के साथ बात करने के लिए एक दो दिन में आनेवाला था, दीक्षित ने हरकीरत सिंह से कहे कि प्रभाकरन जब तुमसे मिलने आएगा, उसे गिरफ्तार करो या उस पर गोली चलाओ। उसने तुरंत स्व. जनरल दीपेंदर सिंह, जिन्होंने स्पष्ट रूप से उन्हें कहा की जो भी उनसे बातचीत करने की इच्छा से आता है उनके साथ इस तरह का व्यवहार नहीं करना चाहिए। हरकीरत सिंह ने बादमें दीक्षित को इस संदेश से सूचित किये। दीक्षित इस पर उत्तर दिए की यह निर्देश सीधे राजीव ने स्वयं दिया है[67]। निस्संदेह यह बात सभी जानते हैं की हरकीरत ने कुछ नहीं किया।

सभी लोगों के मन में यह प्रश्न था की क्या दीक्षित सत्य बोल रहें थे जब उन्होंने कहा की यह निर्देश राजीव ने स्वयं दिया है। यदि कोई यह मानके चलें की, उस दिन, हरकीरतने प्रभाकरन को मार दिया होता, फिर इसकी जांच की गयी होती और इसमें हरकीरत कहते की इस संदेश को दीक्षित ने कहा की इस निर्देश को सीधे राजीव ने स्वयं दिए हैं की प्रभाकरन को गिरफ्तार करें याफिर मार दें, यदि दीक्षित झूठ बोलते, तो वे कठिन परिस्थिति में रहते। इसलिए यहाँ हर कारण सत्य लगता है की दीक्षित सत्य बोल रहें थे। केवल इतना ही अंतर था, जब की भारतीय सेना ने कायरतापूर्ण तरीके से काम करने के लिए मना किया, इस धन्यवाद का श्रेय दीपेंदर सिंह एवं हरकीरत सिंह के लिए जाता है, प्रभाकरन को ऐसा करने में कोई पछतावा नहीं रहता।

राजीवजी को धोखा दिया गया था, ये विशवास दिलाने में की वे एलटीटीई से भयभीत ना होकर आराम से अपना चुनाव प्रचारके लिए आ सकते हैं और उन्हें कोई निशाना नहीं बनाएगा। लेकिन अंततः उन्हें कायरतापूर्ण तरीके से ही समाप्त किया गया।

श्रीपेरुम्बुदुर में हत्यारे गिरोह का आगमन

प्र – श्रीपेरुम्बुदुर में हत्यारे गिरोह कैसे आ पहुंची इसके बारे में कई प्रश्न हैं।

---

[67]   https://taml lnatl on.org/books/eelam/sl ngh.htm

उ – स्वाभाविक रूप से यहाँ अकल्पनीय कहानियों को दिया गया है जो की एसआईटी ने प्रयत्न करके उसे पकाया है। अभियोजन की कहानी है की सिवरासन, धनु, सुभा, हरिबाबू एवं नलिनी इनकी भेंट पैरी कोर्नर बस स्थानक में हुईथी। वहाँ से, उन्होंने बस लिया और शाम के 7:30 बजे श्रीपेरुम्बुदुर पहुंचे। इसे कार्तिकेयन की पुस्तक में स्पष्ट रूप से व्याख्या की गयी है[68]। प्रश्न संख्या एक, कि, पूर्व प्रधान मंत्री की हत्या के बारे में जब कोई योजना बनाता है, अकेले कार को छोडिये, हत्यारे गिरोह ने ऑटो रिक्शा में बैठकर आयोजित जगह पर नहीं आ सकते? वो भी पूरे बम को अपनी पीठ पर लेकर भीड़ भरी बस में से यात्रा करना, क्या यह जोखिम का काम नहीं? क्या पता यदि किसी ने आकस्मिकता से उसकी पीठ को छुए और कुछ होने का एहसास हो?क्या यदि किसी को बादमें पता चले की ये हत्यारे हमारे बस में थे? क्या सिवरासन को इन चीज़ों के बारे में नहीं सोचा? यह एक सफ़ेद झूठ था जो एसआईटी ने बताया था।

कई सारे साक्ष्यों (संभवतः कुमधावल्ली और अनुसूया भी) की आख्या हैं, जिसने धनु को कार में आती हुई देखी गयीथी। क्यों कि, लगभग बहुत सारे ऐसे रहस्यइस प्रकरण में छुपा हुआ है, और इसे संभवतः छुपाया गया था। इतना ही नहीं, एसआई राजेंद्रन जो श्रीपेरुम्बुदुर में तैनात थे, वे उस स्थल पर शाम से उपस्थित थे, वे स्पष्ट रूप से हाल ही के एक भेंटवार्ता में कहते हैं कि, धनु, नलिनी, सुभा सभी प्रेस गेट पर शाम 5:30 बजे से 6:30 बजे तक बैठे दिखे। इससे पहले सिवरासन प्रेस गेट पर (करीब शाम 5:30 बजे) बैठा हुआ दिखा और राजेंद्रन वही थे जिसनेसिवरासनसे प्रश्न पूछा था। सिवरासन के पास प्रेस असोसिएशन का कोई आईडी कार्ड ना होने का ज्ञात होते हुए भी, उन्होंने सुनिश्चित किया की सिवरासन प्रेस गेट से बहुत दूरी पर खड़ा था और इसी कारण से वह प्रेस असोसिएशन का हिस्सा नहीं था।

यह भी महत्वपुर्ण है की अनुसूया विस्फोटक में बहुत बुरी हालत में घायल हुई थीं, त्रिची वेलुस्वामीसे बताई जब वोअस्पताल की बिस्तर में थी, देखा की धनु को ललित चंद्रशेखर (मरगधम का बेटा) ने उसे वहाँ लाया था[69]। यदि यह बात है, तो एसआईटी का विवाद की सिवरासन और गिरोह बस लेकर शाम 7:30 बजे श्रीपेरुम्बुदुर पहुंचे यह भारत के लोगों को धोखा देने के लिए बनाया गया निरपेक्ष एक बकवास है[70]।

---

68   Kaarthl keyan and Radhavl nod Raju – pg 49

69   Trl chy Velusamy – pgs 98-99

70   https://www.youtube.com/watch?v=PS_X7_AZ-0Y –lntervl ew of Rajendran, 09.40th ml nute.

मरगधमकी मासूमियत

प्र – क्या मरगधममासूम है?

उ – जैसे सुब्रमनियम स्वामीने उचित दर्शाया था की मरगधमको अज्ञानता से उनके चाल में खींचे थे, क्योंकि किसी को भी केवल मरगधम इंदिरा गाँधी से जुड़े रिश्ते एवं उनके परिवार के बारे में पता था। इसलिए की इंदिरा गाँधी आपातकाल के बाद चुनाव हार चुकीं थीं। वे अपने दोनों पुत्र राजीव और संजय के साथ विलिंग्टन क्रिसेंट रोड में स्थित घर में रहने गयीं और क्रमशः उनकी पत्नियां सोनिया एवं मेनका के अलावा कोई भी घर में प्रवेश करना निषेध था।

सभी पार्टी के कार्यकार्ता बाहर ही रहतें, यहाँ तक की धवन जैसे वरिष्ठ व्यक्ति, जिसका परिवार के साथ घनिष्ठ संबंध थे केवल निवास के पास के कमरे तक ही जा पाते। जबकी, केवल मरगधमकभी भी वे जातीं बिना बताये प्रवेश करतीं और सभी उसे मिलकर उन्हें 'आंटी' कहकर उत्सव मनाते, उन्हें घर में बिना प्रतिबंध का प्रवेश था। रगोथमन ने अपनी पुस्तक में वृत्तांत किया है[71]। मरगधम, राजीव और संजयजी को अपने बेटों जैसा मानती थीं। यह अविचारणीय है की वे षड़यंत्र में शामिल होकर उस परिवार में से किसी की हत्या कर सकतीं हैं।

जहाँ तक प्रश्न है किसिवरासन ने कैसे मरगधम की परिवार के साथ जुड़ गया, यह दिलचस्प बात है। दो विभिन्न रास्ते जो सिवरासन ने ली और प्रयास किया। पहला, ललित चंद्रशेखर ने श्रीलंकाई विनोदिनी से विवाह किया था जो श्रीलंकाके पूर्व राष्ट्रपति, जयवर्धन से संबंधित थीं। इसलिए उन्होंने ईपीआरएलएफ समूह के रूप में स्वयं को प्रस्तुत करने के लिए उससे संपर्क किया, जैसे की वे राजीव गाँधी को अपने एकमात्र रक्षक के रूप में देख रहे हों।

---

[71]   Ragothaman (Engll sh) – pg 24

दूसरा रास्ता काम कर गया। उन्होंने ललित तक पहुंचने के लिए डैरिल की मदद ली। वे ललित से बात किये और 5 लाख रुपये उदारता से दान देने की पेशकश की। यह सूचना मरगधम तक पहुंची, 5 लाख रुपये आज की तारीख में बड़ी राशि ना हो किन्तु 1991 में बहुत अच्छी राशि थी।

इसलिए माँ एवं पुत्र दोनों ही लोभ में आ गए, उसके बदले में हत्यारे केवल इतना चाहते थे की राजीव गाँधी, उनके रक्षक को माला पहनाने का मौका प्राप्त हो जो उन्हें मिला। लेकिन ये यही समाप्त नहीं होता है।

प्र – क्या मरगधमकी मासूमियत के कुछ और सबूत हैं?

उ – तथ्य यह है, किमरगधमचंद्रशेखर और उनका पुत्र ललित चंद्रशेखर ने छोटी चोटें झेली थीं – यह तथ्य का एक साक्ष्य है, वो साज़िश के लिए छुपा हुआ नहीं था, उदहारण के लिए, एक अणु काबम लें जो दिवाली के दिन फोड़ा जाता है। ऐसे उदहारण के लिए, हम सभी अपने लिए सावधानियां लेते हैं और सुरक्षित अंतर पर रहने का सुनिश्चित करते हैं, हम में से कुछ 20-30 फीट की दूरी पर खड़े रहते हैं और कुछ लोग हैं विस्फोटक की बिंदु से 50 फीट दूरी पर चले जाते हैं। बम से कितनी दूरी पर हम रहते हैं यह कई तत्वों पर आधारित है, जैसे की, शोर प्रभाव के डर से, पटाखे फोड़ना इत्यादि, लेकिन, हम सभी सुनिश्चित करते हैं की हम सुरक्षित रहें। ऐसे ही पंक्तियों पर बेहेस करते हुए, यदि मरगधम जान लेतीं की राजीव की हत्या होनेवाली है, तब वे 200-300 मीटर दूरी पर रहतीं, लेकिन उन्होंने ऐसा नहीं किया। वे अपने आप को लगभग मार ही दिएथे। उस क्षण तक जब विस्फोट हुआ, वे राजीव के साथ चल रहीं थीं।

वास्तव में, एक रोचक छोटी घटना है जो उन्हें बचाया है, इसे रगोथमन एक वीडियो में तथा पत्रकार नूरुल्लाह जब लेखक उनसे मिले, इन दोनों ने वृत्तांत किया है। रगोथमन ने अपनी वीडियो में कहा है कि, लक्ष्मी आल्बर्ट एवं रमादेवी अलग दलबंदी से थीं, जो मरगधम की विरोधी थीं। अकेले मरगधम के साथ रहकर वे चिढ़ गयी थीं, जब वे राजीव से अभिवादन करने के लिए खड़ी हो गयीं, मरगधम को यह अच्छा नही लगा और मरगधम ने उन्हें कोहनी मारते हुए जल्दबाजी में चली गयीं। जल्दबाजी में जाने से वे बच गयीं क्यों कि इसी समय कोकिला ने कविता सुनाने के तुरंत बाद बम विस्फोट हुआ और यदि लक्ष्मी एवं रमादेवी नहीं होते, तब मरगधम धीरे चली गयी होतीं और राजीव तथा अन्य 17 लोगों के साथ वे भी मर गयी होतीं।

नूरुल्लाह भी इस घटना के बारे में बताते हैं जहाँ लक्ष्मी आल्बर्ट, सरोजा देवी एवं अन्य लोग राजीव की प्रतीक्षा करते छाया में बैठे थे। नूरुल्लाह चलकर उनसे बात कियेतब उन्होंने मरगधम द्वारा उन्हें अलग किये जाने पर असंतोष व्यक्त की थी "वो कौन है जिसे हमें अपने नेता से मिलने रोकती हैं? उनमें से एक ने नूरुल्लाह से कहा। अपनी नकारात्मक भावनाओं को बाहर निकालने के लिए, उन्होंने एक समूह बनाया और जब राजीव आये तब एकत्रित होकर खड़ीं हो गयीं। सभी ने मिलकर मरगधम जब बाहर आयी, धकेलनी की कोशिश की गयी। मरगधम एक वृद्ध महिला थीं और युवाजनक महिलाओं से लड़ने की ताकत नहीं थी इसलिए उन्होंने समूह में से किसी एक को कोहनी से मारकार गुस्से से चली गयीं। उस समय, मरगधम को इस घटना के भेस में वरदान का ज्ञात नहीं था क्यों कि इसी दूरी के कारण से विस्फोटक के बड़े प्रभाव से छोटी चोटों को सहन करते बच गयीं[72]।

एलटीटीई का प्रयोजन

प्र – सामान्य तौर पर बेहेस करनेवाली बात है कि, 1991 में राजीव गाँधी चुनाव जीतने के लिए अग्रसर थे और पुनः प्र.मं. बनना चाहते थे। अतःएलटीटीई ने इसे रोकने के लिए राजीव की हत्या कर दी?

उ – यहाँ एक दृष्टिकोण है, एक हद तक मान्य है, यदि एक ने इसे विस्फोट के दिन देखता, तब इस सिद्धांत को झूठा कहलाया जाता। चुनाव तीन चरणों में थीं - मई 20 1991, जून 12 1991 औरजून 15 1991 में हुए। प्रारंभ में चुनाव मई 20 1991, मई 23 1991 औरमई 26 1991 में थी। दूसरे और तीसरे चरण हत्या के बाद विलंब करवाये गए। पहला चरण मई 20के दिन 511 सीटों में से 211 सीटों पर मतदान हुए। यह त्रिस्तरीय प्रतियोगिता थी जहाँ मध्य-बाई में कोंग्रेस (I), मध्य-दाई भारतीय जनता पार्टी (बीजेपी) एवं वामपंथी राष्ट्रीय मोर्चा सत्ता में आनेवाली थी। इन तीन चरणों में आयोजित के परिणाम नीचे दिए गए हैं

कोंग्रेस – 232

बीजेपी– 120

जानता दल – 59

सीपीआई(एम) – 35

तेलगू देसम – 13

सीपीआई – 14

एआईएडीएमके – 11

अन्य दल – 39

जम्मू कश्मीर में 6 सीटों पर चुनाव और पंजाब में 13 सीटों को आतंकवादी धमकियों के कारण स्थगित किया गया था। पंजाब के चुनाव के बाद में 19 फरवरी 1992के दिन हुए। कोंग्रेस 13 सीटों में से 12 सीट जीत गए और उनकी संख्या 232 से 244 सीटों पर पहुंच गयी[73]। अंतिम गिनती पर कोंग्रेस 244 सीटें जीतीं जो 272 सीटों के बहुमत में28सीटें कम थीं। इसके विपरीत, जब इंदिरा गाँधीजी की हत्या दिसंबर 1984 के चुनाव में हुई थी, कोंग्रेस ने हर्षोल्लास के साथ 410 सीटों पर जीत हासिल किया।

इससे पहले या उसके बाद से किसी ने भी उल्लेखनीय उपलब्धि हासिल नहीं की थी। 24 सीटें पहले से ही मई 20 के दिन मतदान किया गया था। यदि कोई आन्ध्र प्रदेश की ओर देखा जाए, कोई भी उस प्रवृत्ति को समझ सकता था जो हुआ था। एपी 2 चरणों में चुनाव चला गया। पेहले चरण मई 20 के दिन, 17 निर्वाचन क्षेत्रों के लिए मतदान हुए। शेष 25, जून 12 के दिन मतदान किये गए। 17 सीटों में पेहले चरण में जहाँ मतदान हुआ, कोंग्रेस सारे 17 सीटों को खो दिया था। एन.टी राम राव ने जनता दल टीडीपी को 16 सीटों से हासिल किया जबकी 1 सीट बीजेपी को गयी।

दुसरे चरण में, हत्या करने के बाद, कोंग्रेस सभी 25 सीटों को हासिल किया। पहला बिंदु यह दर्शाता है की राजीव की हत्या कोंग्रेस के लिए मदद की वो भी केवल दक्षिण में लेकिन जब कुल मिलकर सीटों को कोई देखता है, कोंग्रेस 244 ही सुरक्षित कर पाता जबकी बहुमत के लिए 18

सीटों की कमी थी। यह राजीव की हत्या के बावजूद था। इसीलिए क्या असलीलोगजिन्होंने षड्यंत्र रचाया उनके हारने की संभावना का पूर्वाभास किया और उन्हें समाप्त करने का निर्णय लिया? यदि पाठक इसे पूछता 'लेकिन प्रभाकरन ने राजीव गाँधी को मारा

---

[73]   https://www.wl kl wand.com/en/1991_I ndl an_general_electl on

जब वह जान पाता की राजीव गाँधी चुनाव नहीं जीतेंगे?' चोख उत्तर यही है – प्रभाकरन ने केवल षड्यंत्र का निष्पादन किया, उसने षड्यंत्र को नहीं रचाया।

वर्मा आयोग

प्र – वर्मा आयोग के निष्कर्ष क्या हैं?

उ – यह एक अच्छा प्रश्न है। जब कोई कहता है कि अच्छा प्रश्न है, इसका अर्थ है की व्यक्ति स्वयं उस प्रश्न का उत्तर ठीक तरह से नहीं जानता है। वर्मा आयोग अभिलेख के अनुसार, पेहले स्थान में अभिलेख की पहुँच योग्य नहीं है। यदि किसी ने वारेन आयोग को देखता है, जो पूर्व अमरीकी राष्ट्रपति जॉन एफ केनेडी की जांच नवंबर 22 1963 में हुई थी, ऑनलाइन पर सभी दस्तावेज़ किसी को भी प्राप्त करने के लिए उपलब्ध है। केवल गूगल पर 'वारेन आयोग' की जानकारी ढूंढना था और कोई भी अमरीकी सरकार अभिलेख एवं 8 खंडो के साथ 18 परिशिष्ट और एक अनुक्रमाणिका के साथ प्राप्त कर सकता था। लेकिन वर्मा आयोग के प्रकरण में जितना भी गूगल करने पर असफलता ही प्राप्त हुई है, कोई भी केवल वर्मा आयोग के बारे में अन्य के लिखे लेख को पढ़ सकता है। और वर्मा आयोग केवल सुरक्षा पेहलू पर जांच करने के लिए अथवा इसकी कमी के कारण हत्या हुई इसके बारे में स्थापित किया गया था। यह भविष्य में उन गलतियों को करने से रोकने के लिए था। फिर भी अभिलेख लापता है। कारण सरल है गहराई नापना। यदि किसी ने वर्मा आयोग के बारे में पढता तो अचूक उसषड़यंत्र का मर्म समझता।

वाज़पड़ीराममूर्ती

प्र – कुछ लोग वाज़पड़ीराममूर्ती पर आरोप करते हैं की षड्यंत्र में उनका हाथ था?

उ – नहीं, यह सच्चाई से दूर नहीं हो सकती है। वाज़पड़ी अकेले ऐसे व्यक्ति थे जिन्होंने अंतिम तक राजीव को श्रीपेरुमबुदुरमेंजाने से रोकने का प्रयास किये थे।

प्रारंभ में, वाज़पड़ी को अफवाह अथवा किसी अन्य मूल से राजीव पर हमला करने के प्रयत्न के बारे में जानकारी प्राप्त हुईथी। यही कारण था की उन्होंने श्रीपेरुमबुदुर में राजीव को जाने से रोकने के प्रयास किये थे। मई 18 या 19 के दिन, मागरिट आल्वा ने निश्चित रूप से वाज़पड़ीराममूर्ती से फैक्स प्राप्त की लेकिन फैक्स खारिज़ कर दिया

गया था[74]। दौरेस्वामी अपनी पुस्तक में लिखते हैंकि, इस फैक्स को किसी ने प्रचार समन्वय समिति अथवा राजीव के समक्ष प्रस्तुत नहीं कियाहै। इसकी पुष्टि आगे 1991 मेंआर.डी प्रधान, राजीव गाँधी के निकटता से जुड़े हुए थे, ने किया है।

उन्होंने अपनी पुस्तक में लिखा है कि, टीएनसीसी राष्ट्रपति वाज़पड़ीराममूर्ती प्रारंभ से राजीव गाँधीश्रीपेरुमबुदुर में सभा को संबोधित करने के विरोध में थे[75]। यह सत्य है, कि, वाज़पड़ी ने दिल्ली में आल इंडिया कोंग्रेस कमिटी (एआईसीसी) से श्रीपेरुमबुदुर में सार्वजनिक सभा करने से रोकने के लिए अंतिम तक बहुत विनंती किये, मई 21 की शाम, मद्रास में, मीनम्बक्कम हवाईअड्डे पर राजीवका आगमन के बाद भी, वाज़पड़ी अपनी पार्टी सदस्यों के साथ उत्साहपूर्वक स्वागत करने के लिए गए थे, राजीव को श्रीपेरुमबुदुर के लिए जाने से रोकने का सुझाव दिये लेकिन राजीवउस निर्वाचन क्षेत्र में एक रैली को संबोधित करने के लिए अपना वचन निभाना चाहते थे[76]।

मरगधम ने पहले ही राजीव के लिए एक निवास स्थान सुरक्षित की थीं जो जैन समुदाय से था। क्यू- विभाग के प्रमुख एफ.सी शर्मा ने धमकी भरी चेतावनी दी थी, कि, राजीव के लिए एलटीटीई कि तरफ से सुरक्षा कि दृष्टी से खतरा हो सकता है (ध्यान दें – आईबी ने कभी भी ऐसी धमकी जारी नहीं किया) सुरक्षा अभिकरण ने निवास स्थान की छानबीन की जो श्रीपेरुम्बुदुर में गेस्ट हाउस में बदल दिया गया था, यह जिला कलेक्टर शीला प्रिया के आधीन पर्यवेक्षण की गयी थी। यद्यपि राजीव स्वीकार किये थे किन्तु वाज़पड़ी असंतोष थे और उन्होंने राज्यपाल भीष्म नारायण सिंह से बात करने के बाद उनका निवास स्थान मीनमबक्कम हवाईअड्डे में कर दिया गया[77]।

<h1 style="text-align:center">करूणानिधि</h1>

प्र – करूणानिधि के बारे में?

उ–अगला है, श्रीपेरुम्बुदुर में करूणानिधि का चुनाव रद्द होना। करूणानिधिश्रीपेरुम्बुदुर में चुनाव संबोधित करने के लिए रात 8 बजे अनुसूचित थे। करूणानिधि ने उनकी अनुसूचित सभा अंतिम क्षण में रद्द किये, यह सामान्यतः अजीब एवं संदिग्ध था। जब

---

74   Doral samy – pg 123

75   R D Pradhan – pgs 103-104

76   https://www.youtube.com/watch?v=l0dhbAk6uHg – SI thannanl ntervl ew wl th Ragothaman (Engll sh) – Chapter 5

77   Ragothaman (Taml l) – pgs 109-110

रगोथमन एक प्रमुख अन्वेषण अधिकारी इस पर करूणानिधि से पूछताछ करना चाहते थे, केर्तिकेयन ने ऐसा करने से रोका। जबकि करूणानिधि तमिलनाडु में वरिष्ठ नेता थे, संलेख दर्शाता है कि, ऐसा करने से पहले उन्हें उनके प्रमुख से स्वीकृति प्राप्त करनी चाहिए। लेकिन कार्तिकेयन ने "मैंने पहले ही पूछताछ किया है और पता लगाया की रद्द करने कि वजह डीजेपी रंगस्वामी की सूचना के आधार पर किया गया है, जिन्होंने कहा कि दो वरिष्ठ राजनैतिक नेताओं के लिए एक साथ सुरक्षा प्रदान करना कठिन है "ऐसा कहकर प्रस्ताव ठुकरा दिए थे।

वास्तव में, कार्तिकेयन ने रगोथमन को ऐसा नहीं करने के लिए उन पर भी चिल्लाये थे 'जलप्पा जादू है यहाँ' जलप्पाप्रकरण पूर्व में हत्या प्रकरण था जिसे रगोथमन ने बेंगलोर में संभाला था, उन्होंने अभिमान से एवं असली दोषियों को गिरफ्तार करने पर व्यापक रूप में प्रशंसक रहे [78]। इसके बाद, रगोथमन स्वयं जैन आयोग के समक्ष सुनवाई में उपस्थित थे जब करूणानिधि निकाले गये थे। इस बात कि शक्यता है की रगोथमन ने स्वयं जान-बूझकर उस दिन उपस्थित रहे जब करूणानिधि आयोग के समक्ष आये थे ताकि यह पता चले कि कार्तिकेयन ने उन्हें क्या कहा।

रगोथमन का संदेह सत्य था, करूणानिधि कहे कि पूर्व राज्यपाल भीष्म नारायण सिंहकी सलाह पर उन्होने अपनी सभा 21 मई के दिन रद्द किये। आगे रगोथमन ने डीजेपी रंगस्वामी द्वारा वर्मा आयोग के समक्ष दर्ज किये शपथपत्र में दोनों नेताओं के लिए पर्याप्त व्यवस्था किये जाने का भी पता लगाया। इसी कारण स्पष्ट है कि कार्तिकेयन झूठ बोल रहे थे। वास्तव में करूणानिधि एवं कार्तिकेयन झूठ बोल रहे थे। इसके आगे रगोथमन ने रंगस्वामी से शपथपत्र के बारे में पूछताछ किये।

रंगस्वामी का उत्तर था, डीजेपी होने से सभी नेताओं के लिए सुरक्षा व्यवस्था प्रदानकरने की जिम्मेदारी उनकी है तथा कैसे करुनिधि से सभा रद्द करने के लिए कहते?[79]

सत्यतः, रंगस्वामी ने करूणानिधिकीशाम 6 बजे होने वालीसभा के लिए 150 पुलिस अधिकारीयों को गाँधी मैदान में तैनात किये थे, जब उन्हें पता चला कि करूणानिधि की सभा रद्द हो चुकी है, तैनात 150 पुलिस अधिकारीगण करूणानिधि की सभा से राजीव

---

78   https://www.youtube.com/watch?v=25Vl bw6z09Q – Ragothamanl ntervl
      ew wl th Sl thannan (Taml l) – Part 2 – from the 6th ml nute
79   Ragothaman (Engll sh) – Pg 56

की सभा के लिए भेजे गए। तो वास्तव में, राजीव की सभा में 300 लोग हुए जो की मूल रूप 150 से दुगुना हो गए।

करूणानिधि की सभा रद्द होना

प्र – क्या करूणानिधि की रद्द होने के बारे में अधिक है?

उ – फिर से कहने के लिए मई 21, 1991 के दिन करूणानिधि एवं राजीव गाँधी दोनों श्रीपेरुम्बुदुर में चुनावी रैलीयों को संबोधित करना चाहते थे। करूणानिधि की सभा गाँधी मैदान में अनुसूचित थी, जबकी राजीवकी चुनावी सभा पुलिस की स्वीकृति से स्कूल मैदान में होनेवाली थी। जबकि स्कूल मैदान कोंग्रेस के लिए आवंटित था, मरगधम ने एकतरफा मंदिर मैदान में सभा का आयोजन करने का निर्णय लिया, ये यहीं समाप्त नहीं होता है। डीएमके पार्टी सचिव ने श्रीपेरुम्बुदुर में मई 17 के दिन सभा आयोजित करने के लिए पुलिस से अनुमति मांगी गयी। मथुर रामासामी नायडू कोंग्रेस की ओर से गए और मई 19 के दिन अनुमति के लिए अनुरोध किये। जब दोनों सभा के लिए अनुमति प्रदान किये गए थे डीएमके की सभा मई 21 के दिन रद्द हो गयी। इसके बारे में पिछले प्रश्न में चर्चा की गयी है[80]।

कार्तिकेयन ने रगोथमन द्वारा सत्य का पता लगाने के प्रयासों मेंबाधा डालने के बाद, रगोथमन ने विवेकशील से कार्तिकेयन को बिना बताये कुछ पूछताछ किये। मई 21 के दिन एक घोषणा मुरसोली अखबार में डीएमके सभा रद्द होने की खबर छपी। रगोथमन ने अख़बारवालों से संपर्क किये, उनसे पूछताछ करने के बाद रगोथमन को पता चला की सभा रद्द होने का समाचार स्वयं करूणानिधि ने दिये थे।

अगला चरण था रगोथमन को अन्ना अरिवालायम के लिए आये गए सभी फोन के संपर्कों को इकट्ठा करना था। 1991 में मोबाइल फोन उपयोग में नहीं था। रगोथमन ने पता लगाया कि एक फोन कलिंगापट्टी से मई 20 कि शाम के समय आया था। वाइको उस जगह पर प्रचार कर रहा था। रगोथमन तार्किक रूप से निष्कर्ष लगाया कि मई 20 की शाम में वाइको ने ही फोन किया था जिसने करूणानिधि को श्रीपेरुम्बुदुरके लिए नहीं जाने की चेतावनी दी थी। यह अकेला नहीं था। डीएमके पार्टी के सभी सभा रद्द

---

80   Ragothaman (Taml I) – pgs 106, 107

किये। एस.एस बरनाला जो चेंगलपेट के कोलाहल में अकेले पकडे गए थे पुलिस सुरक्षा लेकर वापिस शहर आ गए[81]।

एक और रोचक घटना हत्याकांड से पहले घटी, जिसके कारण वाइको की भूमिका को उजागर हुआ। मई 17 की शाम, राजीव की यात्रा कार्यक्रम तय हुई। सिवरासनने जब इस खबर को सुना प्रसन्न और हर्षोल्लित हुआ। जब वो जयकुमार के घर पहुंचा जहाँ छुपा था, दोपहर में, उसने जयकुमार की पत्नी से कुछ सौ के नोटों को देकर कहा की जश्र मनाने के लिए बाजार जाकर गोमांस खरीदकर लाये। वो जल्दबाजी में गयी। उसका बेटा जो छोटा था उसने बाकी के नोट जो रसोई में रखे थे, उसे लेकर छत पर गया और उन नोटों के साथ खेलने लगा। उसने एक एक कर नोटों को फेंकने लगा, वे उड़ते हुए नीचे गिरने लगे, एक पड़ोसन देखते ही चकित हो गयीं और इसके बारे में जयकुमार की पत्नी दुकान से वापिस आने पर शिकायत की। जयकुमार की पत्नी ने पड़ोसन को जयकुमार का मामा सिवरासन आया है और दोनों अपने काम में मग्न हैं, यह कहकर परिस्थिति को संभाला। जश्र मनाने की ख़ुशी में उसने लापरवाही से रसोई में नोटों को छोड़कर दुकान गयी थी। रोचक भाग इसके बाद थी।

भोजन के लिए बहुत सारे अभ्यागत आये हुए थे। उनमें से एक व्यक्ति सफ़ेद धोती और सफ़ेद कुरते में आया था, भोजन के बाद, सिवरासन ने उसे छत पर ले गया, जहाँ वे दोनों एक घंटे तक गहरी बातचीत में लीन थे। उसके बाद, जब वे नीचे उतर रहे थे, सफ़ेद धोती कुर्ता पहना व्यक्ति सिवरासन से कहा "एक बार कार्य सम्पूर्ण होने पर, हमारी अगली जिम्मेदारी वाइको को मुख्यमंत्री बनाने की है "सिवरासन ने उस व्यक्ति को 'सीनिवासैय्या' कहा, सीनिवासैय्या' पारित इस टिपण्णी पर सिवरासन मुस्कुराया और सकारात्मक संकेत द्वारा उसने सर हिलाया।

पाठक आगे पढने से पूर्व, पाठक को इस परिस्थिति की कल्पना एवं आकलन करना चाहिए। 'एक तमिलनाडु राजनेता श्रीलंका के उग्रवादी से फलाने व्यक्ति को मुख्यमंत्री बनानेकी विनंती करता है'इससे शर्मनाक स्थिति और क्या हो सकती है?रगोथमन उस व्यक्ति कि पहचान वाइको का भाई रवीचंद्रन बताया है। लेकिन रवीचंद्रन को आगे पूछताछ से रोकने के लिए उसे पद्मनाभ के प्रकरण में गिरफ्तार करवायागया था [82]।

---

81   https://www.youtube.com/watch?v=EC4sCGMD2_c – SI thannanI ntervI ew wI th Ragothaman – EngII sh – Chapter 3

82   Ragothaman (TamI I) – pp 101-105

इस पूरी कहानी में एक और हास्यपूर्ण मोड़ है। 1991 में, एसआईटी ने मामले को संभाला, मोहनराज, मुरली के साथ अन्ना अरिवालायम गए जो डीएमके पार्टी का हेडक्वार्टर था, मोहनराज को इस घटना के बारे में स्पष्ट रूप से दिनांक याद नहीं हैलेकिन उसी वर्ष 1991 में कुछ महीने बाद थी। वे गए क्यों कि उन्हें 'सीनिवासैय्या' के बारे में ज्यादा जानकरी प्राप्त करने की जिम्मेदारी सौंपी गयी थी। जब वेअन्ना अरिवालायम पहुंचे, वे 'थाऊजंड लाइट्स' में हुसैन से भेंट की जो पार्टी के पदाधिकारी में से एक था। हुसैन से कहा कि, वे राजीव गाँधी की हत्याकांड के प्रकरण के लिए आये हैं औए उन्हें 'सीनिवासैय्या' के बारे में जानकारी चाहिए। हुसैन उन्हें बैठने के लिए कहा और थोड़ी देर में आयेगा कहकर चला गया। बादमें वो उसके कार्यालय जाता है।

मोहनराज और मुरली 30 मिनट तक बैठे रहे फिर एक घंटा हुआ, अंतिम में वे किसी से हुसैन के बारे में पूछते हैं, एक व्यक्ति से उत्तर आया-"हुसैन तो उसी वक्त गया" वो पीछे की दीवार से कूदकर चला गया"। मोहनराज एवं मुरली एसआईटी पहुंचकर इसके बारे में बताये, इसके बाद आगे 'सीनिवासैय्या' अथवा हुसैन के बारे में कोई कार्यवाही नहीं हुई[83]।

यहाँ पर एक और अनुमान पर प्रकाश डालना चाहिए की राजीव की यात्रा कार्येक्रम, मई 17 के दिन पुष्टि हुई थी। तार्किक दृष्टी से डैरिल पीटर और ललित चंद्रशेखर तक पहुँचने के लिए एक या दो दिन लगते, ईपीआरएलएफ समूह के रूप में स्वयं को प्रस्तुत करना फिर 5 लाख रुपये मरगधम को दान करना, सत्य में ये सभी आधे दिन को छोड़कर एक ही दिन में नहीं हो सकती थी। फिर भी सिवरासन मई 18के दोपहर में बहुत खुश था जैसे हत्या उसी समय हो चुकी हो।

सिवरासनकी आत्मविश्वास का प्रश्न इसलिए था कि मई 18 के दिन यहदूतकार्य सफल होनेवाला था और क्या मरगधम निश्चित रूप से धनु और उसके लिए रहने की व्यवस्था प्रदान करने वाली थीं? निश्चित रूप से, कौन उसे इतना आत्मविश्वास दिलाया होगा की मरगधम ऐसा करनेवाली थीं? दिल्ली से कोई था?

करूणानिधि की अप्रात्यक्षिक भूमिका

प्र – क्या करूणानिधि अप्रत्यक्ष रूप से राजीव की हत्या में जिम्मेदार थे?

उ – हाँ, क्यों कि इस तरह के बेहेस के लिए एक वैध प्रकरण है। एक आईपीकेएफ अधिकारी इस लेखके से कहे कि जाफना में, प्रभाकरन द्वारा आयोजित एक पत्रकार

---

83   Intervlew wlth Mohanraj Jebamanl

सम्मलेन में, हेडलाइन्स टुडे का एक पत्रकार एलटीटीई पत्रकार से मिला और उससे कहा कि पद्मनाभ को समाप्त करने के लिए एलटीटीई ने करूणानिधि के लिए 3 किलो सोना दिए थे, इस जानकारी को हेडलाइन्स टुडे पत्रकार ने आईपीकेएफ अधिकारी तक पहुंचाई। न्यायाधीश जैन भी अपनी अंतरिम आख्या में लिखे हैं, कि, करूणानिधि ने एलटीटीई प्रतिनिधि नटेशनसे कहे थे कि पद्मनाभ विश्वासघाती था और उसे हटाना अनिवार्य था। यही वरदराजा पेरूमल के लिए भी थी[84]।

1973से 1976 तक मुख्यमंत्री करूणानिधि के सचिव आर नागराजन थे। जब करूणानिधि पुनः मु.मं बने, उन्होंने गृह विभाग के सचिव का पद चुना। जब पद्मनाभ की हत्या हुई थी, करूणानिधि दिल्ली में थे। नागराजन के कथनानुसार, उन्होंने करूणानिधि से हत्या के बारे में रात 08.45 बजे सूचित किये, लगभग रात 09.30बजे सिटी पुलिस आयुक्त ने उनसे संपर्क किये और जानकारी दी कि हमलावर सफ़ेद अम्बेसिडर कार लेकर भाग गए, इस बीच करूणानिधिने दिल्ली से डीजीपी से संपर्क किये और उन्हें अगले दिन उनके आने तक कोई कार्यवाही ना किये जाने का निर्देश दिए। अपराधियों को पुलिस गिरफ्तार कर सकतीथीक्यों कि उन्हें पता था कि सिवरासन और उसके साथी किस दिशा में गए होंगे। संभवतः अगर सिवरासन उस दिन पकड़ा जाता.... [85]

और एक समय पर, करूणानिधि स्वयं एलटीटीई को एक नकली संगठन बनाने के लिए कहते "श्रीलंकाई तमिलों के लिए राहत संघ" कासी आनंदान एवं नटेशन पदाधिकारी के साथ करते ताकि सरकारी निधि इस नकली संस्था के लिए कल्याण राहत के नाम पर लेने के लिए प्रोत्साहित एवं प्रस्तावित करते।

वाइको का व्यवहार भी देखा गया है। नवंबर 30 1990 के दिन, त्रिची के थिल्लाई नगर सेफहाउस में छापा कर दी गई, किरुबन एवं अन्य लोग गिरफ्तार हुए। इन्हें ईपीआरएलएफ हत्याओं में फंसा दिया गया और न्यायाधीश के सामने पेश किया गया, ज़मानत की व्यवस्था की गयी, उसके बाद, ज़मानत शर्तों का तत्काल उल्लंघन किया गया, यह तब था जब वाइको उन्हें अपने घर में रखा और पुलिस अधिकार से सलाह दिया कि घर आकर ज़रूरी हस्ताक्षर प्राप्त करें।

---

84   https://www.l ndl atoday.l n/magazl ne/cover-story/story/19971117-rajl v-gandhl -kl lll ng-jal n-comml ssl on-report-l ndl cts-dmk-for-colludl ng-wl th-ltte-832134-1997-11-17

85   https://taml lnatl on.org/l ntframe/l ndl a/jal ncomml ssl on/growth_of_taml l_ml ll tancy/ch3sec1.html

अंत में, रगोथमन इस तथ्य पर संदर्भित करते हैं, राजीव की हत्या प्रकरण में जब एसआईटी/सीबीआई जांच कर रही थी, तमिलनाडु की तत्कालीन मु.मं. जयललिता ने एसआईटी/सीबीआई द्वारा पद्मनाभ हत्या की जांच करने की विनंती की थी, लेकिन कार्तिकेयन इसे मना किया था, क्यों कि, करूणानिधि का इस घटना में सामने आना संभाव था। कार्तिकेयन का सिद्धांत था "यदि किसी के पास सत्ता और अधिकार है, उन्हें छूना नहीं है, जिस किसी के पास पर्याप्त सत्ता तथा अधिकार नहीं है, उन्हें गिरफ्तार करो और आरोपी बना दो"। [86]

प्र – एसआईटी ने चंद्रस्वामीकी पूछताछ क्यों नहीं की?

उ –बेंगलोर रंगनाथ जिसने सिवरासन और उसके गिरोह को आश्रय दिया, स्वीकार किया कि जब वह जयनगर पुलिस थाने में था, तब कार्तिकेयन उससे मिलने आये थे। वहाँ उसने चंद्रस्वामी, दिल्ली के संपर्क इत्यादि सब कुछ बताया। कार्तिकेयन ने उसे दिल्ली संपर्कों के बारे में जयनगर पुलिस थाने में बात नहीं करने के लिए कहा और जब वो सीबीआई कार्यालय में पहुँचने पर सब कुछ बात कर सकता है। चकित होकर रंगनाथ ने कार्तिकेयन से पूछा कि विभिन्न पुलिसकर्मियों में से उन्हें कैसे पहचान सकेगा। इससे यह स्पष्ट है कि कार्तिकेयन रंगनाथ को सीबीआई कार्यालय तब बुलाना चाहते थे जब वे वहाँ उपस्थित रहेंगे क्यों कि, ऐसा करने पर सब कुछ छुपाया जा सकता था जब वे सीबीआई कार्यालय ले जाते।

लेकिन जब जानकारी जयनगर पुलिस से बाहर प्राप्त हो जाती, तब उनके लिए इस षड्यंत्र को छुपाना एक चुनौती थी। वैसे भी, यही कारण था कि वे एसआईटी के लिए नियुक्त किये गए। इसकी समाप्ति यही पर सीमित नहीं है। दिल्ली में जब वो उनके साथ कमरे में हिरासत में था, कार्तिकेयन ने किसी को फ़ोन करके बताया "ये साला को सब मालूम होगा, अब क्या करना पड़ेगा?" इसका अर्थ है कि "इस व्यक्ति को तो सब पता है, अब हम क्या करें?" क्या इसे और भी स्पष्ट करने कि आवश्यकता है?[87]

---

86   https://taml lnatl on.org/l ntframe/l ndl a/jal ncomml ssl on/growth_of_
      taml l_ml ll tancy/ch3sec6.html

87   https://taml lnatl on.org/forum/sachl srl kantha/vp/vp32.htm

वाइको की भूमिका

प्र – क्या वाइको हत्याकांड में शामिल था?

उ – सबूत स्पष्ट रूप से सकारात्मक पेश करते हैं। रगोथमन सुनाते हैं कि, 'बिना जिखिम उठाये कुछ नहीं मिलता' जो वीडियो कसेट जप्त किया गया था। यह कसेट यात्रा के बारे में था जो वाइको ने गुप्त रूप से श्रीलंका के लिए फरवरी 1989 में गया था। वहाँ, उसने राजीव गाँधी के विरुद्ध भड़कानेवाले भाषण दिएथे। रगोथमन कहते हैं कि, उसने ऐसा ज़हर उगला है जो एलटीटीई भी नहीं किये हों। इसे जोड़ने के लिए, एकात चुनावि सभा में वाइको ऐसा दिखाई दिया है जैसे राजीव गाँधी तमिलनाडु के लिए आ रहे हों, वो वापिस जिंदा नहीं जाएगा। जब वाइको से इसके बारे में प्रश्न किया गया और एसआईटी ने जो सबूत दिखाए थे, उसने छिपाने के लिए कहा कि, क्यों कि राजीव मंडल आयोग परिपालन करने के विरुद्ध था। एसआईटी ने वाइको से इसके लिए गुस्से से पूछना चाहिए था लेकिन उन्होंने ऐसा नहीं किया।

न्यायालय में जिस प्रकरण को प्रस्तुतकिया गया था, वह प्रभाकरन से मिलने वाइको दिल्ली के अशोका होटल गया था, जहाँ प्रभाकरन ठहरा हुआ था। आईबी अधिकारीयों ने वाइको को प्रभाकरन से मिलने उसके कमरे में जाने से मना किये थे। बल्कि, उसे प्रवेशकक्ष का फोन उपयोग करने के लिए कहा गया था। प्रभाकरन विमान द्वारा श्रीलंका से भारत आया था क्यों कि एलटीटीई ही एक ऐसी संस्था थी जो आईपीकेएफ –लंका समझौता के लिए मुश्किलों की स्थिति खड़ा कर रही थी। जब वाइको ने प्रभाकरन से फोन पर बात किया, तब प्रभाकरन ने कहा कि राजीव ने उसके पीठ पर प्रहार किया है और आत्महत्या करने का एहसास हुआहै। वाइको ने इस घटना के बारे में सभा में

कहा और लंदन के सम्मलेन में भी कहा, इसके अलावा, इसे तमिल नेशन – अ क्रेशन नामक पुस्तक में भी उल्लेखित है[88]।

राजीव गाँधीकी हत्या प्रकरण में, वाइको को अभियोजन साक्ष्य संख्या 250 के रूप में प्रतिपरीक्षित किया गया।

प्रभाकरन द्वारा उपरोल्लेखित की गयी बातचीत से राजीव के प्रति प्रभाकरण की स्थायी घृणा के लिए यह सबूत जिम्मेदार ठहरा। लेकिन वाइको ने प्रभाकरन ने ऐसा भाषण लंदन मेंऔर अन्य जगहों पर दिये जाने का अस्वीकार किया, जब वीडियो में से उसका भाषण उसे दिखाया गया, वाइको ने द्वेष से कहा, वीडियो में व्यक्ति मैं ही हूँ लेकिन आवाज़ मेरी नहीं है। न्यायालय ने फिर आवाज़ का नमूने को एवं वीडियो आवाज़ विश्लेषण परिक्षण के लिए आईआईटी मद्रास के प्राध्यापक यज्ञनारायण को भेजा गया। प्राध्यापक वापस आकर आख्या प्रस्तुत किये और कहे, कि यह आवाज़ वाइको का ही है। वाइको ने न्यायालय में झूठी गवाही देने के लिए किसी ने कहा होगा या फिर किया होगा। कार्तिकेयन फिर से अजीब ना होते हुए शांत रहे [89]

अप्रैल 1992 में, मल्लिगाई के ग्रीन्वेस रोड में जब ज़ोरों से जांच हो रही थी, वहाँएक व्यक्ति मल्लिगाई के सामने स्थित एसआईटी भवन पर आया था। वो एक पुस्तक में पता लिख रहा था।

जब से राजीव गाँधी की हत्या के बाद की जांच हो रहीं थीं और धमकी भी थे, उस व्यक्ति को तुरंत गिरफ्तार किया और प्रश्न पूछे गए। उस व्यक्ति ने एसआईटी कर्मचारी से बताया की वो भवानी का रिश्तेदार है जो डैरिल पिटर की पत्नी, जो विस्फोटक में मर गई थी। इससे पहले, भवानी कार्तिकेयन से कुछ महत्वपूर्ण जानकारी देना चाहतीथी, इसी कारण से वह पता लिखा रहा था। एसआईटी कर्मचारी सहमत नहीं हुए और उसके घर पर छापा मारे। वहाँ, उन्हें पत्रों के गुच्छेमिलें जो भवानी ने लिखे थे। उनमें से एक विशिष्ट पत्र था, जो रोचक था। उस पत्र में, उसने लिखा था कि ललित चंद्रशेखर ने उसके परिवार को तबाह किया और वो वही था जिसने मई 30 1991के दिन धमाके के तुरंत

---

88   Ragothaman (Engll sh) – pp 58, 113

89   https://www.youtube.com/watch?v=jsxalgSl5bA – SI thannanI ntervI ew wI th Ragothaman (Engll sh) - Chapter 4 (Reference)

बाद उसे जल्दबाजी में अमरीका भेजने की तैयारी में था। और इसी कारण वो अपने बच्चों सहित न्यू यॉर्क कष्ट सह रहीं थीं।

यह विशेष पत्र डीआईजी राधाविनोद राजू, निरीक्षक मोहनराज जेबमणि और कार्तिकेयन के दो अन्य लोग द्वारा लिया गया था। कार्तिकेयन ने विषय सूची पढने पर उत्साह से कहा कि रगोथमन को पत्र मिलने पर शैम्पेन का पूरा बोतल पी जायेगा। उस समय, रगोथमन एक प्रकरण से संबंधित कार्य के लिए अमरीका गए थे। इसलिए भवानी से मिलना बहुत सरल हो जाता था।

लेकिन, कार्तिकेयन, चुपचाप उस पत्र को दफना दिया। जब रगोथमन 10 दिन बाद मद्रास वापस आये, मोहनराज, बड़ी उम्मीद से पूछने गए कि भवानी से बातचीत हुई थी, रगोथमन मोहनराज की तरह घूमकर बोले कि कौन भवानी? और तुम क्या बात कर रहे हो? जब मोहनराज पत्र के बारे में कहा कि उन्होंने कार्तिकेयन के हाथ में दिया था, रगोथमन कहे कि उन्हें इसके बारे में कोई जानकारी नहीं मिली थी। कार्तिकेयन ने अपना धूर्त खेल खेल चुका था[90]।

थियागराजन

प्र – सीबीआई अधिकारी थियागराजन जिसने आरोपियों के स्वीकारोक्तियों को अभिलिखित किये थे हाल ही में कहें हैं कि उन्होंने उन आरोपियों में से अरिवूनामक आरोपी का स्वीकारोक्ति के साथ फेरफार किया गया है और इसके कारण अरिवू ने कितने वर्ष कारागार में बिताया है, क्या इस पछतावे की अनुभूति कर रहे हैं?

उ – थियागराजन – आईपीएस (सेवानिवृत्त) केरल शाखा के तत्काल सीबीआई एसपी एसआईटी के लिए प्रतिनियुक्ति पर लाया गया था। 1991 में, उन्हें आरोपियों कीस्वीकारोक्तियों को अभिलिखित करने का कार्य दिया गया था। थियागराजन स्वयं की स्वीकारोक्ति जो 20 साल से अधिक बाद आई, अरिवू ने उन्हें बताया था, कि, उसे नहीं पता था की क्यों उसे बैटरी खरीदने के लिए कहा गया जो बादमें बम के लिये उपयोग किया गया था। लेकिन थियागराजन ने उस स्वीकारोक्ति के कथन को अभिलिखित नहीं कियेथे। आगे बताया कि, सिवरासन, प्रमुख संदिग्ध में से एक, एलटीटीई हेडकार्टर के

---

[90]   Ragothaman (EnglI sh) – pg 104

लिए संदेशभेजा, कि, राजीवकी हत्या की योजना के बारे में नलिनी के अलावा किसी और को नहीं साझा किया जाए। 'द हिन्द'का दावा था कि, कुछ आंतरिक साक्ष्य थे जो सिद्ध करते हैं कि अरिवू को राजीव की हत्या करने का बोध नहीं था। थियागराजन आगे कहते हैं कि उन्होंने स्वीकारोक्ति को अल्पज्ञता से लिए और इस निष्कर्ष पर पहुँछे की अरिवू को हत्या के बारे में पता था और उसने बैटरी लाया। [91]थियागराजन ने पेहली स्वीकारोक्ति2014 में किये।

बादमें, शपथपत्र में दिनांक अक्तूबर 27, 2017 में, अधिकारी ने इसके बारे में न्यायालय को बताया था। सर्वोच्च न्यायालय ने पेरारीवलन कि दर्ज की गयी याचिका, सरकार से जवाब माँगा ताकि उसकी आजीवन कारावास की सज़ा निलंबित किया जाए। इसके बाद, राज्य सरकार ने सभी 7 आरोपियों को मुक्त करने का समाधान राज्यसभा में प्रस्ताव पारित किया। हालांकि, केंद्र सरकार ने इसे अस्वीकार किया। प्रकाशन के समय में, सर्वोच्चन्यायालय ने पेरारीवलन कि मुक्ती का आदेश देते हुए उल्लेखित किया कि राज्यपाल ने राष्ट्रपति से क्षमा याचिका नहीं भेजनी चाहिये थी[92]।

दो चीज़ों पर ध्यान देना चाहिए यहाँ। क्यों कि केवल अरिवू ने थियागराजन से कहा कि उसे नहीं पता था बैटरी का प्रयोजन सुधारित विस्फोटक उपकरण (आईईडी) के लिए किया जायेगा, इसका अर्थ सत्य है ऐसा नहीं है। वैसे भी, कौनसा आरोपी मुक्त रूप से कहेगा कि वह हताय्कांड में शामिल था? और मोहनराज जेबमणि के पास बताने के लिए कहानी थोड़ी भिन्न है। मोहनराज एसआईटी में जुलाई 10 1991के दिन, 4 अन्य लोगों के साथ प्रवेश किये। जबकि 4 लोग एक महिनेके बाद एसआईटी से बाहर आगए, मोहनराज अकेले कुछ वर्षों तक एसआईटी के साथ रह गये, जिन्होंने बाद में अपने आपको स्थानांतरित अपने अनुरोध पर किये।

1991जुलाई 10 के दिन, जब वे पहले दिन एसआईटीमें आये, एक अधिकारी ने पेरारिवेलन कीतरफ संकेत किये, जिसने ज़मीन पर अपने हाथों को बांधकर बैठा था। अधिकारी ने जेबमणि की तरफ देखकर पूछे "तुम्हें पता है इस व्यक्ति ने क्या कहा?" और जारी रखा "उसने कहा हमारा लक्ष्य संपन्न हुआ। अब हम फांसी के लिए तैयार हैं

---

91   https://www.thehl ndu.com/news/natl onal/taml l-nadu/former-cbl -offl cl al-says-he-dl d-not-record-perarl valans-confessl on-verbatl m/artl cle5384370.ece

92   https://tl mesofl ndl a.l ndl atl mes.com/l ndl a/freedom-at-ml dll fe-for-rajl v-gandhl -kl lll ng-convl ct/artl cleshow/91649661.cms

"। यह बहुत मुश्किल है विश्वास करना कि जिसने कहा "उनके लक्ष्य संपन्न हुए" उसे राजीव को मारने की योजना पता नहीं था।

किट् की मौत

प्र – कर्नल किट् आत्महत्या करनेवाले थे जब वे यूनाइटेड किंगडम से भारत लौट रहे थे?

उ – यह सत्य है कि किट् की हत्या जान-बूझकर भारतीय नौसेना द्वारा हुई थी। हाँ, भारत सरकार के सरकारी कथन के अनुसार 19 लोगयाहट (एम वि आहट) जहाज़से प्रयाण कर रहे थे। 1993 में, किट् यूके से भारत की यात्रा कर रहे थे। जनवरी 13, 1993 के दिन, जहाज़ का नाम आहट दिखाई नहीं दे रहा था उसे भारतीय नौसेना के सीजीएस विवेक ने भारतीय तट से 440 समुद्री मील की दूरी पर रोक दिया था। भारतीय तट का एक और जहाज़ आईएनएस किरुपन, अगले दिन जनवरी 14, को इसमें शामिल किया। ये दोनों जहाज़ एम वी आहट को एक बिंदु पर पहुंचाया, जो मद्रास की उत्तरी भाग में 8 समुद्री मील की दूरी पर था।

जनवरी 16 के दिन, भारतीय नौसेना ने अतिरिक्त सैन्य आईएनएस सावित्री, आईएनएस मिथुन, दो हेलिकोप्टर और एक विशेष हमला नाव -SDBT56 भेजे। लेकिन इससे पहले की हमला नाव से कमांडों जहाज़ पर चढ़ पाते, वह विस्फोटितहुआ। जहाज़ पर सवार 10 लोगों की मौत हुई और नौसेना ने 9 बचे हुए लोगों को बचाया। किट् एवं कुट्टीश्री मृत लोगों में से थे जबकि वी जयचंद्रन जहाज़ का मालिक बचे हुए लोगों में से था।

यह प्रकरण सेशन न्यायालय में पहुंची। एसआईटी ने जहाज़ के कर्मचारियों पर आरोप लगाया कि एम वी आहट आपराधिक षड़यंत्र, हथियार एवं विस्फोटक ले जाने, आतंक पैदा करने, भारतीय नौसेना के कर्मचारियों को जहाज़ पर चढ़ने से रोकना, समुद्र में विस्फोटों को फेंकना और जहाज़ को आग लगा देना ताकि कोई भी साक्ष्य ना रहे। इस प्रकरण की सुनवाई वैज़ाग के सेशन न्यायालय / आतंकवादी एवं विघटनकारी गतिविधियाँ (रोकथाम) अधिनियम (टाडा) में हुई। 1996 जुलाई में, सेशन न्यायाधीश पी लक्ष्मण रेड्डी ने अपना निर्णय सुनाया, 9 लोगों पर लगे आरोपों से मुक्त किया जाय। इसके अतिरिक्त उन्होंने भारतीय नौसेना ने अवैध रूप से एम वी आहट को रोक दिया और उसमे सवार हो गए। न्यायाधीश अपने आदेश में यह भी कहे कि भारतीय जल में जहाज़ का प्रवेश करने का कोई सबूत नहीं था।

संक्षिप्त में न्यायाधीश ने भारत सरकार दुसरे देश की आंतरिक मामलों में हस्तक्षेप करने की निंदा की। किट्की शरीर उन बचे हुए लोगों में से नहीं थी। .[93]

यदि इस फैसला को न्यायालय ने सुनाया है, एलटीटीई का कथन भिन्न है। किट् की मृत्यु के बाद, एलटीटीई इस कथन को जारी किया "एलटीटीई के भूतपूर्व जाफना कमांडर श्रीलंका के जातीय संकट का समाधान ढूँढने के लिए कुछ यूरोपीया देशों की सहायता से व्यवस्थित नवीनतम शांति प्रस्ताव की जानकारी देने के लिए एलटीटीई के नेता प्रभाकरन से मिलने जा रहे थे।

किट् ने, नौसेना अधिकारीयों को विस्तार से बताया था जब उन्हें घेरा था, लेकिन उन्होंने उनका विवरण अस्वीकार किये और एलटीटीई जहाज़ को जबरदस्ती से तट पर ले गए। भारतीय नौसेना इस कृत्य के बाद, भारत सरकार के कारागार में जाने से बचने के लिए किट् एवं उनके 9 साथियों ने आत्महत्या किये"[94]। अब पाठक दोनों कथनों को पढ़ता/पढ़ती है, वो पूछ सकता/सकती है – इसमें कौनसा बड़ा अंतर है?दोनों लगभग एक ही दिखाई देते हैं। न्यायाधीश को अपना फैसला सुनाने के अलावा एम वी आहट भारतीय जल में जाने का कोई सबूत नहीं था, और यह भी फैसला सुनाया कि वह नौसैनिक जहाज़ था, जिसने पहले एम वी आहट पर गोलीबारी की और यह संदेहजनक भी था कि उसमे सवार लोगों ने विस्फोटों को बंद करके रखा जिसे पानी में डुबाया गया[95]।

अब रगोथमन एक भेंटवार्ता में यूट्यूब पत्रकार तथा पुलिस अधिकारी सीथान्त्रन के सामने पोल खोल रहे थे। वे पुष्टि करते हैं कि किट् भारत लौटने की यात्रा पर थे, वेये भी पुष्टि करते हैं कि किट् ने आत्महत्या नहीं की बल्कि भारतीय नौसेना नेRAW के आदेशानुसार गोली चलाई थी। यह तार्किक है।

---

93   https://www.I ndI atoday.I n/magazI ne/natI on/story/19960731-rajI v-gandhI -assassI natI on-probe-court-rulI ng-on-mv-ahat-crew-comes-as-a-setback-to-sI t-833602-1996-07-31

94   https://www.upI .com/ArchI ves/1993/01/20/TamI l-TI gers-claI m-I ndI an-naval-pI racy-led-to-theI r-leaders-death/5194727506000/#:~:text=NEW%20DELHI %2C%20New%20DelhI %20%2D%2D, waters%20by%20the%20I ndI an%20Navy

95   https://www.I ndI atoday.I n/magazI ne/natI on/story/19960731-rajI v-gandhI -assassI natI on-probe-court-rulI ng-on-mv-ahat-crew-comes-as-a-setback-to-sI t-833602-1996-07-31

यदि किट् श्रीलंका आ रहा था, तो क्यों भारतीय नौसेना ने हस्तक्षेप किया और उस पर गोली चलाई? रगोथमन बताते हैं कि यह दक्षिणी आदेश था जो प्रभावित हुआ, उसे पश्चिमी नियोग द्वारा आदेश पर बदल दिया गया। किट् अपने मार्ग पर आते समय वाइको से बातचीत हुई थी। उन्होंने वाइको से कहा कि वे भारत नहीं आ रहे हैं, क्यों कि अन्य लोग पकडे जायेंगे। उनकी यात्रा का उद्देश्य ये नहीं था बल्कि कुछ और था। इस उद्देश्य को रगोथमन ने प्रकट किया है।

जबकि वाइको और किट् के बीच जो वार्तालाप हुई, पश्चिमी नियोग ने प्रभारी ले लिए, ध्यान दें, सीजीएस विवेक एवं आईएनएस किरुबन मई 13 तथा 14 के दिन, बादमें मई 16 के दिन, भारतीय नौसेना ने अतिरिक्त सैन्य – आईएनएस सावित्री, आईएनएस मिथुन, 2 हेलिकोप्टर तथा एक हमला नाव SDBT56भेजे थे। पहले दो नियोग दक्षिणी आदेश हैं तथा बाद के चार पश्चिमी आदेश हैं। कैबिनेट सचिवालय(RAW) द्वारा किट् को समाप्त करने केनिर्देश थे। जब वे, एम वी आहट पहुंचे, किट् को एहसास हुआ कि कुछ गड़बड़ है, किट् वापिस जहाज़ की छत पर गया और चिल्लाते हुए विनंती किया कि वो शरणागति लेगा किन्तु उसे समाप्त करने का आदेश तो पहले ही जारी की थी, उसकी याचना के बावजूद उन्हें मार दिया गया। इसकावीडियो मोहनराज ने देखा, और पुष्टि भी कियेहैं। एसआईटी के सभी अधिकारीगणों को भी दिखाया गया था।

किट् के उद्देश्य की ओर देखते हैं, कि, किट् भारत क्यों लौट रहाथा, रगोथमन प्रकट करते हैं कि, प्रभाकरन का नाम मुख्य आरोपियों में से एक जोड़ा गया था। प्रभाकरन के नाम को हटाने केबहुत प्रयास किये गए लेकिन विफल हुआ। उदहारण के लिए, एक बिंदु पर, कार्तिकेयन स्वयं आरोपियों की सूची में से प्रभाकरन का नाम हटाने की सलाह दी थी। इस सलाह से रगोथमन को बहुत गुस्सा आया और कार्तिकेयन पीछे हट गए। आरोपियों कि सूची में से उसका नाम हटाने के लिए, प्रभाकरन ने किट् को एक दूत के रूप में इस पर बातचीत करने तथा प्रयत्न करने के लिए भेजा [96]था।

अब, बड़ा प्रश्न उद्धव होता है, किट् कौन था जो बातचीत करना चाहताथा? वो एसआईटी से तो नहीं था, आईबी अथवा RAWसे भी नहीं था। सीबीआई अन्वेषण का सीधा नियंत्रण उन लोगों को नहीं था। ये केवल दिल्ली में बसे शक्तिशाली राजनेता हो सकते हैं। कहने की आवश्यकत नही है कि किट् सीधे तौर पर राजनेता से संपर्क नहीं करना चाहते थे,

---

[96] https://www.youtube.com/watch?v=l0dhbAk6uHg – Ragothaman ntervi ew by SI thannan (Engll sh) –Chapter 5 – from the 11th ml nute

इसे मध्यवर्तीयों की सहायता से जैसे की RAW से किया था। तो कौनसे राजनेता थे और क्यों? इस प्रश्न का उत्तर इस पुस्तक के अंत में पाठक स्वयं देंगे।

शवों का निपटान

प्र – क्या शवों को जल्दी से निपटान करने का कोई प्रतिमान है?

उ – बिलकुल, यह हत्याकांड के दिन से ही प्रारंभ होता है जब डैरिल पीटर मर गया था। ललित चंद्रशेखर, मरगधम का बेटा, जल्दबाज़ी में शरीर का अंतिम संस्कार किया। कांचीपुरम के अस्पताल में, हरिबाबू के शरीर की पहचानकी गई थी और उसके पिता सुंदरमणि ने इकट्ठा किये थे, उन्होंने शरीर को वापिस मद्रास ना ले जाते हुए कांचीपुरम में ही दफन किये। सिवरासन के शरीर को भी जल्दबाज़ी में दफ़न किया गया था। सुब्रमनियम स्वामी का आरोप। किट् नौसेना द्वारा कैबिनेट सचिवालय के निर्देश पर उन पर गोली चलाई थी, लेकिन सत्य को छुपाने के लिए उनके शरीर को 7 अन्य लोगों के साथ समुद्र के अन्दर फेंक दिया गया था। हाँ ये प्रतिमान है। जब एक व्यक्ति जल्दबाजी में शरीर को इकट्ठा करता है और उसे दफनाया जाता है अथवा अंतिम संस्कार किया जाता है, यहाँ स्पष्टरूप से सन्देश देता है – 'कुछ गड़बड़ है'

तमिल राष्ट्रवादी

प्र – तमिल राष्ट्रवादी सामान्य तौर पर सात दोषियों को बचाते हैं ये कहकर कि वे निर्दोष हैं और असली दोषी अभी तक पकडे नहीं गए?

उ – सामान्य तौर पर, तमिल राष्ट्रवादी केवल असली दोषी कौन है के बारे में जानने के साथ साथ उन्हें हत्या का विस्तार भी पता रहता है। किन्तु वे कभी भी सत्य प्रकट नहीं करते हैं।

इसका कारण यह है, यदि उन्होंने सत्य प्रकट किया, उन्हें यह भी स्वीकार करना पड़ेगा कि प्रभाकरन ने पैसे लेकर इस क्रूर हत्या का अंत किया। यह सम्पूर्ण राजनीतिउनकीतार्किक दृष्टी पर आधारित है, प्रभाकरन एक स्वतंत्रता सेनानी एवं तमिल का रक्षक था। वास्तव में, प्रभाकरन ने इस प्रकरण में लोभी का रूप धारण किया इस बात को पचाना उनके लिए बहुत कठिन है। यदि इस सत्य के बारे में पूरे तमिलनाडु के राज्य को पता चलता है तब उनका राजनितिक अस्तित्व नष्ट हो जायेगा। इसीलिए या वे इस कड़वे सत्य को निगल नहीं सकते या फिर थूक भी नहीं सकते।

अब, दूसरे बेहेस का उपयोग वो करते हैं, कि, वे दावा करते हैं की एलटीटीई ने कभी भी हत्या करने की जिम्मेदारी नहीं ली। एलटीटीई सदा ही अपनी हत्यायों का श्रेय लिया है, तमिल राष्ट्रवादी शान से इसे इंगित करते हैं। तो सत्य यह है कि, उनको स्वामित्व नहीं लेने का सबूत कहने के लिए काफी है, कि, एलटीटीई ने कोई हत्या नहीं की है। ये उनका ठहराव है। एक प्रश्न पूछा जा सकता है – क्या एलटीटीई हमेशा ही सत्य बोलते हैं? प्रभाकरन का पूरा राजनीतिझ असत्य एवं हिंसा पर आधारित है। इस कथन को विस्तार से बादमें संबोधित किया जायेगा। कथन या ठहराव जो एलटीटीई हिंसा कर सकते हैं लेकिन हमेशा सत्य बोलते हैं तो यह सबसे बड़ा असत्य है। अमृतलिंगम की हत्या का एक उदहारण है।

अमृतलिंगम नरमदलीय तमिल यूनाइटेड लिबरेशन फ्रंट (TULF) के नेता थे और जाफना में पन्नाचम से थे। 1977 में TULF अमृतलिंगम एवं सिवासिताम्बरम के संयुक्त नेतृत्व में अलग तमिल ईलम का नारा लगाते हुए 1977का चुनाव लडे और 18 सीटों पर जीत हासिल करके प्रथम श्रीलंकाई तमिल विपक्ष के नेता बने। जब आईपीकेएफ तथा एलटीटीई के बीच में युद्ध प्रारंभ हुआ, 1987 जुलाई 29 के दिन राजीव-जयवर्धन समझौता के बाद, अमृतलिंगम और उनके सभी दल जैसे ईपीआरएलएफ, तमिल ईलम लिबरेशन संस्था (टीईएलओ), ईलम नैशनल डेमोक्रेटिक लिबरेशन फ्रंट (ईएनडीएलएफ) इत्यादी शांति समझौता का समर्थन करने बाहर आये और अलग राज्य के लिए अपनी मांग देने के लिए तैयार थे और समझौता द्वारा प्रस्तावित समाधान को स्वीकार करने के लिए तैयार थे, इसी कारण से, उसे देशद्रोही के रूप में देखा जाता था।

एलटीटीई के लिए, जिन्हें तमिल ईलम नहीं चाहिए था या जो तमिल ईलम के अलावा जो भी समाधान को स्वीकार करते वह देशद्रोही कहलाता। उन्हें देशद्रोही के रूप में कलंकित करना और उन्हें समाप्त करना यह उनकी रणनीति थी। इसके अलावा डीबीएस जयराज, एक जानेमाने श्रीलंकाई पत्रकार अभी केनेडा में बसे हैं, एक और कारण का उल्लेख करते हैं कि, क्यों अमृतलिंगम का अंत किया गया। सभी ने उन्हें तमिलों के प्रतिनिधि के रूप में स्वीकारते और प्रचलित थे। जब तक वे ज़िंदा थे, एक भी मौका नहीं था कि प्रभाकरन को तमिलों के नेता बुलाया जाय। अमृतलिंगम कि मौत कैसे हुई इसका संज्ञान लेना महत्वपूर्ण है।

एक स्पष्ट रूप से प्रतिमान है जो बादमें समझाया जाएगा। जब एलटीटीई एवं आईपीकेएफ के बीच युद्ध हो रही थी, अमृतलिंगम भारत के लिए रवाना हुआ और

मद्रास में कुछसमय रहा। अनिवार्य से, उसे वापिस श्रीलंका जाना पड़ा, जब वो वापिस आया, कोलंबो में नीलं थिरुचेल्वम और भूतपूर्व एमपी सुसाईथासन ने उसके लिए एक सेफ हाउस का प्रबंध कियेक्यों कि, उन्हें पता था यदि वो जाफना जायेगा निश्चित रूप से उसे निशाना बनाया जएगा। इसलिए उन्होंने भूतपूर्व एमपी वेटिवेलु योगेश्वरण से संपर्क किया। वो एलटीटीई से शिवकुमार आका अरिवू था जो पहले योगेश्वरण से संपर्क करके बताया कि इस बहाने, सभी तमिल दल की एकता होनी चाहिए।

उस समय, श्रीलंका से आईपीकेएफ के फैलसे के बाद, एलटीटीई ने सीधे प्रेमदासा सरकार से संपर्क प्रारंभ किया था। फिर योगेश्वरण को विग्र ववुन्य ने संपर्क किया, विग्र ने पहले ही बताया था कि एलटीटीई का नेता उससे मिलना चाहते हैं और तमिल एकता प्रणाली के बारे में चर्चा करेंगे। वे योगेश्वरण द्वारा आमिर (अमृतलिंगम) और सिवसीताम्बरम को बुलाना चाहते थे जो TULF के अध्यक्ष थे। आमिर प्रधान सचिव था, उन लोगों ने दोनों को उपस्थित रहने के लिए योगेश्वरण से कहा। योगेश्वरण ने दबाव के कारण अकेले संभवतः स्थिति को भाँपने के लिए पांडीकुलम गया जहाँ एक गाँव ववुन्य के उत्तर के कुछ मील में बसा था। वो वापिस आया लेकिन उन दोनों को कुछ नहीं बताया। आगे, उसे आने के लिए एलटीटीई द्वारा दबाव मिलता रहा। उसने अंत में आमिर को इस बारे में बताया, आमिर ने उत्तर की ओर जाने के लिए और एलटीटीई से मिलने से मना किया।

इस बिंदु पर, एंटन बालासिंहम योगी के साथ, एलटीटीई का प्रधान और कुछ अन्य लोग (विग्र आका पीटर आलोयसियस भी इस समूह का हिस्सा था) प्रेमदासा के साथ सीधे बातचीत करने कोलंबो आये। आलोयसियस अपने लिए कोलंबो में निवास मिलने के बाद फिर से योगेश्वरण को परेशान करने लगा। दबाव को बर्दाश्त करने में और आमिर की एलटीटीई से मिलने की मनाई का कहने के लिए असमर्थ होकर, योगेश्वरण को हृद्यघात हुआ और कोलंबो के अस्पताल में भर्ती हुआ। इस बार, वो आलोयसियस तथा विसू नामक टाइगर उग्रवादी द्वारा मुलाकात किया। घर जाने के बाद आमिर से मिलने से पहले ही एलटीटीई ने 4 बार उससेभेंटकरने गए, कहे कि एलटीटीई के अच्छे उद्देश्य हैं। अंत में, आमिर ने एलटीटीई प्रतिनिधियों से मिलने के लिए स्वीकार किया और उसके अनुसार एक सभा का आयोजन किया गया।

1989 जुलाई 13 के दिन, सभा के बाद उन्हें शाम 6 बजे मिलना था। आमिर रात्रिभोज के लिए निकल रहा था जो भारतीय उच्चायुक्त द्वारा स्वागत किये थे। उन्होंने योगेश्वरण से भी लोगों की तलाशी लेने से रोकने के लिए कहा, यह कहकर कि (एलटीटीई का

एकवरिष्ठ नेता) उनके साथ आ रहा है और यदि उनकी तलाशी ली जाएगी तो योगी की प्रतिष्ठा पर ठेस पहुंचेगी। विसू, आलोयसियस एवं अरिवू आये लेकिन योगी उस समूह का हिस्सा नही था। अरिवू ने स्वयं को सीढ़ियों पर चल कर खड़ा हुआ और अन्य दो लोग ऊपर चले गए। योगेश्वरण पहले मंजिल पर था जबकि आमिर उसकी पत्नी के साथ तलमंजिल पर थे। सभा सादरपूर्वक प्रारंभ हुई। सरोजिनी योगेश्वरण द्वारा परोसे गए शीतल पेय को समाप्त करने के बाद, अचानक से एलटीटीई उग्रवादियों ने पिस्तौल उठाकर गोली बरसाने लगे, कुछ ही देर में तीनो व्यक्ति मर गए।

उसी समय, एक सिन्हाले अधिकारी निस्संका थीबोट्टूमुनुवा अन्य अधिकारी थमीराजन कंडासामी के साथ कुछ परेशानी का आभास होने पर वे ऊपर चले गए। जब उन्होंने देखा कि दो उग्रवादी आमिर और अन्य लोगों को गोली से मार रहे थे, उन्होंने दोनों तमिल उग्रवादियों को मार गिराया। उसी समय एक और उग्रवादी ने तल सीढ़ियों पर ग्रेनेड लेकर फेंकनेवाला था लेकिन निस्संका द्वारा मारा गया। विडंबना से, ये वही लोग थे, जो तमिल के लिए लड़ रहे थे, जिन्होंने इन तमिल नेताओं को ही मार गिराया। सिन्हाले अधिकारी धैर्य था जो इन तमिल नेताओं को बचाने का प्रयत्न किये और उग्रवादियों को ख़त्म किये।

इस तरह एलटीटीई ने अमृतलिंगम को निशाना बनाया, एक नेता कुछ समय एलटीटीई के बहुत करीबी हुआ करता था, उसे शांति वार्ता करने के लिए बुलाया गया था। जबकि उसने उन पर विश्वास नहीं किया फिर भी उग्रवादियों ने प्रयास नहीं छोड़ा। अंत में जब आमिर मान गए, तब जल्दी से उसे ख़त्म किये। वास्तव में, उन्होंने हत्या में शामिल होने के लिए बलपूर्वक से मना किया होगा, सिवाय इस तथ्य के इन तीन हत्यारों के अलावा- आलोयसियस, अरिवू एवं विसू ये जानेमाने एलटीटीई उग्रवादी थे और तीनो ढेर हुए। आमिर तथा योगेश्वरण मारे गए जबकि सिवा कुछ घायलों के साथ ज़िन्दा रहा। [97]

सितंबर 1987 में, इसी तरह के तरीकों का उपयोग करते हुए आर वासुदेव, PLOTE के उप नेता शांति वार्ता करने के लिए बुलाया गया और उसे मार दिया गया। यह सिर्फ उदहारण देने के लिए है कि एलटीटीई किस तरह के हैं। मित्रों के रूप में अभिनय करके प्रतिद्वंदियों के साथ कुशलता से व्यवहार करके फिर उन्हें क्रूरता से समाप्त कर देते हैं।

---

[97] https://dbsjeyaraj.com/dbsj/archI ves/64965

वापिस तमिल राष्ट्रवादियों के बेहेस पर आयेंगे, कि, एलटीटीई से शांति दूत बनकर राजीव से मार्च में मिले और यह अच्छी तरह से हुआ। क्यों फिर एलटीटीई ने उन्हें ख़त्म करने का सोचा? उपरोक्त घटनाओं के बाद, विवरण कि आवश्यकता नहीं है। फिर भी, सभा की विशेषताएं क्या थीं? कासी आनंदन एवं सच्चिदानंदन एलटीटीई का प्रतिनिधित्व राजीवजी से नयी दिल्ली में 1991 मार्च 5 के दिन मिला। उन्होंने सब कुछ संक्षिप्त में बताया – श्रीलंकाई परेशानी का जड़, कैसे तमिलों के अधिकार से वंचित किया गया, कैसे आरंभ में महात्मा गाँधी के नेतृत्ववाले अहिंसक आन्दोलन के समान एक अहिंसक आन्दोलन हुआ, कैसे इसे वश में किया गया फिर बादमें कैसे उन्हें हथियार उठाने के लिए मजबूर किया गया, और तथ्य यह है, कि तमिल उग्रवादी भारत के विरुद्ध कभी नहीं जाते। राजीव ने उन्हें उत्तर में बताये थे, कि, वे सत्ता में अचानक से आये हैं, उन्हें श्रीलंका के समस्या के बारे में ज्यादा जानकारी प्राप्त नहीं है और इसीलिए उन्होंने दूसरों की सलाह से कुछ गलत निर्णय लिए हैं जो तमिलों पर प्रभाव हुआ है। अब जब उन्हें इस मुद्दे के बारे में पता चला, वे श्रीलंका में तमिलों को उनके अधिकार मिलने के लिए निश्चित रूप से अपनी वैध लड़ाई में एलटीटीई के साथ खड़े होंगे।

कासी बादमें अनुरोध किया कि अतीत में जो हुआ उसे भुला देना चाहिए और राजीव एवं एलटीटीई के रिश्तों में फिर से सुधार आये। इसके अलावा, दूतों ने यहभी उल्लेख किया कि, श्रीलंका से भारत में वापसी के बाद, श्रीलंका की सरकार द्वारा आक्रामक हमलें बढ़ गए थे, तो राजीव जब प्र.मं फिर से बनेंगे, वे श्रीलंका के समस्याओं का समाधान के लिए मदद करेंगे, राजीव ने बदले में अपनी शुभकामनाएं प्रभाकरन को देने के लिए कहे। अंत में वे भी दूतों को विदा करने घर से बाहर कार तक पहुंचे। इसके बाद, बैठक का विवरण प्रभाकरन को दिया गया और बादमें कासी आनंदन ने एलटीटीई की तरफ से एक बयान जारी किया। इस बयान का मर्म था कि एलटीटीई भारत की तरफ से रहेगा और भारत भी एलटीटीई की तरफ रहेगा। आईपीकेएफ और एलटीटीई के बीच अतीत में जो हुआ था वह एक दुर्भाग्यवश घटना थी [98]।

इस तरह सटीक तरीके से अपने लक्ष्यों पर काम किये। इसी तरह की घटनाओं पर ध्यान दें, कि, किस तरह से योगेश्वरण को आमिर प्रकरण में विनम्रता से फंसाया गया और कैसे राजीव भी अपने ही प्रकरण में फंस गए। इस तरह हत्या एवं कपट के पहिये गतिमान हुए, वे राजीव को विश्वास दिलाना चाहते थे कि वे एलटीटीई उन्हें निशाना नहीं बनाएगा और वे सुरक्षित हैं, और भीती से मुक्त होकर दक्षिण की यात्रा कर सकें।

---

[98] Trl chy Velusamy – pgs 215-219

आमिर के प्रकरण में, उसने सरलता से विश्वास नहीं किया लेकिन उन लोगों ने विश्वास दिलाते गए। वे योगेश्वरण के घर जाते रहे, 3 मुलाकात के बाद आमिर अंत में मान गए और उग्रवादियों से मिलने स्वीकार किये। राजीव के प्रकरण में, इस तरह की कठिन प्रयासों की आवश्यकता नहीं थी, उन्होंने सरलता से विश्वास किये, श्रीपेरुम्बुदुर में आये और समाप्त हुए।

प्र – कोलथुर मणि के बारे में?

उ – टैंकर ड्राइवर धनशेखरन ने कोलाथुर मणि के निर्देश पर, राजीव की हत्या के बाद सिवरासन, सुभा तथा नीरो को अपनी टैंकर से बेंगलोर तक छोड़ा था, धनशेखरन अपनी स्वीकारोक्ति में कथन किया है लेकिन एसआईटी लोगों ने कोलथुर मणि का नाम प्रकट नहीं होने का सुनिश्चित कियेऔर इसलिए वो भाग निकला

प्रभाकरन

प्र – ऐसा क्यों है कि प्रभाकरन अभी भी तमिल के समाज और संभवतः भारत एवं विदेश में गैर तमिल के छोटे भागों में भी तमिल का रक्षक के रूप में चित्रित है?

उ – सरल भाषा में, बहुत सारे लोग जानते हैं, कि वे निहित स्वार्थ के लिए करते हैं। अन्य लोग सत्य नहीं जानते हैं, क्यों कि, वे सच जानने की परवाह भी नहीं करते। और भी कुछ लोग हैं जो निष्ठां से अपनी गलतियों को स्वीकारते हैं। जहाँ तक, प्रभाकरन की राजनीतिज्ञ जीवनवृत्ति थी, वह केवल झूठ से आरंभ हुआ, झूठ में ही रहा और झूठ से ही उसका अंत हुआ। अल्फ्रेड दुरैयाप्पा के प्रकरण में बात करें तो, यह प्रभाकरन की पहली हत्या होती। उसने अपने आप ट्रिगर को खींचा और अल्फ्रेड दुरैयाप्पा को मार गिराया। चेल्लमाथु कुप्पुस्वामी अपनी जीवनी में प्रभाकरन के बारे में लिखते हैं कि, 1974 जनवरी 3 और जनवरी 10 के बीच में विनाशकारी चौथे तमिल शोध सम्मेलन के बाद, अंतिम दिन जब जाफना में मेयर दुरैयाप्पा स्टेडियम के बाहर समापन समरोह में 9 लोग मारे गए, दुखद अंत में – 7 लोगों पर बिजली की तार गिरने से हुई और 2 लोग भगदड़ में कोलाहल की वजह से हुआ। दुरैयाप्पा जिम्मेदार था, विभिन्न तामिल दल दुरैयाप्पा को ख़त्म करना चाहते थे और इस कार्य को प्रभाकारण ने सफलतापूर्वक किया। राजन हूले कहते हैं कि दुरैयाप्पा एक लोकप्रिय तथा प्रसन्नचित्त व्यक्ति थे जिन्हें गलती से निशाना बनाया गया। वैसे ये विषय संपूर्ण अलग है [99]।

प्रसिद्ध कथन के अनुसार, प्रभाकारण किरुबकरण, कलापथी और पर्गुणराजा को चुना। उन्होंने कार्य को समाप्त करने के लिए पोन्नालाई वरदराजा पेरूमल मंदिर का प्रवेशद्वार चुना। भले ही, अल्फ्रेड दुरैयाप्पा इसाई अभ्यास में थे, वह फिर भी रोज़ मंदिर

---

[99] https://www.colombotelegraph.com/l ndex.php/the-murder-of-alfred- dural appah/

जाता था, इसीलिए, 1975 जुलाई 27, शुक्रवार के दिन, अल्फ्रेड दुरैयाप्पा प्रभाकरन एवं कलापथी द्वारा मारा गया। दुरैयाप्पा से अभिवादन करने के बाद प्रभाकरन ने पिस्तौल निकाला और दुरैयाप्पा के छाती पर गोली चलाई, उसे 5 या 6 गोलियां लगी और मौके पर ही मर गया।

इसके बाद, सभी वहाँ से दुरैयाप्पा का कार लेकर उसके ड्राइवर को पीटने के बाद निकल गए, उन्होंने नीर्वेली में कार रोका, जबकि प्रभाकरन अपने मित्र के घर गया, बाकी सभी अपने घर बस से गए [100]। सबसे पहले चेल्लमुथु कुप्पुसामी कहते हैं कि अल्फ्रेड दुरैयाप्पा की आदत थी, हर शुक्रवार के दिन वरदराजा पेरूमल मंदिर जाना जो उनका अभ्यास था, उन्होंने 1975 जुलाई 27 के दिन मंदिर गए और मारे गए। 1975 जुलाई 27 का दिन रवीवार था बल्कि शुक्रवार नहीं। यदि प्रभाकरन एवं अन्य ने इस तारिख को देखे होते तब यह जुलाई 27 नहीं होता। रहने दीजिये। संभवतः दिनांक में कुछ भ्रांतियां होंगी। इसका अर्थ यह नहीं है कि यह घटना हुई ही नहीं। वास्तव में, इसे सभी ने व्यापक रूप से स्वीकार किया है कि अल्फ्रेड दुरैयाप्पा तमिल उग्रवादी द्वारा मारे गए।

अंतिम युद्ध के बाद जहाँ प्रभाकरन मारा गया था, लर्न्ट लेस्न्स एंड रीकंसीलियेशन आयोग (एलएलआरसी) का गठन तैयार किया गया। के.टी. राजसिंघम, आदरणीय तमिल वरिष्ठ पत्रकार, एलएलआरसी को सूचित किया कि उनके पास विश्वसनीय सूचना है, कि, 1975 मेंदुरैयाप्पा की हत्या एलटीटीई के प्रधान ने नहीं किया जैसे कीएलटीटीई के प्रधन ने दावा किया है, राजसिंघम आगे कहते हैं कि, यह एक विश्वसनीय मूल थी जिसके लिए वो किसी भी तरह की शंकाएं नहीं रखना चाहते थे जो इस सूचना को दिए। वह कंदीपन था, अमृतलिंगम का बड़ा बेटा था जिसने ट्रिगर खींचा, अपनी माँ मंगयारकरसी की आलोचना करनेवाले कुछ काव्य लेखन के प्रभाव का बदला लेने के लिए मार गिराया।

राजसिंघम आगे कहते हैं कि ना केवल प्रभाकरन ने ट्रिगर खींचा, वो दुरैयाप्पा के पास कहीं भी नहीं था जब वह मर गया था। लेकिन तत्पश्चात उसने युवाओं को एकत्रित किया जो इस हत्या में शामिल थे [101]। यह प्रभाकरन का पहला झूठ था। तमिल राष्ट्रवादी बेहेस कर सकते थे कि राजसिंघम झूठ बोल रहे हैं और उनका प्रधान झूठ नहीं बोलता

---

100   Chellamuthu Kuppusamy (Taml I) – Pp 69-78.

101   https://www.newl ndl anexpress.com/world/2010/oct/14/prabhakaran-dl d-not-kl ll-jaffna-mayor-scrl be-195074.html

है। एक प्रतिष्ठित पत्रकारराजसिंघम, प्रभाकरन के ऊपर बिना कारण कीचड़ क्यों उछालना चाहते थे?

प्रभाकरन का दूसरा झूठ कि राजीव गाँधी कि हत्या। यह संपूर्ण पुस्तक राजीव की हत्या करने के लिए किराये का काम सिद्ध करने के लिए है, जहाँ प्रभाकरन ने चंद्रस्वामी से पैसे लिए थे राजीव को ख़त्म करने के लिए। लेकिन चंद्रस्वामी के पास इतने पैसे आये कहाँ से? यह नही एक पेचीदा मामला है जो इस पुस्तक में उत्तरित है।

तीसरा झूठ, कि, अपने खुद के अंत के बारे में और एलटीटीईके अंत के बारे में। कई विरोध प्रदर्शन लिए गए महिंदा राजपक्ष के विरुद्ध, क्यों कि, इस अंतिम युद्ध में उसे वास्तुकार देखा गया है जिसकी वजह से डेढ़ लाख लोगों की मौत हुई और एलटीटीई का नाश हुआ। लेकिन इसके लिए कोई भी प्रभाकरन के लिए आरोप नहीं लगता, भले ही उसके पास अनेक जिम्मेदारियां हों। तथ्य यह है कि किलिनोची के दिन, जो एलटीटीई की प्रशासनिक राजधानी थी श्रीलंकाई सेने के लिए गिर गई वह जनवरी 2, 2009 का दिन था, यह स्पष्ट था कि एलटीटीई का अंत प्रारंभ हुआ है। केवल 15, 000के करीब एलटीटीई सैन्य रह गए। फिर भी प्रभाकरन ने 300, 000 तमिल लोगों को अपनी बन्दक कि नोक पर अपने साथ ले जाने और भाग जाने का निर्णय लिया। उसे ऐसा करने के लिए किसने अधिकार दिया? एकमात्र सम्भावित कारण की क्यों एलटीटीईउग्रवादियों ने इतने सारे लोगों को ले जाना चाहते थे? इसलिए की वे इन लोगों को ढाल के रूप में उपयोग करके उनके बीच छुपकर रहने के लिए करना चाहते थे। यह एक शर्मनाक कृत्य थी।

बेशक, कुछ नागरिक दिल से एलटीटीई का समर्थन करते थे और इच्छा से एलटीटीई के लिय जुड़ भी सकते थे, लेकिन, दुनिया में ऐसा कोई मौका नहीं है जो 300, 000 नागरिक अपनी संपत्ति, घर, सामान, आदि छोड़कर किसी खोये हुए कारण के लिए एलटीटीई के साथ चले जाएँ।

उपरोक्त कथन दो अंदरूनी सूत्रों के अनुसार सुनिश्चित किया जा सकता है। अंदरूनी सूत्रों का अर्थ लेखक कहते हैं, एलटीटीई सेनानियाँ, जिन्होंने बादमें पुस्तकों को लिखे। थमीज़ीनी अपनी पुस्तक में सुनाती है, कि, 1992-93 के साल में लोग कई प्रश्नों के उत्तर गुस्से से मांग रहे थे – क्यों मुसलमानों को उत्तर से निष्कासित किया गया? तमिल नेताओं को अन्य दलों से हटा दिए गए? इन प्रश्नों के उत्तर देने में वे असमर्थ रहें क्योंकि उन्हें खुद इन प्रश्रों के उत्तर पता नहीं थे[102]।

---

102 Thaml zhl nl – pg 68

एक निरोमी डीसूज़ा अपना अनुभव बताती हैं, जब वह एलटीटीई उग्रवादियों के साथ आईपीकेएफ के लिए जाफना के नीर्वेली गाँव में लड़ रहीं थीं, नागरिकों ने उसे प्रश्न पूछे कि एलटीटीई श्रीलंकाई सेना के साथ लड़ रही थी यह समझ सकते हैं लेकिन एलटीटीई ने भारत के साथ क्यों लड़ाई छेड़ी? जब निरोमी का साथी सेनानी मुरली ने जवाब में कहा कि, वे तमिल लोगों की आज़ादी के लिए भारत के साथ लड़ रहे हैं और भारतीय लोग अच्छे नहीं हैं जैसा उन्होंने सोचा था, एक और व्यक्ति ने बेरहमी से उत्तर दिया कि, उन्हें इस हिंसात्मक को बहुत देख लिया और अपनी ही भूमि पर उन्हें शरणार्थी बना दिया गया है (एलटीटीई ने) और अब हम शांति चाहते हैं [103]।

भारत में, श्रीलंका एवं विदेश में तमिल लोग जो महिंदा राजपक्ष के खून के लिए इतनी सख्ती से बेताब थे, कि, सबसे पहले यह याद रखना अच्छा होगा, राजपक्ष चुनाव केवल प्रभाकरन की मदद से जीताथा। 2005 के करीबी चुनावी मुकाबले में, जहाँ रानिल विक्रेमासिंह महिंदा राजपक्ष के विरुद्ध खड़ा था, एलटीटीई और टीएनए ने मिलकर उत्तरी एवं पूर्वी क्षेत्रों में चुनाव का बहिष्कार किये। उन्होंने अपनी सामान्य धमकी और धमकियों का उपयोग करके परदे के पीछे प्रतिबंध लागू किये। एलटीटीईकी धमकाने की रणनीति में रहनेवाले दो लाख विद्रोही क्षेत्रों में रहनेवाले तमिलों को मतदान करने से अधिकाँश को दूर रखा और सरकारी क्षेत्र में रहनेवाले कई दो लाख तमिलों ने भी मतदान नहीं किये। यदि वे मतदान करते तो विक्रमासिंघे के लिए करते। परिणामस्वरूप राजपक्ष 50.29 प्रतिशत मत प्राप्त कर विक्रमासिंघे के 48.43 प्रतिशत मतों से चुनाव जीतें – एक थोडा सा 180, 786मतों के अंतर में। [104]

यदि पाठक सोचता है कि वह केवल प्रभाकरन की रणनीतिक त्रुटी थी, फिर पाठक को अच्छी तरह से सोचना चाहिए।

थमीज़ीनी पूर्व एलटीटीई उग्रवादी अपनी पुस्तक में लिखतीं हैं कि, 2005 में, एलटीटीई के राजनीतिक शाखा के नेता थमीज़सेल्वन, ने राजनीतिक मामले की बैठक में कहा, कि, प्रभाकरन ने

---

103   NI romI D'Souza – pg 167

104   https://www.nytI mes.com/2005/11/18/world/asI a/srI -lankan-prI me-mI nI ster-wI ns-presI dentI al-electI on.html

राजपक्ष को मतदान करने के लिए कहा था। यदि राजपक्ष सत्ता में आता है तो कोई शांति वार्ता नहीं रहती। यह श्रीलंका सरकार (जीएसएल) और एलटीटीई के बीच में सीधा युद्ध होता।

प्रभाकरन के अनुसार एलटीटीई की लड़ाई का उद्देश्य पूर्ण हो जाती [105]। प्रभाकरन पर निराधार आरोप हैं कि, उसने राजपक्ष से पैसे लिए और उसे चुनाव में जिता दिया। सत्य जो भी है, निश्चित रूप से प्रभाकरन ने 2005 चुनाव में राजपक्ष की सहायता की है। यह एक निश्चितता है। लेकिन सत्ता में आने के बाद, राजपक्ष ने तुरंत युद्ध प्रारंभ नहीं किया। वह एलटीटीई थे, जो श्रीलंका के राष्ट्रपति को दो धुष्ट कृत्यों द्वारा भड़काया गया।

एक अप्रैल 25, 2006 के दिन, टाइगर आत्मघाती हमलावर गंभीर रूप से सेना प्रमुख सरथ फोंसेका को घायल किया। 21 जुलाई 2006 के दिन, त्रिंकोमाली में माविल अरु बाँध को एलटीटीई द्वारा बंद किया गया। इससे, 15, 000 सिन्हाले किसानों को चावल के खेतों में सिंचाई कट गयी। युद्ध छिड गया और 15 अगस्त 2006 के दिन श्रीलंका के सेनानी संपूर्ण माविल अरु क्षेत्र पर कब्ज़ा किया[106]। लड़ाई टाइगर नियंत्रित क्षेत्रों में फैल गयी जिसका अंत मुल्लाईथीवु में मई 2009 में हुआ। इसलिए प्रभाकरन को पूरी तरह से उसका हक़ सौंपे बिना और राजपक्ष को पूर्ण रूप से दोषी ठहराना सरल नहीं है। लेकिन तमिल राष्ट्रवादियों ने इसे संभालने में सफल हुए।

अंत में लेकिन अल्पतम नहीं, थमीज़ीनी भी इस तथ्य को लिखतीं हैं कि, प्रभाकरन और उसके कुछ सहयोगियों ने 2-3 लाख लोगों को छोड़कर भागने की कोशिश की [107], थमीज़ीनी के शब्दों में,

"15 मई (2009)दोपहर थी। हालांकि मैंने समय समय पर नेतृत्व में से, किसी से संपर्क करने की कोशिश की लेकिन किसी से भी संपर्क नहीं हो पाई, कुछ दल औए मैंने मिलकर मुल्लीवैक्कल में पाल्मेरा उपवन में घने क्षेत्र में एक छावनी तैयार किये। गोलियां हमारे करीब से चलती रहीं, उस समय, सी टाइगर्स वुमम्स फ्रंट कीकप्तान हामरे जगह पर आयीथी, हम लोग पहले से ही अच्छे मित्र थे, क्यों कि उसी समय हम आन्दोलन से जुड़े थे, उसने कुछ गोपनीय जानकार मुझसे साझा की। ऐसा लगा कि आंदोलने के नेता (प्रभाकरन) के लिए योजना बनाई जा रही है और गुप्त रीति से कुछ दल भागनेवाले हैं।

---

105 Thaml zhl nl – pg 190

106 Thaml zhl nl – pg 120

107 Thaml zhl nl – pp 149-150

श्रीलंकाई नौसेना के युद्धपोत ने मुल्लैतीवु समुद्री विस्तार को कसकर बंद कर दिया था और वे महासागर को पार नहीं कर सकते थे। मैंने यह सीखा कि वो लोग छोटी नावों में नन्थीकदल खाड़ी कोपार करने का दृढ़ संकल्प लिये थे, केप्पापिलवु क्षेत्र में तैनात सेनानियों से लड़कर मार्ग बनाकर केप्पापिलवु वन क्षेत्र के माध्यम से रेंगकर जंगल के माध्यम से आगे बढ़ना चाहते थे। "[108]

यदि यह सत्य था, तो उसके सभी अपराधों का सबसे बड़ा खलनायक होता। और राजीव शर्मा ने भी तथ्य का उल्लेखित किया है, प्रभाकरन ने 2 सायनाइड कैप्स्यूल अपने गले में पहने थे[109]। 10 कैप्स्यूल भी ले जाने की क्या आवश्यकता थी जबकि कोई भी इसका उपयोग करने के इरादे में नहीं था? चारों ओर दर्जनों सिद्धांत तैर राहे हैं कि कैसे प्रभाकरन मरा। लेकिन एक बात स्पष्ट है – उसने कैप्स्यूल को नहीं निगला, उसने हज़ारों एलटीटीई सेनानियों को ऐसा करवाया।

सीआईए भूमिका

प्र – दलित पेंथर का नेता थिरुमामालवन व्यापक साज़िश के बारे में बात करते हैं, राजीव स्वयं अपनी पिछली भेंटवार्ता में कहे कि सीआईए उन्हें निशाना बना रहा है। [110]

उ – सभी तमिल राष्ट्रवादियों के लिए जो इस बिंदु पर बीन बजा रहे हैं जो विशवास करते हैं – एक प्रश्न पूछना ज़रूरी है 'दुनिया में कौनसी संस्था को कैप्स्यूल निगलने की आदत है? यदि कोई इसका उत्तर एलटीटीई ने सीआईए/मोस्साद के साथ व्यवस्था की होगी, थिरुमावलन संभवतः इस भेंटवार्ता की ओर सूचित कर रहे हैं जिसने इसे नीना गोपाल ने लिखा है।

उसने भाषण में कहा की राजीव भी संदिग्ध थे कि वेसीआईएके निशाने पर हैं। राजीव की मद्रास हवाईअड्डे से श्रीपेरुम्बुदुर की अंतिम यात्रा के दौरान, जहाँ नीना गोपाल एवं बारबरा क्रोसेट ने मिलकर उनकी भेंटवार्ता की, नीना गोपाल ने पूछा कि क्या उन्हें लगा है कि अपर्याप्त सुरक्षा की वजह से उनकी जान को खतरा है, राजीव उत्तर दिए कि हर समय दक्षिण एशियाई मेंएक नेता की बढ़ोतरी होती है, उन्हें/किसी को भी दैहिक रूप से समाप्त किया जाता है, उन्होंने इंदिरा गाँधी, शेख

---

[108] Thaml zhl nl – Pg 149-150

[109] Rajeev Sharma – pg 113

[110] https://www.youtube.com/watch?v=gT3s99o0krQ – Thol Thl rumamalavan speech – 8th ml nute

मुजीब, जुलफिकर अली भुट्टो, ज़िया- उल- हक, बंदरनाइके इत्यादियों के उदाहरन भी दिए। थोड़ी देर इस टिपण्णी के बाद, राजीव, स्वयं की हत्या हुई[111]।

इसे थिरुमामालवन और अन्य लोग इसका दावा करते हैं, उनकी तरफ संकेत देना ज़रुरी है क्यों कि, सिर्फ इस वजह से नहीं की राजीव ने सीआईए राजनितिक नेताओं को निशाना बना रहा था, इसक अर्थ सीआईए उन्हें भी निशाना बना रही थी, ये ज़रूरी नहीं है। सबसे पहले, उनके उद्देश्य एलटीटीई के प्रति सही थे, वे स्वयं सही जानकरी प्रस्तुत करते, फिर वे तमिलनाडु कभी नहीं आते। सत्य यह है कि, उन्हें उनके करीबी ने धोखा दिया था, उन्होंने विश्वास किया किसीआईएउन्हें निशाना बना रहा है, बेशक, इसक अर्थ यह नहीं कि सीआईए बिलकुल मासूम है। अतीत में सीआईए दुष्ट रहा है और दुनिया में कई हत्याओं के लिए जिम्मेदार रहा है – विशेष रूप से साम्यवादी देशों में शीत युद्ध के शिखर पर का समय। लेकिन, जहाँ तक राजीव की हत्या का मामला है, लेखक ने जो शोध किया है, सीआईए अथवा मोस्साद के लिए अभ्यारोपण करना कोई साक्ष्य बिलकुल नहीं है। यह तमिल राष्ट्रवादी द्वारा एवं अन्यों के दिए गए भाषणों के निरपेक्ष है। वह सिर्फ एलटीटीई द्वारा ध्यान हटाने के लिए और बृहत षड़यंत्र को निष्पादित करने के लिए किया था। सबूतों के अभाव में अमरीका/सीआईए/ इसराइल/ मोस्साद का सम्मिलित बादके प्रश्न में साझा किया जायेगा।

बृहत ईलम

प्र – क्या एलटीटीई के इतर योजनायें जैसे की बृहत ईलम बनाने की थी?

उ – इससे बिलकुल अस्वीकार नहीं किया जा सकता है। वैसे भी, हत्या के तुरंत बाद, पोट् अम्मन ने वायरलेस संदेशों की श्रृंखला भेजी। उसने पूछा कि, क्या भारत में कोई भी हिंसा हो रही है, सिवरासन ने कहा नहीं, फिर पूछा कि क्या तमिलों को निशाना बनाया जा रहा है, उत्तर था 'नहीं', फिर उसने पूछ कि क्या कोई श्रीलंकाई तमिलों को निशाना बनाया है, इसक उत्तर भी शून्य था। उसके बाद, उसने सिवरासन को छिप जाने के लिए कहा[112]।

इन संदेशों से स्पष्ट होता है कि एलटीटीई हिंसा की अपेक्षा कर रहे थे और उसका लाभ उठाना चाहते थे। वास्तव में, इंदिरा गाँधी की हत्या के बाद, नयी दिल्ली में व्यापक

---

111   NI na Gopal pp 11-12
112   I ntervI ew wI th Mohanraj

तरीकों से सिखों को निशाना बनाया गया था। और 1983 में श्रीलंकाई तमिलों के नरसंहार के बाद ही, एलटीटीई और अन्य उग्रवादी दलों को भारत से बड़े पैमाने पर संसाधन एवं प्रशिक्षण मिलना प्रारंभ हुआ। इसलिए संभवतः, एलटीटीई ने विशाल रूप में भारतीय तमिलों के विरुद्ध हिंसा की अपेक्षा किये और परिस्थिति की पूँजी बनाने की प्रतीक्षा में थे। लेकिन दुर्भाग्यवश से हिंसा बहुत छोटे पैमाने पर हुआ और उन्हें इसका लाभ भी नहीं मिला।

भारतीय दृष्टिकोण

प्र –भारतीय दृष्टिकोण से षड़यंत्र में इतना दबाव क्यों है जहाँ की RAW से लेकर एस.बी चवान तक, जो केंद्रीय गृह मंत्री थे, कई विशेषज्ञ सीआईए/ मोस्साद और लोग इस दृष्टिकोण पर संकेत करते हैं?

उ –लेखक के लिए ऐसा करने के लिए सरल कारण है, कि, यह सत्य है।

पाठक को ध्यान देना चाहिए की सभी लोग दिल्ली के लिए जा रहे थे - अधिरै, कनकसबापति और अन्य कई लोग। सिवरूपन जयपुर गया संभवतः वहाँ एक सुरक्षित निवास स्थान स्थापित करने के लिए, सिवरासन के हरकतें ही अपने आप में दिलचस्प हैं। सिवरासन ने पद्मनाभ की हत्या चिन्नसंथन और कुछ अन्य के साथ मिलकर 1990 जून 19 के दिन किया और इसे डीएमके का समर्थन एलटीटीई के लिए प्रदान करने के लिए उच्च शिखर पर था। फिर भी, जून 21 के दिन सिवरासन, निराशा में और घबराहट में श्रीलंका की ओर भागा। और इस तथ्य के बावजूद, कि करूणानिधि दिल्ली से पुलिस को विशेष रूप से निर्देश दिए थे की उनका मद्रास आने तक किसी तरह की कार्यवाई ना किया जाय (और इस तरह से उन्होंने हत्यारों को भागने के लिए सहूलियत प्रदान किये)

1991 मई 21 के दिन, उसी सिवरासन ने भारत के भूतपूर्व प्र.मं कि हत्या की। फिर भी, वो आराम से मद्रास से तिरुपति में जाता है और फिर वापिस तिरुपति से मद्रास आता है, उसके बाद, मद्रास से बेंगलोर जाता है। सभी संकेत दिल्ली की रवानगी दर्शाते हैं।

सिवरासन पोट् अम्मन से नियमित रूप से संपर्क में था। 1991 मार्च में, एक वायरलेस टेप में से– कपटवध के कुछ महीने पूर्व, पोट् अम्मन उसे पूछा कि यदि इस कृत्य को दिल्ली में पूरा करना संभव है, सिवरासन ने उत्तर दिया किसंभारतंत्र, समय एवं उर्जा पर्याप्त रूप से खर्च होगा, जबकि, तमिलनाडु में इस कृत्य को आसानी से किया जा

सकता है। सिवरासन के कहने के बावजूद, कनकसबापति कोअथिरै के साथ भेजा गया जो धनु और सुभा के बाद तीसरी आत्मघाती हमलावर थी। वे लोग दक्षिण दिल्ली में, मोती बाग़ में एक घर स्थापित किये। सच ये है कि अथिरै बैक अप आत्मघाती हमलावर थी, इस बात को एसआईटी ने भी स्वीकार किया है।

एक महत्वपूर्ण प्रश्न उठता है, अथिरै एवं कनकसबापति दोनों ही श्रीलंकाई तमिल थे, भारतीय तमिलों को भी हिंदी की समस्या है और कई लोग इस भाषा को बहुत काम या नहीं जानते हैं, अथिरै एवं कनकसबापति दोनों को भी थोडा भी भाषा का कार्यसाधक ज्ञान होगा इसका निश्चित रूप से कोई सबूत नहीं है। दिल्ली भी उनके लिए एक नयी जगह थी लेकिन एक पूरे नयी जगह जाना जहाँ उन्हें थोडा भी भाषा का ज्ञान हो/ना हो और भूतपूर्व प्र.मं के हत्यारें, क्या इसका विचार भी किया जा सकता है कुछ प्रमुख संपर्कों के बिना हो सकता है?इसे रमेश दलाल ने संक्षिप्त में लिखे हैं। तो कौन था वो जिसकी कड़ी दिल्ली में थी? यह सहज होगा बताना कि वो कड़ी कॉंग्रेस से हो सकती है। एक प्रमुख संपर्क बीजेपी से या जनता दल से राजीव गाँधी तक पहुँचने का संपर्क इनसे मिलना संभव नहीं था। तो वो कौन था जो दिल्ली में था?वो व्यक्ति मुख्य है जो इस पटरी को अन्वेषण दल को सीधे उस व्यक्ति से जोड़ा जिसने पहले प्रयत्न में ही राजीव गाँधी को ख़त्म करने का षड़यंत्र रचाया।

अथिरै उसकी स्वीकारोक्ति में कहती है कि, कल्याणरमणएक यात्रा संस्था में काम करता था उसे मणिशंकर की पत्नी चलाती थी[113]। यह नितांत अविश्वसनीय है। एक व्यक्ति दिल्ली में राजनेता की पत्नी की यात्रा संस्था में काम करनेवाला राजीव तक आवश्यक पहुँच प्राप्त करने के लिए पर्याप्त ताकत नहीं थी। अथिरै, इस प्रकरण में, सिवरासन ने जो उससे कहा था उसने वही दोहराई थी। सिवरासन ने अथिरै से ज्यादा जानकारी बेंगलोर रंगनाथ को दिया था।

इसे चंद्रस्वामी के प्रश्न में शामिल किया जायेगा। एक और घटना थी जो स्पष्ट रूप से और प्रबलता से दिल्ली संपर्क की ओर संकेत करता है। इसे अन्य कोई नहीं बल्कि मुख्य न्यायधीश थॉमस ने फैसले के 242 बिंदु पर उल्लेखित किये हैं।

रवीचंद्रन और सुसीन्द्रन – टीएनआरटी के सं 1 और 2, श्रीलंका से एलटीटीई द्वारा प्रशिक्षण प्राप्त करने के बाद, दिसंबर 1990 में भारत वापस आया। रवी सिवरासन से संपर्क किया और उसके निर्देश पर, उससे मिलने मद्रास में देवी थियेटर गया।

---

113   Ragothaman (Engll sh) – pp 54-55

रवीचंद्रनकोड़ूनगैयुर में सिवारासन के साथ जयकुमार के घर जाता है। सिवरासन के निर्देश पर, वो मद्रास हवाईअड्डे पर सुरक्षा व्यवस्था और जब अति महत्त्वपूर्ण व्यक्ति (वीआईपी) आने पर क्या किया जा सकता है इसकी जांच करनेजाता है। जांच के बाद, रवीचंद्रन वापिस आता है और सिवरासन को विस्तार से बताता है कि पुराने हवाईअड्डे के पहले गेट से गुप्त रूप से जा सकते हैं। उसने सिवरासन को यह भी बाताया कि, उन्हें भारत वापिस आये 3 महीने हुए और अभी तक पता नहीं है कि निशाना किस पर किया जायेगा। सिवरासन ने उत्तर ना देते हुए सीधे कहता है – "हमें निशाने पर खोज नहीं करना है, बल्कि निशाना ही हमें ढूंढते आयेगा"। सिवरासन ने रवीचंद्रन से आश्वस्त किया कि यह निर्णायक घडी बहुत ही जल्द आनेवाली है। इस आलाप को सिवरासन ने बताया है। ऐसा कहकर कि वो उन्हें निशानाबना सकता है, वह स्पष्ट रूप से कहता है कि कुछ असली प्रबल संपर्क राजीव गांधीजी के करीब थे और उनके द्वारा, राजीव गांधीजी को उसकी इच्छानुसार जगह पर बुलाया जा सकता है[114]। क्या यह निष्कर्ष निकालना इतना मुश्किल है - 'सभी रास्तोंकी मंज़िल दिल्ली है'?

---

[114] https://www.caseml ne.com/judgement/l n/5609ad65e4b014971141147f
- pol nt 242

बीजेपी की चुप्पी

प्र–यह समझ में आता है कि कोंग्रेस इस मुद्दे पर चुप है लेकिन बीजेपीभीक्यों चुप है?

उ – बीजेपी का मौन रहना वास्तव में हैरान करनेवाला है। लेकिन यदि कोई निकटता से देख लें, तो इस कारण की गहराई को नापा जा सकता है। एक है, सुब्रमनियम स्वामी को दीगयी भूमिका का (अभाव)। सुब्रमनियम स्वामी एक विवादास्पद व्यक्तिमत्ववाले जैसे हैं। लेकिन उनके कटु प्रतिद्वंद्वी भी इस सत्य को मानते होंगे कि वे एक मेधावी एवं स्वाभाविक गुणोंवाले संभ्रांत मंत्री हैं। यदि ऐसे व्यक्ति नरेन्द्र मोदी द्वारा किसी भी मंत्रालय पद अस्वीकृत किये हों, निश्चित रूप से उपयुक्त कारण होना चाहिए। उपयुक्त कारण यह भी हो सकता है कि हत्या में उनकी भूमिक थी। यद्यपि स्वामी ने षड्यंत्र में शामिल ना हुए हों, वे इस सत्य को जानते थे कि हत्या होनेवाली है। उन्होंने इसे रोकने के लिए कुछ भी नहीं किये और उस समय वे मंत्री भी थे। इस तथ्य से मोदीजी के लिए मुश्किल पैदा कर सकती है, यदि उन्हें, कुछ समय पर, राजीव की हत्याके प्रकरण को फिर से खोलने के लिए मजबूर कर सकते हैं, इसीलिए यह बेहतर होगा कि स्वामी को कैबिनेट में सम्मिलित नहीं करना।

दूसरा कारण है, वर्तमान में राष्ट्रीय सुरक्षा सलाहकार, अजित डोभाल। स्वामी के प्रकरण के बारे में विख्यात है, लेकिन अजित डोभाल के प्रकरण के बारे में जगप्रसिद्ध नहीं है। उदहारण के लिए, कई लोग इस तथ्य को नहीं जानते, कि, डोभालजी आईबी में दुसरे व्यक्ति थे जब हत्या हुईथी। मई 22 की सुबह के समय, अजित डोभाल एम.के. नारायणन और कुछ अन्य के साथ नयी दिल्ली से भाग निकले। एम.के. नारायणन आईबी के प्रमुख थे और मामले को गुप्त रखने में मुख्य व्यक्ति थे। जैसेकि, दूसरे व्यक्ति अजित डोभालजी, जो कुछ भी हो रहा था उसके लिए बिलकुल गुप्त रहे होंगे।

नरेन्द्र मोदीजी की चुप्पी का तीसरा कारण हो सकता है कि, यदि जांच फिर से शुरू किया जायेगा, कुछ वास्तव में सबसे प्रभावशाली लोग पकडे जायेंगे। यदि ऐसा हुआ, तो इसका उल्टा असर होगा और चुनावी तौर पर कुछ दया-भाव कोंग्रेस के प्रति जा सकती है।

तो आराम से चल रही ज़िन्दगी के लिए खतरे की घंटी क्यों उत्पन्न कर दें? मोदीजी के लिए मौन धारण करने के लिए यह भी एक कारक हो सकता है।

प्रतिवादी विधिवक्ताएं

प्र – प्रतिवादी दल के बारे में भी कुछ अफवाहें थीं?

उ – बहुत सही। टाडा न्यायालय में 25 आरोपियों का प्रतिनिधित्व करने के लिए 11 वकील थे। मुरुगन अकेला ही आरोपी था, जिसने विधिवक्ता को रखने से मना किया और उसने जिम्मेदारी अपने ऊपर ले लिया। नलिनी के वकील दौरैस्वामी ने पुस्तक लिखे हैं 'राजीव गाँधी मर्डर–मिस्टरीज़ एंड सीक्रेट्स' इस पुस्तक का प्रकाशन 2014 में तमिल अनुवाद के साथ हुआ।

दिल्ली षड़यंत्र के बारे में कुछ उपयुक्त प्रश्न पूछे गए थे, भले ही वे तमिलनाडु के किसी डीके/डीएमके के दृष्टिकोण से नहीं थे, कारण यह था कि दौरैस्वामीस्वयं एक डीके व्यक्ति हैं। लेखक इस पुस्तक को राजीव हत्याकांड पर सबसे महत्वपूर्ण पुस्तकों में से एक मानते हैं। हालांकि, साथ ही, एक और प्रश्न उठता है, उदहारण के लिए – दौरैस्वामी पुस्तक में मार्गरिट आल्वा के बारे में प्रश्न ढूढ़ते हैं। ये सभी मार्गरिट प्रश्नोत्तर सत्र में शामिल हैं। बड़ा प्रश्न यह है कि, दौरैस्वामी एवं अन्य विधिवाक्ताओंने क्यों इसे न्यायालय में पूछे?

वास्तव में, रगोथमन सीथान्न्न के साथ अपनी भेंटवार्ता की ओर संकेत देते हैं कि, अकेला आरोपी सह वकील मुरुगन ने 11 प्रतिवादी वकीलों से ज्यादा, कई प्रश्नों को पूछा है। यदि दौरैस्वामी ने पुस्तक में जो प्रश्न पूछे हैं वही प्रश्न यदि न्यायालय में पूछते तो सम्पूर्ण प्रकरण खुलकर उजागर हो जाता था। वास्तव में, रगोथमन ने वरिष्ठ वकीलों, जैसे, राम जेठमलानी पर आरोप ठहराए हैं, क्यों कि, वे सर्वोच्च न्यायालय में केवल अंतिम चरण में ही आये थे। ऐसे ही, वरिष्ठ विधिवक्ता नटराजन टाडा न्यायालय में

उपस्थित नहीं थे[115]। ऐसा नहीं था कि इस प्रकरण को तोड़ने के लिए किसी शक्तिशाली तथा वरिष्ठ वकीलों की आवश्यकता थी।

यह प्रकरण दुर्बल थी, इसलिए क्यों कि, यह पेशेवर हत्या नहीं थी, यह केवल एक राजनैतिक हत्या थी। उँगलियों की स्पष्टदिशा दिल्ली के प्रबल लोगों की तरफ संकेत दे रहीं थीं। संपूर्ण प्रकरण अपेक्षाकृत अनुभवहीन वकीलों द्वारा पीटा जा सकता था, फिर भी, कुछ गूढ़ कारण से, उन्होंने ऐसा नहीं करने के लिए चुना। अगला तार्किक प्रश्न यह है कि, क्या अभियोजन एवं प्रतिवादी वकीलों के बीच कोई समझौता थी, जैसे कि 'ये आरोपी पकडे गये हैं, चलो अब इन आरोपियों के साथ इस आज़माइश को ख़त्म कर देते हैं। चलिए, इससे अधिक आगे नहीं बढ़ेंगे क्यों कि बहुत प्रभावशाली लोग इसमें शामिल थे'।

अर्थपूर्णता से, रगोथमन, अपनी भेंटवार्ता में कहते हैं कि, प्रभाकरन ने कथित तौर पर इन लोगों (जो पकडे गए हैं) को बताया कि ये लोग पकडे नहीं जाने चाहिए थे। कोई बड़ा एलटीटीई व्यक्ति पकड़ा नहीं गया है, और उसका मत था कि यह प्रकरण ऐसा ही चलता रहे। सबसे बड़ा प्रश्न है कि, अभियोजन एवं प्रतिवादी वकीलों के बीच कुछ तरह की समझ थी कि उन्हें राजनैतिक प्रबल लोगों के ध्यान में नहीं आना चाहिए। अंतिम शब्द हैं "राजीवजी के प्रकरण में न्याय नहीं हुआ है"।

चंद्रस्वामी की भूमिका

प्र– एक कथित सिद्धांत है कि राजीव गाँधी की हत्या में चंद्रस्वामी मुख्य षड़यंत्रकारी हैं?, क्या यह सत्य है?

उ – यदि इस प्रश्न का उत्तर एक या दो वाक्यों में दिया जाए तो उत्तर नहीं है। चंद्रस्वामी, भली ही राजीव की हत्या के षड़यंत्र में शामिल थे, लेकिन वे मुख्य षड़यंत्रकारी नहीं थे। लेकिन यह उत्तर आगे कई सारे प्रश्नों को जन्म देती है। इस पर स्पष्टता पाने के लिए आदर्श तरीका है कि, चंद्रस्वामी की भूमिका विस्तार से समझने का प्रयास करना। राजीव, 17 अन्य लोगों के साथ 1991 में मारे गए। विचारण न्यायालय ने 1998में फैसला सुनाया और अपील न्यायालय ने 1999 में फैसला सुनाया। इस पूरे समय में चंद्रस्वामी को नाही किसी ने पूछताछ किया और ना ही उसे संदिग्ध के तौर पर बुलाया गया।

---

115 https://www.youtube.com/watch?v=Fm01I gl6H_M – SI thannanI ntervI ew wI th Ragothaman (EnglI sh) – Part 6 Reference

लेकिन दिसंबर 2004 में जब चंद्रस्वामी विदेश जाने का प्रयास कर रहा था, उसने न्यायालय से अनुमति लिया था जैसे कि वह कुछ अन्य प्रकरणों में भी शामिल था – जालसाजी, धन स्थानांतरण इत्यादि।

सीबीआई को उसकी विदेशी यात्रा का जब पता चला, न्यायालय जाकर उसके जाने के लिए आपत्ति उठाई, कहने लगे, चंद्रस्वामी को विदेश जाने की अनुमति प्रदान ना करें क्यों कि उसके विरुद्ध राजीवकी हत्या के लिए वित्तपोषण किये जाने का पर्याप्त साक्ष्य उपलब्ध हैं। अतिरिक्त मुख्य महानगर दंडाधिकारी रविंदर दुडेजा इस प्रकरण को सुने। मुख्य जांच अधिकारी बी.एन मिश्रा द्वारा बेहेस था कि यदि चंद्रस्वामी विदेश चला गया, वो साक्ष्य के साथ छेड़छाड़ कर सकता है, क्यों कि उसके विरुद्ध साक्ष्य विदेश में स्थित थे। चंद्रस्वामी के विरुद्ध सीबीआई/एमडीएमए ने जो साक्ष्य इक्कठा किये थे उसे न्यायाधीश के समक्ष कैमरा में प्रस्तुत किये। न्यायाधीश अपने कक्ष में बक्सेभरे साक्ष्य का निरीक्षण किये, निष्कर्ष के साथ बाहर आकर कहे, सभी साक्ष्य उपयुक्त हैं। इसीलिए, चंद्रस्वामी को विदेशी यात्रा के लिए अस्वीकृत अनुमति प्रदान किये। [116]

2008 में फिर से, चंद्रस्वामी ने विदेश जाने का प्रयास किया। फिर से सीबीआई ने इसे रोकने के लिए न्यायालय पहुंचे। वैसे भी, इस बार परिणाम अलग था, न्यायाधीश संजय एस.एन. ढींगरा और बादमें न्यायाधीश एस.के.कौल जिन्होंने इस अपील को सुनें, कहे कि नौ वर्षों से जांच चल रही है, यदि सीबीआई के पास उपयुक्त साक्ष्य थे तो अतिरिक्त आरोप पत्र न्यायालय के समक्ष दाखिल की गई होती। एक व्यक्ति का व्यक्तिगत स्वतंत्रता को प्रकरण के आधार पर घटा नहीं सकते जो नौ वर्षों से चल रही है। इसलिए उन्होंने चंद्रस्वामी को विदेशी यात्रा की अनुमति केवल 30 दिनों के लिए प्रदान किये। [117][118]

ऊपर वर्णित इन घटनाओं से दो निष्कर्ष निकाले जा सकते हैं।

चंद्रस्वामी, निश्चित रूप से राजीव की हत्याकांड में महत्वपूर्ण भूमिका के दोषी हैं। इस अवलोकन मेंसीबीआई अकेले नहीं थे, न्यायाधीश भी सभी साक्ष्यों को बंद कमरे में जांच किये और सीबीआई से शोध के लिए स्वीकृति प्रदान की।

---

[116] https://www.redl ff.com/news/2004/dec/13rajl v.htm

[117] https://l ndl ankanoon.org/doc/1404057/

[118] https://l ndl ankanoon.org/doc/1894969/?type=prl nt

सीबीआई नेचंद्रस्वामी के विरुद्ध में ठोस सबूत होने के बावजूद प्रकरण दर्ज नही किये।

फिर कुछ विशेषज्ञों ने माना, कि, नरसिंह राव की वजह से चंद्रस्वामी के विरुद्ध कोई कार्यवाई नहीं की गई थी, किन्तु यह मामूली ही हो सकता है। यह केवल नरसिंह राव के कारण से चंद्रस्वामी के विरुद्ध कोई कार्यवाई नहीं करना ऐसा नहीं हो सकता है, क्यों? नरसिंह राव भारत के प्र.मं 1991और 1996 के बीच में थे, लेकिन चंद्रस्वामी की अपील 2004और 2008 के बीच में की गई थी।

सीबीआई ने चंद्रस्वामी को विदेश जाने से दोनों स्थितियों में रोके थे यह कहकर कि, उनके पास राजीव हत्याकांड में चंद्रस्वामी का शामिल होने के पर्याप्त साक्ष्य हैं। वो तो कोंग्रेस सरकार थी जो सत्ता में थी। लेकिन उस समय नरसिंह राव प्र.मं नहीं थे, वो तो मनमोहन सिंह प्र.मं थे। मनमोहन सिंह मई 2004 में प्र.मं बने और चंद्रस्वामी विदेशजाने का प्रयास दिसंबर 2004 में की थी। अपने ही नेता की हत्या की गई थी और सीबीआई के पास चंद्रस्वामी के विरुद्ध सारे सबूत थे, लेकिन बिलकुल ही चंद्रस्वामी के विरुद्ध कोई भी कार्यवाई नहीं की गईथी। इस तरह से लेकिन तार्किक रूप से निष्कर्ष है कि, या तो कोंग्रेस इस प्रकरण को असली दोषी का पता करने में कम से कम अरुचि दिखाई है या फिर सीबीआई/एमडीएमए को अतिरिक्त आरोप पत्र दाखिल करने से रोका है।

अब, कौन है चंद्रस्वामी? चंद्रस्वामी का वास्तविक नाम नेमीचंद जैन है। वह राजस्थान में एक साहूकार के घर में जन्मे थे। बादमे उनका परिवार हैदराबाद में स्थानांतरित हुआ। वो नौ औलादों में से पांचवे पुत्र थे। उसका संपर्क दुनिया के उच्च हस्तियों के साथ साथ कुख्यातोंके साथ भी थे, जैसे अदनान खाशोग्गी, एलिज़बेत टेलर, मार्गरिट थाचर, दावूद इब्राहिम इत्यादि[119]।

सत्यतः, चंद्रस्वामी छल, सत्ता की दलाली जैसे खेलों में 1991 के पूर्व से ही शामिल था। राजनैतिक कार्यकर्ता रमेश दलाल, एक समय में चंद्रस्वामी के निकट थे, पूर्व एआईसीसी के महासचिव एस.एस मोहपात्रा द्वारा कथित करते हैं। उन्होंने जैन आयोग के समक्ष साक्ष्य प्रस्तुत किये। चंद्रस्वामी, इंदिरा गांधीजी की हत्या के बाद उसके शिष्यों में से एक को 1984 अक्तूबर 31 के दिन प्रधान मंत्री बनाना चाहता था। प्रणब मुखर्जी,

---

119 https://www.fi rstpost.com/I ndi a/chandraswami -the-li fe-and-ti mes-of-self-styled-godman-who-became-controversys-favourl te-chl ld-3475296.html

नरसिंह राव उसके कई शिष्यों में से थे। वास्तव में, प्रणब मुखर्जी प्रारंभ से ही अंतरिम प्रधान मंत्री होने का विचार किये थे क्यों की वे स्वयं जान गए थे कि अंतरिम विकल्प के रूप में अच्छा मौका है। लेकिन ऐसानहीं हुआ और राजीव गाँधी प्रधान मंत्री बने। इसलिए यह निष्कर्ष तार्किक है कि चंद्रस्वामी इस विकास में निराश था।

सत्यतः इंदिरा गाँधी की हत्या के कुछ दिन बाद, एक बैठक में ज्योतिषियों को और राजनेताओं को बुलाया गया था। बुलानेवाला व्यक्ति चंद्रस्वामी था और इसमें शामिल हुए लोगों में से थे चंद्रशेखर (भूतपूर्व प्र.मं), ओ.पी. चौटाला, रोमेश भंडारी (पूर्व विदेश सचिव) एवं एच.एन. बहुगुणा। एस.एस. मोहपात्रा ने निजी तौर पर रमेश दलाल से कहा कि यह बैठक राजीव गाँधी कब तक जीवित रहेंगे यह पता लगाने के लिए था। ज्योतिषियों ने अनुमान लगाया था कि राजीव का जीवनकाल बहुत कम है। एक और बैठक 18 के दिन, विलिंग्डन क्रिसेंट अवेन्यु (अभी मदर तेरेसा क्रिसेंट मार्ग) में बुलाई गयी। उस समय यह प्रणब मुखर्जी का घर था। चंद्रस्वामी, मोहपात्रा, नरसिंह राव, गुंडू राव और कुछ अन्य लोग बैठक में भाग लिए। बैठक की प्राथमिक कार्याविली थी राजीव गाँधी को प्रधान मंत्री एवं एआईसीसी के अध्यक्ष, इन दोनों पदों से हटाने की संभावना का शोध करने के लिए किया गया था। बैठक में चर्चा के बाद, गुंडू राव और मोहपात्रा ने कोंग्रेस के वरिष्ठ नेता कमलापतिसे राय पूछने गए थे। उन्होंने नरसिंह राव को प्रधानमंत्री और प्रणब मुखर्जी को एआईसीसी का अध्यक्ष बनाने कासुझावदिए। ऊपर की इन घटनाओं को पाठक के लिए कथित इसलिए किया गया है ताकि यह स्पष्ट हो सके की चंद्रस्वामी के पास सपष्ट रूप से राजीव गांधी को हटाने का हेतु पहले से ही था[120]।

जल्दी से 1991 में जायेंगे। चंद्रस्वामी को कई सारे राजनेताओं को वित्तपोषण करने की आदत थी। एक ऐसा ही राजनेता को वित्तपोषण किया था, वो है, जम्भुवंत राव धोटे, वे समाजवादी पार्टी की टिकट के लिए चुनाव लड़ रहे थे, धोटे की विनंती से रमेश दलाल जो चंद्रस्वामी के निकट थे, धोटे की तरफ से चंद्रस्वामी के पास धन इकठ्ठा करने आये और इन पैसों को धोटे को देनेवालेथे।

1991 में जो संसदीय चुनाव हुए, धोटे यवतमाल से चुनाव लड़ रहे थे जो महाराष्ट्र में नागपुर के पास निर्वाचन क्षेत्र है। 21 मई से कुछ दिन पहले जब दलाल चंद्रस्वामी से मिला, रमेश दलाल का अचंबित वजह थी, चंद्रस्वामी ने कहा कि वित्तपोषण की आवश्यकता अब नहीं है, क्यों कि चुनाव स्थगित हो सकते हैं। रमेश दलाल ने उसे पूछा, ऐसे कैसे स्थगित हो सकते हैं, इस पर अवश्य से चंद्रस्वामी नेसीधे जवाब ना देकर मुद्दे

---

[120] Dalal – pgs 10-15

से बचने के लिए बेहूदा बातें किया। लेकिन दलाल ने जब जिद किया तब चंद्रस्वामीने अपने आपा खो बैठा और उसकी तरफ घूमकर गुस्से से कहा "कई कारण हो सकते हैं, एक बड़ा नेता मारा भी जा सकता है। "दलाल वहाँ से यह सोचकर चला गया कि चंद्रस्वामी ने ऐसा क्यों कहा। लेकिन उसने इस पर ज्यादा नहीं सोचा क्यों कि राजीव स्वस्थ और तंदुरुस्त थे।

मई 21 की शाम, रमेश दलाल का जन्मदिन था, उसने राजिंदर जैन को रात्रिभोज के लिए बुलाया था। राजिंदर जैन एक पत्रकार सह ज्योतिषी थे जो चंद्रस्वामी के साथ जुड़े थे। दलाल राजिंदर जैन की प्रतीक्षा किया लेकिन वह नहीं आया। फिर दलाल ने अपने उपस्थित निकटतम मित्रों एवं परिवारजन के साथ अपना जन्मदिन मनाया और चकित था कि राजिंदर जैन क्यों नहीं आया, उसने इसके बारे में ज्यादा नहीं सोचा। लगभग रात 10:35 बजे राजिंदर जैन ने दलाल को फोन किया, उसके अनुपस्थिति का कारण चंद्रस्वामी के साथ व्यस्त रहने की बात कहकर उससे क्षमा मांगी। उसने, रमेश दलाल को हैरान कर दिया, यह सुनाकर कि, राजीव गांधी की हत्या बम विस्फोटकसे हुई है। रमेश दलाल ने पुष्टि करने के लिए एस.एस मोहपात्रा को फ़ोन करके पूछा जो उस समय विदेश में था। लेकिन उनसे सम्पर्क नहीं हो पाया। उस समय केवल दूरदर्शन चलतीथी और दूरदर्शन के कार्यक्रम मध्यरात्रि से पहले ही समाप्त हुए थे, उसे पुष्टि करने के लिए कोई भी रास्ता नहीं मिला, वह सोने चला गया। अगले दिन सुबह, उसे श्रीपेरुम्बुदुर में हुई भयंकर घटना का खबर मिला।

तुरंत रमेश दलालने अनुमान लगाया कि इसमें चंद्रस्वामी की भूमिका हो सकती है, उसने एक दिन पहले चंद्रस्वामी ने कही बात को स्मरण किया "एक बड़ा नेता भी मारा जा सकता है"तथा राजिंदर जैन भी उसके जन्मदिन में अनुपस्थिति का कारण चंद्रस्वामी के साथ व्यस्त होना बताया था और उसके बाद राजीव की बम में मारे जाने के बारे में सूचित किया। यह वो समय था, जब देश में कई लोगों को अथवा दुनिया में किसी को भी इसकी खबरनहीं थी। इसीलिए उसने तार्किक रूप से सोचा। उसने राजिंदर जैन को फोन किया और पूछा कि कैसे राजीव गाँधी की हत्या की खबर उसे मिली और चंद्रस्वामी की भूमिका के बारे में भी पूछा। राजिंदर जैन ने सीधे उत्तर ना देते हुए लडखडाता हुआ बोला कि वह महान चंद्रस्वामी का अनुचर था जो भविष्यवाणी करता था। रमेश दलाल ने बेहेस को स्वीकार नहीं किया। लेकिन वो भी कुछ नहीं कर सकता था क्यों की राजिंदर जैन सत्य ना बोलने पर अटल था, इसलिए उसने उसे जाने दिया और फोन पर बाते बंद कर दिया।

कुछ दिन बाद, राजिंदर जैन ने खुद से रमेश दलाल से संपर्क किया और कहा कि वो राजीव की हत्या के षड़यंत्र के बारे में बहुत कुछ जानता है। उसने यह भी कहा कि चंद्रस्वामी भी इस षड़यंत्र में शामिल थे, लेकिन अपने प्राणों के भय से सच्चाई बताने से डर गया था। रमेश दलाल ने उसे धैर्य रखने के लिए समझाया और सच बताने के लिए प्रोत्साहित किया। इसके बाद, राजिंदर जैन ने बताया कि वह सत्य को अपने *'जनाधार'* नामक साप्ताहिक अखबार में लिखेगा, कहा कि लिखो। 1991 जुलाई 12 के दिन, अखबार में एक लेख छपी थी, शीर्षक था *"राजीव गाँधी की हत्या चंद्रस्वामी की गिरफ्तारी नहीं?"* (क्यों चंद्रस्वामी को राजीवगाँधी की हत्या के षड़यंत्र में गिरफ्तार नहीं किया?) [121]

कहने की आवश्यकत नहीं, उस लेख ने चंद्रस्वामी को सनकी बना दिया और उसने राजिंदर जैन से फोन में कुछ धमकी दी। राजिंदर जैन ने समझदारी से फोन कॉलों को अभिलिखित किया। जुलाई 26 के दिन, फिर से अखबार में एक लेख लिखा, इस बार का लेख चंद्रस्वामी से प्राप्त धमकियों के बारे में था।

उसने अभिलिखित किया हुआ टेप पुलिस उपयुक्त (डीसीपी) कंवलजीत देउल के हाथ में दिया जिसने तुरंत उस सबूत को नष्ट किया [122]। रमेश दलाल ने भी 1992 फरवरी 22 के दिन केंद्र सरकार के गृह सचिव को नोटिस जारी किया कि हत्याकांड में चंद्रस्वामी की भूमिका है। लेकिन उसे नाही अन्वेषण संस्थाओं को भेजा गया था और ना इसकी कोई कार्यवाई की गई। वास्तव में, चंद्रस्वामी ने नोटिस के मूल प्रति को प्रकट किया जो दलाल ने जारी किया था।

तो राजिंदर जैन को पूरी तरह उजागर करने के लिए चंद्रस्वामी ने क्या किया? 1991 जुलाई 29 के दिन, दिल्ली पुलिस कंट्रोल रूम ने एक बेनामी कॉल प्राप्त किया, उसने पुलिस को सूचित किया कि राजिंदर जैन जगदीश तित्लर को खत्म करने की योजना है, उसके वैन में शक्तिशाली विस्फोटों को ले जा रहा है। पुलिस दल तुरंत भेजा गया, राजिंदर जैन ने अपना मारुती वैन दिल्ली के पन्नकुइयन रास्ते पर अपने कार्यालय के सामने खड़ा किया था, जब राजिंदर जैन अपने कार्यालय से बाहर आया और उसकी वैन की तरफ बढ़ा, पुलिस इसी मौके पर प्रतीक्षा कर रहे, उसे पकड़ लिए। उन्होंने वैन के अंदर की तलाशी ली, उन्हें एक डेटोनेटर के साथ विस्फोट, वायर और बैटरी मिले। एक नक्षा भी था जिसमें तित्लर के घर तक का मार्ग दिखाया हुआ था, इसलिए राजिंदर

---

[121]

[122] Dalal – pgs 43-59

जैनको गिरफ्तार किया गया। लेकिन उससे पुलिस थाने में पूछताछ करने के बाद पता चला कि वह आतंकवादी नहीं था और ऐसी योजना नहीं किया होगा। 30 जुलाई के दिन, राजिंदर जैनएक बयान जारी किया कि, जनाधार में लिखे लेख के परिणामस्वरूप उसे झूठे आरोप में फंसाने के लिए चंद्रस्वामी द्वारा विस्फोट को रखा गया था, यह अखबारों में छापी गयी थी। [123]

वह चंद्रस्वामी था, जिसने राजिंदर जैन के वैन में विस्फोट रखवायाथी। यह बबलू श्रीवास्तव, वीरेन्द्र पंत एवं संजय खन्ना के स्वीकारोक्ति से और भी स्पष्ट हुए जिन लोगों ने झूठे आरोप में फंसाने में भाग लिए थे। बबलू श्रीवास्तव ने केवल राजिंदर जैन के वैन में विस्फोट रखने का स्वीकारोक्ति नहीं किया बल्कि उसने यह भी कहा कि राजीव की हत्या में चंद्रस्वामी की भूमिका के बारे में भी पता था, लेकिन उसे एसआईटी ने कभी पूछताछ नहीं किया है। [124]

संजय खन्ना ने स्पष्ट किया कि यह सब कैसे हुआ। घटना के कुछ दिन पहले, इस प्रकरण में बबलू श्रीवास्तव और अन्य आरोपी वीरेन्द्र पंत, सज्जन फौजी और मनमोहन सहगल से भेंट हुई थी, बबलू ने उन्हें चंद्रस्वामी के निर्देशानुसार कार्य करने के बारे में बताया था और उन्हें उसमे शामिल होने के लिए कहा। चंद्रस्वामी के बड़े भाई बाबू चाचा कोराजिंदर जैन का कार्यालय, उसका घर और उसकी मारुती वैन भी दिखाए।

कुछ दिने के लिए, वे लोग राजिंदर जैन की दैनिक कार्यप्रणाली पर नज़र रखे, उसी समय बबलू श्रीवास्तव ने पंजाब से बम मंगवाया। बबलू श्रीवास्तव ने चंद्रस्वामी को उसकी योजना उसे बताया और सम्मति प्राप्त की। चंद्रस्वामी बबलू को बताया कि इस कार्य के लिए मम्मू आका ग्यान चंद गाँधी से जितना पैसा चाहिए उतना मिलेगा। उसने मम्मू से 50, 000 रुपये लिए और फौजी को 30, 000 रुपये दिए और राजिंदर जैन के वैन में बम विस्फोटक रखकर कार्य को पूर्ण किया [125]।

चंद्रस्वामी द्वारा राजिंदर जैन को फंसाने की इस विफल प्रयास के बाद जिसकी योजना राजिंदर जैन को टाडा प्रकरण में फंसाकर लंबे समय तक बंद करना चाहा था। राजिंदर

---

[123] Dalal – pgs 50-51

[124] https://zeenews.l ndl a.com/news/natl on/justl ce-jal n-l ndl cates-chandraswaml s-role-l n-rajl v-assassl natl on-case_192379.html

[125] https://www.l ndl atoday.l n/magazl ne/crl me/story/19960430-accused-sanjay-khanna-reveals-chandraswaml s-role-l n-plantl ng-of-bomb-l n-journall st-jal ns-car-833464-1996-04-30

जैन भी कई मुश्किलों में फंसा – आर्थिक और वैयक्तिक। उसे अपनी पत्रिका बंद करनी पड़ी जो घाटे में चल रही थी। उसकी शादी टूट गयी। बाद में, जैन आयोग द्वारा 1995 दिसंबर 28 के दिन उसे बुलाया गया था, वह नहीं गया, उसे दो और मौके दिए गए 9 जनवरी 1996और 11जनवरी 1996, लेकिन इन दोनों तारीखों पर भी उपस्थित नहीं रहा। इसके बाद, जैन न्यायाधीश ने उसे आगे बुलाने से मना किये[126]। इस चरण में, इसे पाठक की तरफ संकेत करना चाहिए कि जैन आयोग अर्ध्य न्याय आयोग था और इसी वजह उसके विरुद्ध आगे की कार्यवाईनहीं की गई।

एसआईटी भी उससे संपर्क कर सकते थे लेकिन ऐसा नहीं किये। चीज़ें बदलने लगी, इसी तरह से राजिंदर जैन का मन चंद्रस्वामी के विरुद्ध बयान देने के लिए बदला। 9 जनवरी 1998 के दिन फिर से जब उसने जैन आयोग के समक्ष चंद्रस्वामीके विरुद्ध बयान देना चाहा(जैन न्यायाधीश मान गए और अनुमति प्रदान किये और यह दो साल बाद था) और जिसनेराजीव गांधी की

हत्या के बारे में बताना चाहा था, 7 जनवरी के दिन वह उत्तर दिल्ली के पीतमपुरा में अपने घर में मृत पाया। एक बेनामी ने फिर से पुलिस से संपर्क किया और सूचित किया कि इस घर से धुआ निकल रहा था और इसकी वजह से संभवतः निवासी मर गया होगा। पुलिस गए और पता लगाये, राजिंदर जैन का शरीर स्नानघर के पास मिला। उन्होंने दावा किया कि वो नशे की अवस्था में रहा होगा क्यों कि, एक शराब का अधुरा गिलास और कुछ पका हुआ भोजन शरीर के पास पाई गयी थी। डीसीपी सत्येन्द्र गर्ग प्रेस से मिले और बताये, कि, प्राथमिक जांच पर यह निष्कर्ष है कि राजिंदर जैन की मृत्यु दुर्घटना से हुई है, मामूली आग के कारण कमरे में शोर्ट सर्किट होने से राजिंदर जैन को आग लगी होगी और दहशत में स्नानगृह की तरफ चला गया होगा और एका एक गिर गया होगा। पुलिस इस निष्कर्ष पर आये, कि, उन्हेंयहाँ किसी तरह का कपट खेल नज़र नहीं आया था और यदि ऐसा पता लगने पर कार्यवाई की जाएगी।

1998 जनवरी 13 के दिन, राजनेता ने लिखा कि पोस्टमार्टम में राजिंदर जैन की शरीर से पता चला कि नीचे गिरने से सर में चोट लगी है, क्यों कि, प्लास्टिक बकेट के टुकडें उसके सिर के पीछे मिलें। उसका शरीर 92 प्रतिशत जला हुआ था और कमरे में ऐसे गहरी चोटें शोर्ट सर्किट से असंभव थी। डॉक्टर स्पष्ट रूप से पुलिस से कहे कि राजिंदर जैन को पहले गला घोटा गया, जब वह ढीली पड़ गयी तो बेहोश होकर गिर गया, इसके

---

[126] Dalal - pgs 76-79

बाद, एक प्लास्टिक बकेट उसके सिर पर रखा गया और उसके शरीर पर आग लगा दी गयी। अंतिम जबरदस्त तरीका था, जबकि, स्पष्ट संकेतों के बावजूद कि वह एक हत्या थी और दुर्घटना नहीं, पुलिस द्वारा कोई कार्यवाई नहीं की गई[127]।

ये सभी संकेत सपष्टता से चंद्रस्वामी का राजीव की हत्या प्रकरण में शामिल होना है। प्रमुख कार्यों में से एक जो राजा विजय कारण द्वारा कथित, की सीबीआई के प्रमुख हत्याकांड परिणाम के तुरंत बाद, एक दल था जो अखबारों में आई सभी खबरों पर नज़र रखती थी, फिर भी चंद्रस्वामी का नाम अखबार में आने पर भी सीबीआई ने उसे छूने से मना किये। उसके बाद, एक और प्रकरण जहाँ बेंगलोर रंगनाथ ने सिवारासन और उसके समूह को आश्रय प्रदान किया, सिवारासन ने स्वीकार किया था कि वो चंद्रस्वामी से संपर्क में था और देश से बाहर निकलने में सहायता करनेवाला था। इसे रंगनाथ ने किसी और को नहीं बल्कि एसआईटी के प्रमुख कार्तिकेयन को बताया था।

लेकिन कार्तिकेयन ने क्या किया? उसने आगे रंगनाथ को ही धमकाया कि वो इन प्रबल लोगों के बारे में कुछ नहीं कहना चाहिए। फिर बेशक एमडीएमए के पास साक्ष्य थे और इस साक्ष्य को न्यायाधीश ने बंद कमरे जांचा जिसने निष्कर्ष निकाले कि ये सभी मौल्यवान साक्ष्य हैं।

समाप्ती के लिए, सरला ग्रेवाल, राजीव की मंत्रिणी उस समय के आईबी प्रमुख एम.के. नारायणनके लिए 1987 सितंबर 23 के दिन पत्र लिखी थी कि, सरकार के पास जानकारी है कि चंद्रस्वामी नियमित रूप से विपक्ष नेताओं से मिलता है और सक्रियता से राजीव को निकालने की योजना (राजनैतिकता से) बना रहा है [128]। फिर भी चंद्रस्वामी गणमान्य व्यक्तियों की सूची में थे जिसने राजीवकी अंतिम संस्कार में आये और पीएलओ के प्रमुख यास्सर अरफत के पास बैठेथे। [129] ये कैसे हुआ और किसने अनुमति दिया? अंत में, जब नरसिंह राव प्रधान मंत्री थे, चंद्रस्वामी की माँ की मृत्यु राजस्थान के गाँव में हुई, सभी लोगों में से, मागरिट आल्वा जो राजीव गाँधी की यात्रा कार्यक्रम की प्रभारी थीं, राजस्थान के गाँव में शोक सभा में उपस्थित रहीं। [130]

क्या संबंध है??????????????????

---

127 Dalal - pgs 91-94

128 https://www.dawn.com/news/1066801

129 Mohandas book

130 Farhaz Ahmad – pg 114

न्यायाधीश के.टी थॉमस

प्र–न्यायाधीश थॉमस ने भी सोनिया गाँधी के लिए एक पत्र लिखे थे, सात दोषियों की मुक्ती के लिए कदम उठाने का उनसे उदारता दिखने का आग्रह किये थे?

उ – टाडा प्रकरण पश्चात, 28 जनवरी1998के दिन, सभी 26 आरोपियों को मृत्यु दंड का निर्णय सुनाया, प्रकरण की सज़ा सुनाए जाने की अपील पर, सर्वोच्च न्यायालय के तीन नामिका सदस्यों – न्यायाधीश वाधवा, न्यायाधीश कादरी और न्यायाधीश थॉमस ने सुने। 1999में, उन्होंने फैसला सुनाया कि 26 दोषियों में से केवल 7 दोषियों को सज़ा सुनाई गई और 19 आरोपियों को मुक्त कर दिया गया। जिन 7 दोषियों को सज़ा सुनाईगई थी, उनमे से 4 दोषियों को मौत की सज़ा सुनाई और 3 दोषियों को आजीवन कारावास की सज़ा सुनाई गई। आगे की घटनाओं ने 4 मौत की सज़ा को भी आजीवन कारावास की सज़ा में बदल दिया गया।

वर्तमान में इसके लिए संधर्ष चल रहा है - राज्य सरकार 7 बंदियों को मुक्त करना चाहती है लेकिन केंद्र सरकार इसके विरुद्ध है।

प्रश्न पर आते हैं, इसे चार बिन्दओं का उपयोग करके उत्तर दिया गया है। पहला, न्यायाधीश थॉमस बहुत ही रोचक अवलोकन करते हैं। वे पेरारिवेलन के प्रकरण को संदर्भित करते हैं और बताते हैं कि यह हत्या का एक और पेहलु लाया है जिसने 3 न्यायाधीशों के बीच तीव्र विवाद उत्पन्न किये। प्रश्न ऐसा था, क्या आरोपी द्वारा दिया गया स्वीकारोक्ति दूसरे आरोपी के विरुद्ध उपयोग किया जा सकता है। न्यायाधीश थॉमस ने बेहेस किये था, की, परम्परागत साक्ष्य अधिनियम के अंतर्गत, एक स्वीकारोक्तिकेवल संपोषक साक्ष्य के रूप में उपयोग किया जा सकता है। लेकिन अन्य 2 न्यायाधीशों ने बेहेस किये कि इसे ठोस सबूत के रूप में उपयोग किया जा सकता है इसलिए कि यह प्रकरण टाडा में है।

वास्तव में, न्यायाधीश थॉमस आगे बताते हैं कि उन्होंने अन्य 2 न्यायाधीशों को अपने घर बुलाये और इस पर सभी ओर से कई चर्चें किये लेकिन बहुमत दृश्य अन्य 2 न्यायाधीशों का प्रबल था और इसलिए आरोपी द्वारा दिए गए स्वीकारोक्ति को ठोस सबूत के तौर पर उपयोग किया गया।

बादमें, प्रख्यात न्यायविदों ने न्यायाधीश थॉमस को बुलाकर कहे कि वे सही थे और इस प्रकरण में गलत तरीके से क़ानून का उपयोग किया गया है। वस्तुतः यही वो बिंदु है जो तमिल राष्ट्रवादियों ने वर्षोंभर बेहेस करते रहें कि आरोपी द्वारा दिया गया स्वीकारोक्ति दूसरे आरोपी के विरुद्ध उपयोग नहीं किया जा सकता हैक्यों कि, स्वीकारोक्तियों को टाडा विनिर्देशों का उपयोग करके उनसे स्वीकारोक्ति निकालते हैं। बादमे, सर्वोच्च न्यायालय ने यह फैसला सुनाया कि प्रकरण को टाडा अंतर्गत नहीं चलाया जा सकता है, लेकिन प्रदान किये गए स्वीकारोक्तियों का उपयोग ठोस सबूत के रूप में ऊपर दिए गए के अनुसार किया जा सकता है। कोई भी तमिल राष्ट्रवादियों ने न्यायाधीश थॉमस को संदर्भित नहीं किया है जहाँ तक लेखक की जानकारी है। उनमें से कुछ लोगों ने सामान्यतः न्यायाधीश थॉमस ने सोनियाजी से लिखे पत्र का उल्लेख किये हैं। लेकिन उन में से कोई भी इस तथ्य का उल्लेख नहीं किया है कि न्यायाधीश थॉमस ने इस बिंदु का उल्लेख स्वयं किया है क्यों कि इससे उनके तर्क में विश्वसनीयता जुड़ जाती।

दूसरा, न्यायाधीश थॉमस इस तथ्य की वजह से परेशान थे कि, एसआईटी की जांच में गंभीर आभाव थे और उन्होंने इन चिंताओं को अन्य दो न्यायाधीशों को साझा किये। उन्होंने वैसे भी उत्तर दिए कि यदि इस प्रकरण में ऐसा भी है, तो भी अंतिम आदेश पर सीबीआई की आलोचना नहीं करनी चाहिए। न्यायाधीश थॉमस ने अनिच्छा से एक शर्त रखते हुए स्वीकार किये -वे ना ही एसआईटी की प्रशंसा करेंगे और ना ही उनकी आलोचना करेंगे। अन्य दो न्यायाधीशों ने स्वीकार किया। अंतिम आदेश के लिए प्रालेख तैयार करने के बाद, उन्होंने प्रालेखों को बदल लिए और एक दुसरे का प्रालेख पढ़े। उसमें कोई तरह की प्रशंसा और नाही कोई आलोचना थी। न्यायाधीश थॉमस के लिए सब कुछ ठीक लगा। फैसले के दिन, न्यायाधीश थॉमस, उनकी वरिष्ठता के कारण उन्हें पहले फैसला सुनाना था। हालांकि, उनकी अधिक अशांति के लिए, जब न्यायाधीश थॉमस ने उस प्रालेख को सुने, जो न्यायाधीश वाधवा ने प्रालेख को बदल दिए थे, उन्होंने डी.आर कार्तिकेयन का गुणगान करते गए। [131]

---

[131] https://l ndl anexpress.com/artl cle/l ndl a/judge-who-handed-death-to-rajl v-gandhl -kl llers-wrl tes-to-sonl a-show-magnanl ml ty-4939399/

अपने ही शब्दों में न्यायाधीश वाधवा ने कहा "हम इस प्रकरण की शोध में केंद्रीय जांच ब्यूरो (सीबीआई) द्वारा संघटित विशेष अन्वेषण दल (एसआईटी) के लिए भी हमारा अभिमुल्यन प्रदान

करना चाहते हैं। डी.आर कार्तिकेयन के नेतृत्व में, एसआईटी कम समय में इस कार्य को पूर्ण करने में तत्पर थी। अन्वेषण सूक्ष्म थी, षड़यंत्र एवं प्रत्येक षड़यंत्रकारियों द्वारा निभाई गई भूमिका की स्पष्ट तस्वीर सामने लाने में पूर्णत्व प्राप्त किये। एसआईटी के सदस्यों ने अपना कार्य निष्ठा एवं दृढ़ निश्चय से किये हैं। वे अपने विशेष कार्य में सफल हुए हैं लेकिन एक ही खेद संभवतः होगा कि उहोने सिवरासन को जिंदा नहीं पकड़ पाए। "[132]

न्यायाधीश थॉमस की भेंटवार्ता में उपरोक्ति घटना का उल्लेख करने के बाद, इन्डियन एक्सप्रेस ने न्यायाधीश थॉमस की भेंटवार्ता के प्रतिक्रिया को जानने के लिए न्यायाधीश वाधवा से संपर्क किये। न्यायाधीश वाधवा ने टिपण्णी करने से मना किये।

तीसरा, न्यायाधीश थॉमस कहते हैं कि उनके फैसले सुनाने के बाद, उन्होंने साप्ताहिक पत्रिका में दिए गए भेंटवार्ता में एक की मुक्तता के बारे में पढ़े। न्यायाधीश थॉमस के अपने शब्दों में, "उसने दावा किया कि जब वह जांचकर्ताओं को बताया कि 40 लाख रूपये और कोई ना होकर चंद्रस्वामी ने दिए थे, उन्हें एकअधिकारी द्वारा चेतावनी दिया गया था कि वे भगवान् जैसे व्यक्ति के बारे में बात ना करें .... मुझे दृढ़ता से प्रतीत होता है कि चंद्रस्वामी(2017 मई 23 के दिन मृत्यु हुई) की भूमिका की जांच में भारतीय आपराधिक न्याय प्रणाली की विफलता थी जो भारतीय आपराधिक न्याय प्रणाली का एक अक्षम्य दोष है। "उपरोक्त परिच्छेद से यह स्पष्ट है कि40 लाख रूपयोंकी जांच ना होने पर न्यायाधीश थॉमस असंतोष थे।

न्यायाधीश थॉमस का एक और कथन इन्डियन एक्सप्रेस की भेंटवार्ता में, "सभी प्रमुख आरोपी श्रीलंका से थे। मैंनेतत्कालीन वकील अल्ताफ अहमद से कहा कि, कुछ श्रीलंकाई चलन की जप्ती मैं समझ सकता हूँ, लेकिन 40 लाख रूपये (भारतीय चलन में) उस समय बहुत बड़ी राशि थी। इसका अर्थ यह है कि आरोपियों के पीछे आर्थिक रूप से बहुत शक्तिशाली सूत्र थे। मैंने उसे पूछा कि उस राशि की उत्पत्ति की जांच की गयी थी या नहीं। अन्वेषण प्रमुख डी.आर कार्तिकेयन से

---

132 https://www.yumpu.com/en/document/read/42840544/supreme-court-judgementjustl ce-d-p-wadhwa-rajl v-gandhl -

कुछ संक्षिप्त बातचीत करने के बाद उसने उत्तर देने में समय माँगा। अगले दिन वकील ने न्यायालय में बताये कि राशी का मूल पता लगाने में जांचकतयिं विफल रहें हैं। "

यह प्रश्न विकत बनता है क्यों कि एआईटी ने कभी भी 40 लाख रुपये भारतीय चलन में कोणनकुंटे के रक्षागार से या अन्य कहींसे जप्त किये की जानकारी नहीं बताई है। न्यायाधीश थॉमस की इस रहस्योद्घाटन के बाद यही प्रश्न रगोथमन से पूछा गया। फिर रगोथमन की भेंटवार्ता में हुई कथन, *"प्रकरण की जांच करने के लिए सीबीआई द्वारा गठित एसआईटी के प्रमुख अन्वेषण अधिकारी के रगोथमन ने कहा 'नहीं'। न्यायाधीश थॉमस द्वारा किये गए दावे को दृढ़ता से अस्वीकार करते हुए रगोथमन ने जोर देकर कहे कि कोई 40 लाख रुपयों की जप्ती आरोपियों से नहीं हुई थी और ऐसा आरोप कभी भी कार्यवाही का हिस्सा नहीं बना है। 'रगोथमन टीएनएम से कहते हैं ...."* यदि इस पर ध्यान दियाजाय, कि, न्यायाधीश थॉमस ने अपने आरोप में लगाये 40 लाख रुपयों की कथित जप्ती का आरोप के लिए, जो अस्तित्व में ही नहीं थी, रगोथमन ने आरोपियों के गिरफ्तारी के समय पर कई स्थानों से प्राप्त की गयी रुपयों का विवरण देते हैं। मास्टरमाइंड सिवरासन जिसने हत्या की योजना बनाई, बेंगलोर के कोणनकुंटे रक्षाघर से सीबीआई द्वारा प्राप्त की गई उसकी डायरी में केवल इतना ही लिखा था कि उसने श्रीलंका से लाये गए सोने के बिस्कुट हत्याकांड के खर्चों के लिए 17 लाख रुपये जुटाए गए। सिवरासन की डायरी में यह कहीं भी उल्लेखित नहीं है कि चंद्रस्वामी ने हत्या के लिए वित्तपोषण किया था .... नकद जप्त करने पर, रगोथमन कहते हैं कि कुल मिलाकर 20, 070 रुपये बेंगलोर के कोणनकुंटे घर से प्राप्त किये थे इसमें 5, 270 रुपये सुरेश मास्टर के शरीर से और 625 रुपये एक और मृत अम्मन के शरीर से पाए गए। दो सोने के बिस्कुट रवीचंद्रन को पकडे जाने पर पाए गए, प्रत्येक का वजन दस तोला थे और इसे भी एसआईटी ने जप्त किये और न्यायालय के समक्ष प्रस्तुत किये। लगभग सभी जगह, एसआईटी ने जांच किये हैं अथवा गिरफ्तार किये हैं, केवल नगण्य राशी जैसे 5, 000 या 10, 000 पाए गए रुपयों की जप्ती नहीं किया है। 'उपरोक्ति में उल्लेखित के बजाय कहीं और जगह से पैसों कि जप्ती नहीं हुई है ' रगोथमन कहते हैं कि, जब प्रकरण ऐसा था, न्यायाधीश थॉमस को निर्दिष्ट करना चाहिए था, उन्हें कहाँ से पता चला कि 40लाख रुपयों की जप्ती हुई है'। 'एसआईटी के प्रमुख डी.आर कार्तिकेयन ने भी जैन आयोग के लिए कहा है (प्रश्न का उत्तर देते हुए) कि आरोपी रंगनाथ, जिसने कर्नाटिक में रक्षाघर के साथ एलटीटीई की मदद की, उसने कभी

भी दोषियों से पाए गए 40लाख रुपयों का उल्लेख नहीं किया है। यह स्पष्ट रूप से प्रतिवादी की ओर से सोचा गया विचार है।'[133]

हालांकि रगोथमन द्वारा भेंटवार्ता में कुछ भरी अभाव हैं। जब वे दावा करते हैं कि केवल 20, 070रुपये कोणनकुंटे से जप्त किये गए, न्यायाधीश थॉमस क्यों पहले स्थान में अल्ताफ अहमद से पूछा कि 40 लाख की उत्पत्ति की जांच हुई है या नहीं?

अनुमान करें कि न्यायाधीश थॉमस ने ऐसा कुछ तथ्यों की कुछ गलत व्याख्या के कारण प्रश्न पूछे थे, फिर अल्ताफ अहमद को उत्तर देना चाहिए था कि 40 लाख रुपये जप्त नहीं किये गए हैं और केवल 20, 070रुपये जप्त किया गया था। बजाय उसने कार्तिकेयन से सलाह माँगी और वापिस आकर उत्तर देने के लिए समय माँगा। अगले दिन, अल्ताफ ने न्यायालय में कहा कि उस राशि की उत्पत्ति का पता नहीं चल सका। तो यह स्पष्ट है कि पैसे जप्त किये गए हैं या फिर 40 लाख का सपष्ट संदर्भ किसी ना किसी रूप में अवश्य है। जैसे कि न्यायाधीश थॉमस ने कहा *"मैंने तत्कालीन वकील अल्ताफ अहमद से कहा कि कुछ श्रीलंकाई चलन की जप्ती मैं समझ सकता हूँ लेकिन 40 लाख रूपये (भारतीय चलन में) उस समय बहुत बड़ी राशि थी। "*

इसलिए यह निष्कर्ष लगाना उचित होगा कि इतनी बड़ी राशि एसआईटी द्वारा जप्त की गई थी, लेकिन उन्होंने उसे छिपाया, जैसे उन्होंने इस प्रकरण का सबसे बड़ेषड़यंत्र को छिपाया था।

चौथा और अंतिम, अक्तूबर 18 के दिन का सोनिया गाँधी के लिए लिखे पत्र में, न्यायाधीश के.टी. थॉमस एक निर्णय की ओर संकेत किये थे कि 2014 में तमिल सरकार द्वारा छूट की अनुमति प्रदान करें जो केंद्र सरकार इसके विरुद्ध थी। सर्वोच्चन्यायालय के समक्ष इस विषय पर विचारधीन है। *"संभवतःकेंद्र सरकार इसे स्वीकार करें यदि आप और राहुलजी (हो सके तो प्रियंकाजी) राष्ट्रपती के लिए लिखे कि इन लोगों को आप छूट प्रदान करने इच्छित है, जिन्होंनेपहले ही अपने व्यक्तिगत जीवन को जिये हैं। ये विषय मेरे लिए मानवीय विचार है जिसे आप भी सहायता कर सकतीं हैं। न्यायाधीश होने के नाते इन लोगों को जो फैसला सुनाया है, अब मुझे*

लगता है कि, इस पत्र को मैं आपको संबोधित करूँ ताकि आप इस परिस्थिति को उदारता दिखा सके। " आगे, न्यायाधीश थॉमस कहते हैं कि, उन्होंने एक लेख पढ़ा था

---

[133] https://www.thenewsml nute.com/artl cle/rs-40-lakh-godman-and-hl s-al de-unanswered-questl ons-rajl v-gandhl -assassl natl on-73053

जो उनमें से एक को मुक्त किये थे (रंगनाथ) जहाँ उन्होंने जांचकर्ताओं से कहा था कि 40 लाख रुपये, आरोपी को भुगतान किये थे, एसआईटी द्वारा उसे चेतावनी दी गई थी कि भगवान् के बारे में कुछ मत कहना।

इस बिंदु पर दो चीज़ों पर स्पष्टीकरण की आवश्यकता है। तार्किक रूप से, राजीव गाँधी प्रमुख निशाना थे, उनके साथ 17 लोग भी मारे गए। दो दोषियों को छोड़कर – धनु और हरिबाबू जो विस्फोटक में मर गए, 16 मासूम लोग भी मरे। तो यदि परिवार के सदस्य क्षमा प्रदान करने की याचना करते हैं, फिर न्यायाधीश थॉमस ने सार्वजनिक रूप में या प्रत्येक पत्र 16 परिवार के प्रतिनिधियों को लिखना चाहिए था। संभवतःउन्होंने ऐसा करना टाला होगा क्यों कि बहुमत अन्य परिवारजन आरोपियों को मुक्त करने के विरुद्ध हैं। अथवा कुछ अन्य कारण हो सकता है। वापिस न्यायाधीश थॉमस पर आते हैं, जो आरोपी का लेख पढ़ रहे हैं, ये भेंटवार्ता, जो न्यायाधीश थॉमस संदर्भित कर रहे हैं, उन सभी संभावनाओं को नीचे भागों में पुनः प्रस्तुत किया गया है। यह भेंटवार्ता बेंगलोर रंगनाथ के बारे में है।

प्र–क्या सिवरासन और सुभा ने तुम्हेंचंद्रस्वामी और एआईसीसी के पदाधिकारी के साथ अपने संबंधों के बारे में बताया?

उ– उन्होंने बताया कि उनका संपर्क चंद्रस्वामी और कर्नाटक के कोंग्रेस नेता के साथ भी था, जो राजीव गांधी के कैबिनेट से थे। वे लोग बता रहे थे कि इस नेता की वजह से राजीव गांधी की चुनावी यात्रा कार्यक्रम का विवरण पता चला। उन लोगों ने एआईसीसी के पदाधिकारीके बारे में उनके करीबी सहयोगी के रूप में बात किये। मेरे साथ रहने के दौरान, सिवरासन ने यह भी सूचित किया कि चंद्रस्वामीउनके धर्मपिता थे (उसके शपथपत्र में जैन आयोग के लिए 4 नवंबर के दिन सौंपा गया) रंगनाथ ने यह भी बताया किसिवरासन तथा सुभा स्थानीय कोंग्रेस नेता अश्वथ नारायण उनके मित्रों में से एक हैं। सिवरासन और सुभादोनों ने नारायण पर इंगित करके बताया कि वह दिल्ली के एआईसीसी पदाधिकारी मार्गरिट आल्वा से निकट थे, जिन्होंने उसे राजीव की यात्रा कार्यक्रम के बारे में 'मदद' किया। मार्गरिट आल्वा ने 1995 में कर्नाटक के विधानसभा चुनाव में एमएलए टिकट के लिए अश्वथ नारायण की पैरवी की। इसे अंतिम समय में स्वयं पी.वी नरसिंह राव ने हटा दिए थे।

प्र– सीबीआई की कार्यवाई अथवा अभिलेखन करने की अस्वीकृति के सच क्या हैं?

उ – सीबीआई प्रमुख ने मुझे एआईसीसी पदाधिकारी के बारे में या अन्य किसी कोंग्रेस के लोगों के बारे में और चंद्रस्वामी के बारे में कुछ नहीं बोलने की चेतावनी दी थी। कार्तिकियन, हत्याकांड कीसच्चाई जानता था और राजीव की हत्या के पीछे की ताकत भी जानता था उसने, मुझे, यदि मैंने न्यायाधीश अथवा अन्यों को जानकारी देने पर उसके गंभीर परिणाम के बारे में भी बताये। यह स्पष्ट था कि, वह चंद्रस्वामी का और कुछ मुख्य कोंग्रेस नेताओं का परिरक्षण कर रहे थे। मेरे विनंती के बाद भी सीबीआई (एसआईटी) मेरा कथन अभिलिखित करने में विफल रहे। 134

यद्यपि भेंटवार्ता में विशेष रूप से 40 लाख रुपयों का कोई उल्लेख नहीं किया है। न्यायाधीश थॉमस, हो सकता है इस माध्यम से उन्होंने अल्ताफ अहमद से कई पूछताछ किये होंगे। अन्य सच्चाई तुलनात्मक हैं। उदहारण के लिए न्यायाधीश थॉमस, अपनी भेंटवार्ता में कहते हैं, एक अधिकारी व्यक्ति को बाहर कुछ भी जानकारी प्रकट नहीं करने के लिए धमकाया गया था।

इस भेंटवार्ता में, रंगनाथ ने कहा है कि, वह व्यक्ति कार्तिकियन था जिसने न्यायाधीश या अन्य किसी को भी कुछ भी नहीं बताने का धमकाया था।

न्यायाधीश थॉमस ने सोनिया गाँधी के लिए लिखे पत्र को दो भागों में विभाजित कर सकते हैं –न्यायाधीश थॉमस ने क्या कहा और न्यायाधीश थॉमस ने क्या नहीं कहा। सभी जानते हैं कि न्यायाधीश थॉमस ने क्या कहा। न्यायाधीश थॉमस ने क्या नहीं कहाइसके बारे में चर्चा करने से पूर्व, यह ध्यान देना महत्त्वपूर्ण है कि यहाँ दो व्यक्ति हैं जो रंगनाथ ने बताया है।

एक है चंद्रस्वामी और दूसरी मार्गरिट आल्वा। तो न्यायाधीश थॉमस ने सोनिया गाँधी से क्या नहीं कहा, यहाँ है – पत्र में, "मैं यहाँ मार्ग्रेट आल्वा को छोड़कर केवल चंद्रस्वामी का उल्लेख करता हूँ, यदि मैंने मार्ग्रेट आल्वा का उल्लेख करूँगा, तो, आपको और संपूर्ण कोंग्रेस पार्टी को असमंजस में डाल देगा। यदि मार्ग्रेट आल्वा से पूछताछ किया जाता है, मैं भी जानता हूँ कि यह कहाँ तक पहुंचेगा और राजीव गाँधी की हत्या के षड़यंत्र में सभी फंस जायेंगे। इसलिए यह उचित होगा कि अब सभी को मुक्त किया जाय क्यों कि सात आरोपी 25 से अधिकसाल कारागार में रहे हैं। "

41 आरोपितों पर आरोप लगाने में अभाव

134	https://m.facebook.com/nt/screen/?params=%7B%22note_I d%22%3A3528 15799304181%7D&path=%2Fnotes%2Fnote%2F&refsrc=deprecated&_rdr

प्र – क्या एसआईटी द्वारा शुरू में 41 आरोपियों को दोषी ठहराने में कई गंभीर आभाव हैं?

उ – विधिवक्ता दौरैस्वामी इस बिंदु को स्पष्ट करते हैं। जमुना आका जमीला एक एलटीटीई उग्रवादी थी, जिसने श्रीलंका की सेनानी के साथ लड़ते हुए एक पैर को खोयी थी। उसे नेयवेली में लाया गया था और एक कृत्रिम पैर लगाने की चिकित्सा में थी।

इसी वजह से, सुरेश मास्टर के उदहारण में, जिसने संभार तंत्रके देखभाल के साथ घायल एलटीटीई साथी, उसे भी बेंगलोर में लाया गया था और सिवरासन एवं उसके गिरोह 16 जुलाई 1991 में जुड़ गए थे [135]। यह राजीव गाँधी की हत्या के दो महीने आसपास के बाद की है, इन तथ्यों से स्पष्ट है कि उसका हत्याकांड से कोई संबंध नहीं है[136]। फिर भी, एसआईटी ने उसे आरोपी के नाम पर दर्ज किया है। कारण बहुत सरलहै। वह सात उग्रवादियों में से एक थी जिसने बेंगलोर के कोणनकुंटे में आत्महत्या किया। एसआईटी ने संभवतः कई प्रश्न नहीं पूछे होंगे और केवल सिवरासन के रहने के बारे में बताया होगा तथाबेंगलोर में बादमे हुए उसकी आत्महत्या के बारे में पूछा होगा। इसलिए उन्होंने बिना देखे जमीला को आरोपी के सूची में जोड़ दिया गया।

बेल्ट बम

प्र – बेल्ट बम खरीदने पर और छर्रों (आरडीएक्स) के बनावट के बारे में कई सारे प्रश्न हैं।

उ – हाँ। राजीवजी की हत्या प्रकरण में आने से पहले, पद्मनाभ हत्याकांड का एक संक्षिप्त अध्ययन करना आवश्यक है।

ईपीआरएलएफ पद्मनाभ 14 अन्य लोग 1990 जून 19 के दिन, मद्रास के कोडंबक्कम में ज़कारिया कोलोनी में सिवरासन और उसके गिरोह द्वारा मारे गयेथे। अपार्टमेन्ट के लकड़ी के दरवाजों पर, जहाँ हमला किये, छोटे धातु के छर्रों से छलनी कियेथे। एक बिना फटे ग्रेनेड भी SFG-87के अंकन के साथ प्राप्त किये गए। SFG-87 का मतलब सिंगापूर फ्रेगमेंटेशन ग्रेनेड है और इसका निर्माण चार्टर्ड इंडस्ट्रीज ऑफ़ सिंगापूर द्वारा किया गया है।

---

135 https://www.dal lypl oneer.com/2014/I ndI a/fabrI cated-versI ons-of-events-floated-as-truth.html

136 https://www.casemI ne.com/judgement/I n/5609ad65e4b014971141147f - PoI nt 616

इस ग्रेनेड में लगभग 2800 धातु के छर्रें हैं, प्रत्येक 0.2mm व्यास, 0.05 mg वजन और बी –संरचित आरडीएक्समें 60 प्रतिशत आरडीएक्स और 40 प्रतिशत टीएनटी हैं।

कार्तिकेयन बताते हैं कि, जबकि पद्मनाभ की हत्या के प्रकरण में ऐसा था, राजीव की हत्या में विस्फोटक पूरा आरडीएक्स ही था।

लेकिन इकट्ठे हुए छर्रें SFG-87 ग्रेनेड में पाए गए छर्रों और पद्मनाभ के हत्या में अपराध स्थल में पाए गएछर्रें एक समान थे। सारांश में कार्तिकेयन कहते हैं कि टीएनटी की उपस्थिति नहीं मिली। [137]

क्या वही प्रकरण था? जो 7 आरोपियों में से रवीचंद्रन एक है, जिसने पुस्तक में लिखे हत्याकांड के बारे में एक गंभीर प्रश्न उठाया है। श्रीपेरुम्बुदुर स्थल में पाए गए टुकड़े और घटकों को टीएनएफएसएल को भेजे गए और एनएसजी से सम्बंधित विस्फोट विशेषज्ञ, मेजर सभरवाल को भी भेजे गए। जबकि, टीएनएफएसएल के निदेशक, पी चंद्रशेखरन ने अपना प्रतिवेदन 1992 21 जनवरी के दिन सौंपा, मेजर सभरवाल ने अपना प्रतिवेदन 5 फरवरी 1992 के दिन सौंपे। पी चंद्रशेखर ने अपने प्रतिवेदन में पुष्टि किये कि विस्फोटक में आरडीएक्स था लेकिन टीएनटी नहीं थीं। और उसमे कहीं पर भी SFG-87 का उल्लेख नहीं था। लेकिन मेजर सभरवाल ने सौंपे गए आख्या में लिखा है कि, सभी संभावताओं में SFG-87के तीन संख्यायें के हैण्ड ग्रेनेड का उपयोग आईईईडी में किया गया है। और बी- संरचित मतलब 60 प्रतिशत आरडीएक्स और 40 प्रतिशत टीएनटी भी समाविष्ट थी। यही संरचना पद्मनाभ के प्रकरण में देखा गया था। कार्तिकेयन ने सभरवाल के शोध को अस्वीकृत करने के कई प्रयास किये।

इसे देखने के बाद, मेजर सभरवाल ने राजा विजय करण से संपर्क किया और उससे विनंती किया कि इनसाक्ष्य के अंशों को अमरीका के फ़ेडरल ब्यूरो ऑफ़ इन्वेस्टिगेशन (एफबीआई) में पहुँचाया जाए ताकि आवश्यक की पुष्टि करें। वैसे, कोई विकल्प न होते हुए एसआईटी ने टुकड़ों और साक्ष्य के अंशों को 8 मार्च 1992 के दिन एफबीआई को भेजे। एफबीआई ने उनका प्रतिवेदन 26 मार्च1992के दिन सौंपे, उन्होंने बताया कि, उनके अवलोकन में, टीएनटी होने की संभावनाए थी और इसे पुष्टि करने के लिए इसे इसराइल में बसे जेहुदा यिनोन को भेजनेके लिए बताये जो इसकी

शोध में विशेषज्ञ हैं, लेकिन एसआईटी ने ऐसा कभी करने नहीं दिया। बजाय मेजर सभरवाल पर दबाव डालने लगे और उनसे एक और प्रतिवेदन सौंपने के लिए कहा

---

[137] Kaarthl keyan & Radhavl nod Raju – pg 36

गया, जिसमें, केवल आरडीएक्स का उपयोग हुआ था। इस तरह से एसआईटी ने टीएनटी की उपस्थिति पूरी तरह से छिपाया। यहाँ एक ध्यान देनेवाली बात है, एसआईटी के लिए टीएनटी उपलब्धि छिपाने से कोई फायदा नहीं था लेकिनटीएनटी होने की वजह से SFG-87का सत्य पता चलता जो सिंगापूर – चार्टर्ड इंडस्ट्रीज ऑफ़ सिंगापूर में संपर्क जाता है। [138]

यह केवल रवीचंद्रन नहीं था जिसने इसका उल्लेख किया, चारुलता जोशी भी लिखतीं हैं *"1991 में एसआईटी द्वारा विस्फोटक विशेषज्ञ मेजर मानिक सभरवाल की पुष्टि की गयी प्रतिवेदन में राजीव गाँधी एवं पद्मनाभ की हत्याओं में किया गया ग्रेनेड के छर्रों का उपयोग अभिन्न थे और यह सिंगापूर का हैंड ग्रेनेड SFG-87 था"।* तो रवीचंद्रन ने जो लिखा था वह चारुलता जोशी ने 'इण्डिया टुडे' में लिखा, दोनों सिद्ध करतेहैं। उसी लेख में, उसने लिखा है *"आईबी ने वायरलेस संदेशों के लिए अवरोध उत्पन्न किया है जो की विडंबना से जुलाई 1991में इसका विसंकेतन किया गया, यह राजीव की हत्या के बाद, 1991 जनवरी की शुरुआत में दर्शाता है। मद्रास में एलटीटीई समूहों ने नियमित रूप से जाफना के लिए गुप्त संदेशों को भेजते रहे। 1991 7 मई के दिन, आईबी ने सिवारसान द्वारा मद्रास में किसी को भेजे गए संदेश का अवरोध किया जो की बाद में उसे विसंकेतन किया गया, कहा 'कंपनी पाउडर की आपूर्ति करेगी'जबकि एसआईटी ने पाउडर की व्याख्या का अर्थ आरडीएक्स विस्फोटकबताया जो बेल्ट बम निर्माण के लिए उपयोग किया गया था। प्रत्यक्ष और स्पष्ट रूप से, जब की आईबी ने एलटीटीई के नौपरिवहन और शस्त्र व्यवसाय में पिराईसूडी का शामिल होने के पर्याप्त साक्ष्य देने पर भी जिसने पाउडर भेजा, उस 'कंपनी' का अर्थ निकालने का कोई प्रयास सफल नहीं हुआ"*

कप्तान पिरैसूड़ी, भारत में कुमारन पद्मनाथन (केपी) तीन साथियों में से एक थे। अन्य दो - वकील कंडासामी और इसन सिंगराया थे। राजीव की हत्या के एक महिने पहले, आईबी के प्रतिवेदन में दर्शाया गया था कि, युनी-ट्रान्स शिपिंग और ट्रेडिंग जो कि पिरसूड़ी का नौपरिवहन संस्था – इंटरनेव शिपिंग्स एंड विक्रम होल्डिंग्स सिंगापूर में है, उससे कई संपर्कजुड़े थे।

केपी के संचलन भी सत्य को स्थापित किये, कि, केपी उस समय सिंगापूर में था। [139] तो क्या इस सिंगापूर संपर्क की जांच की गई?कारण सरल है। केपी, राजीव हत्या

---

[138] Ravl chandran (Taml I) – pgs 418-422

[139] https://www.l ndl atoday.l n/magazl ne/l nvestl gatl on/story/19960531-gaps-l n-the-probe-753114-1996-05-31

की असली कड़ी था। जेनीवा में क्रेडिट सुईस में केपी का खाता और बीसीसीआई में खाशोग्गी के खाते में संबंध थे। हथियार खरीदने के लिए केपी के खाते में से जमा और खाशोग्गी के खाते मेंनिकासी किया जाता था। यह स्पष्ट है कि, एसआईटी का एक सिद्धांत था, केपी पर आरोप पत्र प्रदान नहीं करना। केपी हत्याकांड के पीछे आर्थिक व्यवस्था के लिए मुख्य कड़ी था। इसलिए, यदि, केपी को गिरफ्तार किया होता, पूरा षड़यंत्र का रहस्य खुल गया होता। जब कि प्रभाकरन, पोट् अम्मन और अकिला पर आरोप पत्र प्रदान किये गये लेकिन केपी को नहीं।

सिवरासन की डायरी भी उल्लेख करना महत्त्वपूर्ण है जिसमें बहुत सारे पत्रों को जान बूझकर एसआईटी ने छिपाया होगा। दौरैस्वामी अपनी पुस्तक में लिखते हैं कि, सिवरासन अपने डायरी में 17, 14, 700/ रुपये टीएजी (इस रहस्य के बारे में किसी को भी नहीं पता) नामक एक मूल को भुगतान किया था और बकाया 45, 000राशी टीएजी को भुगतान करना था [140]।

इस डायरी को हत्या के कुछ महीने बाद जयकुमार के घर से जप्त किया गया। दौरैस्वामी ने इस राशि को नकद के रूप में दिया था और संभवतः बेल्ट बम के लिए आरडीएक्स की आपूर्ति हेतु (या) यात्रा कार्येक्रम को प्रबंध करने का उल्लेख किया है। [141]कार्तिकेयन का तर्क यह है कि, हत्या के लिए कुल राशि का खर्च केवल 17 लाख है। इस ज़बरदस्त झूट को इस साक्ष्य के अंश से ही देखा जा सकता है। स्पष्ट रूप से, पैसे करोड़ों में समाविष्ट थी। और एसआईटी इस सत्य को स्पष्ट रूप से जानती थी क्यों की पूरी डायरी पर उनकी पहुँच थी। स्पष्ट रूप से, पहले से ही कार्तिकेयन ने किसी के निर्देश पर दबाया था।

प्र–बेल्ट बम की दृष्टिकोण पर क्या कोई और साक्ष्य है?

उ – इस प्रश्न को थोडा पुनः निर्मित करके पढना चाहिए "आगे कोई और साक्ष्य है जो एसआईटी ने बम की दृष्टिकोण पर छिपाया है? इसका उत्तर हाँ है।

इसके लिए मई 31, 1996के दिन 'द इण्डिया टुडे' पत्रिका में छपी भेंटवार्ता को वापिस जाकर देखना चाहिए। भेंटवार्ता प्रारंभ होने से पूर्व का परिचय नीचे दिया गया है।

---

140 Doral samy (Engll sh) – pg 115
141 Doral samy (Engll sh) – pg 177

'सीबीआई के विशेष अन्वेषण दल (एसआईटी) के संयुक्त निदेशक जिसने डी.आर कार्तिकियन द्वारा राजीव की हत्या की जांच किये थे, 56 बार आलोचना का विरोध करते हैं। भेंटवार्ता में प्रमुख संवाददाता चारू लता जोशी द्वारा उन्हें एसआईटी जांच के बारे में पूछे गए प्रश्नों के उत्तर देते समय अपना आपा बहुत बार खोये थे'।

उनमें से एक प्रश्न और उस पर कार्तिकियन का उत्तर नीचे दिया गया है।

प्र – विस्फोटक कहाँ से आये?

उ – हमें इसमें क्यों जाना चाहिए?[142]

इस उत्तर से, कार्तिकियन का बर्ताव पूरे प्रकरण को स्पष्ट रूप से छिपाना है, इससे अधिक, और इसके अधिक बहुत छिपाया है।

जैन आयोग, अपनी अंतरिम प्रतिवेदन में सपष्ट रूप से प्रश्न का उल्लेख कियेहैं, कि, बेल्ट बम कहा से आया इसका खुलासा हत्या के बड़े षड्यंत्र का रहस्य खोल देताहै। यह ऐसा नहीं है कि इसे जानने के लिए जैन आयोग में झांककर देखना चाहिए, ये केवल सरल सामान्य ज्ञान है। यदि इस प्रश्न 'बेल्ट बम कहाँ से आया' का उत्तर पता लगाया जाता है, सहज ही आगे के प्रश्नों को पैदा करती है जैसे की विस्फोटक पदार्थों के लिए कितने पैसे दिए गए, किसने पैसे दिए, किसने पैसे प्राप्त किये, मध्यवर्ती कौन था, पैसा कब दिया गया था इत्यादि। राजीव को खत्म करने का निर्णय लिए इस षड्यंत्र में जो भी सम्मिलित थे, वो ही इन प्रश्नों का उत्तर दे सकते हैं। इसलिए, कार्तिकियन इसे टालना चाहते थे। लेकिन यह केवल कार्तिकियन का गुस्सा नहीं जो सामने आया

है। उसने अपना विवेक का परिहास भी दिखाया है –

प्र. तो आप स्वीकार करते हैं कि कुछ क्षेत्र हैं जहाँ जैन आयोग द्वारा जांच करनी चाहिए?

उ – संभवतः कुछ अधिक एलटीटीई लोग होंगे जो इसमें सम्मिलित थे, लेकिन यह संभवतः ही कुछ है, बड़े प्रश्नों का उत्तर दिया गया है। जैसे पाठक समझता है, कार्तिकियन का अपने विवेक का परिहास पर उत्तम था जब उन्होंने उपरोक्त प्रश्न का उत्तर दिया था।

---

142 https://www.I ndI atoday.I n/magazI ne/I ntervI ew/story/19960531-no-other-agency-except-the-Itte-was-I nvolved-d-r-KaarthI keyan-833001-1996-05-31

बेल्ट बम - आगे की जानकारी

प्र – बेल्ट बम के बारे में क्या हुआ?

उ- दिलचस्पी से, बी रमण लिखते हैं कि, जर्मन आसूचना आईबी को चेतावनी दी थी कि, एक श्रीलंकाई तमिल जर्मनी में निवास करनेवाला मद्रास में जाता है और वो व्यक्ति विस्फोट विशेषज्ञ

है। आईबी ने तत्काल उपेक्षा करके कहा, जानकारी के अनुसार वह व्यक्ति विस्फोट विशेषज्ञ नहीं है[143]। रगोथमन अपनी अंग्रेजी पुस्तक में पुष्टि करते हैं कि, एसआईटी ने यह जानकारी प्राप्त किये थे कि इलयथम्बी किरुबालन विस्फोट विशेषज्ञ था, जिसने बेल्ट बम बनाया और वापिस जर्मनी चला गया। वास्तव में, हत्या के कुछ घंटे बाद, एलटीटीई किट् ने इलयथम्बीसे संपर्क किया था और दूतकर्म (विस्फोटक योजना) सफलता के लिए बधाई दी। अगला कथन रगोथमन

ने जो कहा, दिलचस्प बनाता है "जब हमने जर्मन अधिकृतों को इलयथम्बी की परीक्षा करने के लिए अनुरोध पत्र भेजे थे इसे उन्होंने ठुकराया। इसी कारण से हमें बम बनाने वाले का पता नहीं चल पाया "[144]। अब यह कथन अविश्वसनीय है और ज़बरदस्त झूठ है।

जर्मन आसूचना ने राजीव की हत्या से पूर्व भी एलटीटीई विस्फोटक विशेषज्ञ मद्रास के लिए रवाना होने के बारे में चेतावनी दिए थे कि वह कुछ गलत करनेवाला है। आईबी ने संभवतः जानबूझकर इसे अनदेखा किया हो। हत्या के बाद, यदि भारतीय आसूचना

---

143   http://www.l ndl andefencerevl ew.com/spotl l ghts/the-assassl natl on-of-
       rajl v-gandhl /2/

144   Ragothaman (Engll sh) – 124-125

ने जर्मन अधिकृत के लिए अनुरोध पत्र भेजता, यह कहकर कि, उन्हें इलयथम्बी की पूछताछ करना है, क्या जर्मन अधिकृत इसे ठुकराते?

जर्मनी देश पश्चिमी यूरोप में स्थित है। यह सोमालिया अथवा अफघानिस्थान जैसा नहीं है। ऐसे परिस्थियों में जहाँ देश का भूतपूर्व प्रधान मंत्री की हत्या हुई थी, क्या भारत के लिए सहयोग देना मना करते? तो क्यों रगोथमन ने झूठ बोला? इसके लिए कारण है।

जब लेखक ने 24 नवंबर 2020 के दिन, रगोथमन से भेंटवार्ता करने गए, पुस्तक में जो लिखा था, उसके अलावा अन्य जानकारी प्राप्त हुई। इलयथम्बी के निवास स्थान के बारे में पता चलाजब वह बम की तैयारी करा रहा था। यद्यपि, रगोथमन ने घर के मालिक का उल्लेख नहीं किये, लेखक ने पुष्टि किया है कि, वह घर तमिलनाडु के राजनेता एवं तमिल राष्ट्रवादी पाझा नेदुमारन का था। कार्तिकियन की नीति के अनुसार कोई भी व्यक्ति, राजनेता को छूना नहीं चाहिए, इसलिए उन्होंने उनसे संपर्क नहीं किया और इलयथम्बी के पहलू पर ध्यान नहींदिया।

मानो कि इस घटना को समर्थन करने के लिए, एक और घटना एसआईटी की जांच के दौरान

हत्या कीदुष्परिणाम के बाद घटित हुई। 1991 के अंत में, निरीक्षक मोहनराज और अन्य अधिकारीयों के साथ, पाझा नेदुमारन के घर गए, उन्होंने बेल बजाई, जब नेदुमारन घर के बाहर आये, उन्हें बताया गया कि, हम आपसे राजीव गाँधी की हत्या प्रकरण के बारे में जानने आये हैं और हम एसआईटी से हैं। यह सुनने के बाद नेदुमारन पागल होकर अपनी कमीज़ फाड़ने लगे, चिल्लाने लगे "मैंने ही उनकी (राजीव गाँधी) हत्या की है, मुझे मार दो, मार दो"। वापिस जाते समय, दूसरे अधिकारी ने मोहनराज से कहे कि, नेदुमारन से सच बुलवाना के लिए केवल थाने में बुलाकर उसे डंडा दिखाना चाहिए। इस घटना का वृत्तान्त मोहनराज ने लेखक कोदिए। एक मासूम व्यक्ति इस रीति से प्रतिक्रिया व्यक्त नहीं कर सकता था। हत्या की दुष्परिणाम के तुरंत बाद, एलटीटीई किट् ने भेंटवार्ता में इलयथम्बी के बारे में कई प्रश्न समाविष्ट किये थे।

प्र– राजीव की हत्या के लिए, एलटीटीईने अपना सद्धा व्यक्त किये हैं लेकिन आज तक एलटीटीई ने अपना शोक व्यक्त नहीं किये। क्या आप राजीव की हत्या को जंगली कृत्य कहते हैं?

उ – राजीव गाँधी की हत्या का समाचार सुनने के बाद मुझे सद्मा पहुंचा था, हम सभी सद्मे में थे। हमें जो निविष्टियां प्राप्त हुईं, इससे ईलम तमिल भी आघात में थे। हमारी प्रतिक्रिया इस तरह से आयी।

प्र – लकिन आपने (एलटीटीई) राजीव गाँधी की हत्या का शोक नहीं मनाये हैं? आपका ऐसा कृत्य आप पर केवल संदेह दर्शाता है?

उ – टाइगर्स पर आरोप लगाना ये अकेले काफी नहीं हैं। जब से भारत उपमहादेश में हत्या हुई है, सभी लोग टाइगर्स पर आरोप लगा रहे हैं। लेकिन भारत में भी कई दल हैं। कई दलों के पास कई हथियार हैं। ऐसा होते हुए भी सभी एलटीटीई पर आरोप लगाते हैं। [145]

प्र – क्या आप राजीव गाँधी की हत्या का शोक करना चाहते हैं या नहीं?

उ – मुझे पहले मेरे संस्था के सदस्यों से बात करनी पड़ेगी कि इस बारे में वो क्या चाहते हैं। मुझे तमिलनाडु के लोगों से पूछना पड़ेगा कि इसके बारे में वे क्या कहते हैं जब इंदिरा गाँधीजी की हत्या हुई थी, हमारे दल के लोग बहुत निराश थे। वे सोचे कि, हत्या दुर्भग्यपूर्ण थी, हम हमारे लोगों के विचारों के विरुद्ध नहीं जा सकते हैं, हमें उनकी भावनाओं का सम्मान करना चाहिए।

प्र – आपके अनुसार, श्रीलंकाई तमिल लोग राजीव गाँधी की हत्या का समाचार सुनकर निराश नहीं हैं?

उ – वे भी आघात थे लेकिन कुछ हद तक।

प्र – एसआईटी को संदेह है कि राजीव गाँधी की हत्या में एलटीटीई विस्फोटक विशेषज्ञ इलयथम्बी किरुबालन का हाथ है, क्या आप किरुबालन के बारे में जानते हैं?

उ – वह जर्मनी में काम करता है। वह जर्मनी में हमारा प्रतिनिधि है। वह जर्मन एलटीटीई शाखा का प्रधान है।

प्र – हत्या से पहले, किरुबालन तमिलनाडु आया था वह पोरुर में निवास किया था, जो श्रीपेरुम्बुदुर के पास है। इसके लिए साक्ष्य मौजूद है। इसलिए एसआईटी दावा करते हैं कि किरुबालन को पकड़ने के लिए वे अन्तर्राष्ट्रीय सहायता के प्रयास में हैं। आपकी प्रतिक्रिया इसके बारे में क्या है?

---

[145]   Nakeeran & team – pgs 132-134

उ – नहीं, निश्चित रूप से किरुबालन इसमें समीलित नहीं है। जब तत्कालीन श्रीलंकाई रक्षा मंत्री रंजन विजेरत्ने की हत्या हुई थी, तब भी उन्होंने यही कहा था, उन्होंने कहा था कि वह किरुबालन

ही है जिसने पूरे घटना का नियोजन किया था, अभी भी वही बोल रहे हैं, जब भी कुछ होता है, वे उस पर आरोप करते हैं।

प्र – ठीक है .... लेकिन किरुबालन ने अप्रैल में भारत क्यों आया था?

उ – सच्चाई यह है कि, किरुबालन अपने माता पिता से मिलने भारत गया था, उसे मिलने उसके अभिभावक भी जाफना से भारत आये थे। देखिये .... किरुबालन को 8 साल हुए दोनों से मिले, कुछ लम्बे अंतराल के बाद वह भेंट करने आ सका। इसी वजह से वह भारत आया था।

प्र – एक व्यक्ति जो कुर्ता पाजामा पहने श्रीपेरुम्बुदुर सभा के लिए गया था, एसआईटी का संदेह है कि वह व्यक्ति राजा या रघुवाप्पा है और वह एलटीटीई आसूचना शाखा के वरिष्ठ सदस्य हैं। क्या ऐसा व्यक्ति आपकी संस्था में है कोई?

उ – मुझे रघु पता है, लेकिन हत्या की तस्वीर में दावा किया हुआ हमारा सहकर्मी व्यक्ति रघु नहीं है। रघु हमारी संस्था को 3 साल पहले छोड़ चूका हैऔर अब वो मद्रास में उद्यमी है। सीबीआई और पुलिस को पता है कि वो मद्रास में कहाँ रहता है। उसका पता आसानी से लगाया जा सकता है।

प्र – आप कहते हैं कि आपका साथी रघु नहीं है, ऐसा ही होगा एसआईटी जिस व्यक्ति को पकड़ रही है वह व्यक्ति कृतिम आँख पहनता है। यदि यह व्यक्ति एलटीटीई का वरिष्ठ सदस्य हो सकता हैतो आपको इस व्यक्ति के बारे में पता होना चाहिए।

उ – हाँ, मैं एलटीटीई के लगभग सभी वरिष्ठ सदस्यों को जानता हूँ उनमें से कोई भी कृतिम आँख नहीं पहनता है। जब मैं अखबार में तस्वीरों को देखता हूँ, मेरे मत से वह श्रीलंकाई तमिल जैसे नहीं दिखता है, उसका चेहरा श्रीलंकाई तमिल जैसे नहींदिखाई देती है, मैंइसका कारण नहीं बता सकता हूँ, क्यों कि, यह मेरे अंतर्बोध पर आधारित है। [146]

---

[146] Nakeeran Team (Taml I) – Pgs 133

यह भेंटवार्ता किट् ने स्वयं कड़ी का खुलासा किया है। सामान्यतः तमिल राष्ट्रवादी यह हत्या एलटीटीई ने नहीं किये का पक्ष लेते हैं।

यदि किसी ने इस भेंटवार्ता को पढ़ता है, यह स्पष्ट रूप से दिखाई देता है कि यह हत्या के तुरंत बाद मई 28 के बाद की गई थी, पर सिवरासन की पहचान की गई थी जून के मध्य में।

भेंटवार्ता में, तीन मुख्य बिन्द एलटीटीईकी भूमिका का खुलासा करती है।

पहला, जब पूछा गया कि एलटीटीईको राजीव गांधी की हत्या का सद्बा लगा था लेकिन शोक व्यक्त नहीं किये, उसने बहुत ही कमज़ोर प्रतिक्रिया दी, कि, पहले उसे तमिलों से पूछना है कि वाकई हत्या से उन्हें गुस्सा आया था, लोगों की भावनाओं का सम्मान करना पडता है उसके बाद ही वह निर्णय ले सकता है कि हत्या का शोक करें या ना करें।

दूसरी बात, जब पूछा गया कि, हत्या समय से पूर्व इलयथम्बी किरुबालन क्यों भारत आया था, एक और कमज़ोर प्रतिक्रिया किट् द्वारा दिया गया – उसे उसके अभिभावक से मिलना प्रतीत था। इसीलिए जर्मनी से भारत आया था। उसके मात पिता भी भारत में नहीं थे, कनिष्टम यदि उसके माता पिता भारत में होते, इस झूठ बहाने को स्वीकार किया जा सकताथा। लेकिन उसके अभिभावक जाफना में थे और वे भी जाफना से यात्रा करके उससे मिलने मद्रास पहुंचे ऐसा प्रतीत होता है। लेकिन जाफना से मद्रास तक आना और वो जर्मनी से मद्रास के लिए आना, वो क्यों नहीं सीधे जाफना जाकर उसके अभिभावक से मिला? पाठक और सभी को यह विश्वास करना है कि, इलयथम्बी का मद्रास में राजीव की हत्या के कुछ समय पहले आना तथा हत्या के तुरंत बाद किट् का इलयथम्बी से संपर्क करना यह केवल संयोग हो सकता है। RAW हस्तक्षेप करके दिखाते हैं, कि, किट् तुरंत हत्या के बाद संपर्क करके इस योजना (विस्फोट) की सफलता के लिए बधाई दी थी।

तीसरा बिंदु, जब एक आँख साथी की पहचान के बारे में पूछ गया, किट् ने बताया कि, उस व्यक्ति को वह नहीं जानता है और एलटीटीईके लगभग सभी वरिष्ठ लोगों को जानता है।

आगे उसकी अंतर्बोध उसे कहता है कि इस व्यक्ति श्रीलंकाई तमिल ही नहीं है, सिवरासन का नाम चंद्रशेखरन पिल्लई पाकियाचंद्रण था। प्रारंभ में वो टीईएलओ में था, बादमें एलटीटीई में 1980 के मध्य में सम्मिलित हुआ। उसनेरघुवाप्पा, राजा इन

नामों का उपयोग किया। भेंटकर्ता ने इन नामों को बताये थे लेकिन किट् ने अज्ञानता का दिखावा किया।

सिवरासन को उसका काम सौंपा गया था पद्मनाभ की हत्या करना, जिसे उसने अभिमान से सफल किया। इसके लिए प्रभाकरन एवं पोट् अम्मन ने बधाई दी थी। तमिल राष्ट्रवादी द्वारा किये गये

एक और झूठा तर्क कि, सिवरासन एलटीटीईको छोड़कर अलग होकर व्यक्तिगत रूप में भाड़े का काम कर सकता था, यदि यह सच होता, किट् ने भेंटवार्ता में स्पष्ट रूप से संकेत दे दिया होता जो एलटीटीई का नाम पूरी तरह से सपष्ट हो जाता था। लेकिन उसने ऐसा नहीं किया। अंत में, किट् ने दावा किया कि उसका अंतर्बोध उसे कहा कि वह श्रीलंकाई व्यक्ति नहीं था। यहाँ पर, किट् तमिल में कहावत, 'मुट्ठी भर चावल में पूरा कद् छुपाना' चाहता था।

सिख उग्रवादियों की भूमिका

प्र – 'सिख उग्रवादियों' की कड़ी भी क्या राजीव की हत्या का बहुत बड़ा खुलासा किया है?

उ – महंत सेवा दास सिंग, शहीद फेरुमन अकाली दल का अध्यक्ष की गवाही दिलचस्प है।

उसे तत्कालीन प्र.मं चंद्रशेखर ने पंजाब में हो रही हिंसा को रोकने के लिए लंदन में खालिस्तानी उग्रवादी नेता, जगजीत सिंह चौहान से मिलने भेजे थे। निस्संदेह, पंजाब की हिंसा के लिए एक महत्त्वपूर्ण कारण, विदेश में खालिस्तानी उग्रवादीयों की उपस्थिति थी। इसलिए महंत जगजीत सिंह चौहान से दिसंबर 26 1990के दिनमिले, उसे लंदन में खालिस्तानी हेडक्वार्टर लेकर गये। वहाँ 10-12 लोग बैठे थे, कथित रूप से बब्बर खालसा (सिख उग्रवादी संस्था), एलटीटीई से लोग, जेकेएलएफ और कुछ अन्य संस्थाएं भी उपस्थित थे। जगजीत ने कथित रूप से महंत से कहा कि वह दिल्ली में राजीव गाँधी को ख़त्म करेगा और इस हत्या के लिए चंद्रस्वामी वित्तपोषण करेंगे[147]। महंत वापिस आया और इस योजना के बारे में चंद्रशेखर को चेतावनी दी। उसने राजीव गाँधी को भी फरवरी 1991 में सूचित कियाथा। रमेश दलाल कहते हैं कि, चंद्रस्वामी ने उन्हें बताया था, कि, वह जगजीत का गुरु है। इसके आगे हत्या के तुरंत बाद, मई 22 1991 के दिन,

---

147 Ramesh Dalal – pg 118

महंत पंजाबी भवन से जगजीत से बात किया जिसने पुष्टि की, कि, यही व्यक्ति था जो राजीव की हत्या का जिम्मेदार था। टेलेफोन पर हुई इस बातचीत के आधार पर, महंत ने भारत के राष्ट्रपति को पत्र में यह उल्लेखित किया कि वो सिख उग्रवादी थे जिसने राजीव की हत्या के जिम्मेदार थे।

ये सभी घटनाएं दो तथ्यों का भी संकेत दते हैं। प्रारंभ में, राजीव को मारने का ठेका सिर्फ एलटीटीई ने नहीं लिया था, संभवतः उन्हें मारने के लिए सिख उग्रवादियों द्वारा भी खुलासा हुआ

है। लेकिन अंत में, इस कृत्य का भार एलटीटीई को दिया गया था। दूसरा, जगजीत सिंग चौहान ने एलटीटीई पर शक होने से, उसे रोकने के लिए, वे सभी एलटीटीई के साथ मित्रता करने लगे और राजीव हत्याकांड तो संयुक्त प्रचार थी, उसने हत्या करने के लिए दायित्व लेने का प्रयत्न किया। लेकिन वह असफल रहा क्यों कि साक्ष्य के संकेत सपष्टता से एलटीटीई की ओर थीं। यहाँ इसका श्रेय कार्तिकेयन को देना चाहिए जिसने बड़े षड़यंत्र को छिपायाहै। उसे पता था कि, एलटीटीई ने हत्या का निष्पादन किया है। एलटीटीई कभी भी संविदा हत्या के बारे में नहीं बताते। इसलिए उसने एलटीटीई को ही दोषी ठहराया–षड़यंत्र को जन्म देने के लिए और उसका निष्पादन करने के लिए। वह असली दोषी कौन है- राजीवजी को ख़त्म करने के लिए एहले स्थान पर निर्णय लेनेवाला व्यक्ति कौन है? इस प्रश्न का ध्यान हटाने के लिए एलटीटीई को दोषी ठहराकर सफल हुए।

मोस्साद और सीआईए

प्र – फिर मोस्साद और सीआईए का क्या हुआ?

उ – मोस्साद और सीआईए का पहलू जो कि एलटीटीई के रक्षकों का प्रिय है अब इसे देखेंगे। राजीव शर्मा, अपनी शानदार पुस्तक में, राजीव की हत्या के बारे में लिखते हैं कि, विक्टर ओस्त्रोविस्की जो भूतपूर्व मोस्साद एजेंट और क्लेयर हॉय कनेडा पत्रकार ने अपने लेखन कार्य में लिखे है "बाय वे ऑफ़ डिसेप्शन" कि, मोस्साद श्रीलंकाई सशस्त्र बल और तमिल उग्रवादीदोनों को एक साथ कफर सिरकिन नामक जगह पर प्रशिक्षित किया गया है। विक्टर श्रीलंकाई सशस्त्र बलों का देखभाल करता था, जबकि एक एजेंट योसी नामक तमिल उग्रवादियों का प्रभारी था। तमिलों का प्रशिक्षण खनन उतराई, अंतर्वेधन तकनीक, संचार एवं जहाजों को कैसे ध्वंस करना इन चीज़ों का प्रशिक्षण कमांडो नेवेल बेस पर किया जा रहा था। विक्टर का मालिक, एमी यार ने उसकी

प्रशिक्षण योजना को योसी के साथ समन्वय करने के लिए कहा, क्यों कि, इन दोनों समूहों को यह नहीं पता था कि, दुसरे समूह को भी मोस्साद द्वारा प्रशिक्षित किया जा रहा है। इसलिए, यह निर्णय हुआ कि योसी तमिल उग्रवादियों को हैफा नामक जगह पर प्रशिक्षण देंगे, जबकि विक्टर

सिन्हाले सेना का प्रभारी टेल अवीव में करेगा। एक चुनोती थी, कि, दोनों समूहों को 2 सप्ताह के बाद काफर सिरकिन में अपना प्रशिक्षण करना था, हालांकि यह काफी बड़ा अड्डा था, दोनों समूह जॉगिंग कर रहे थे, तो एक दुसरे के 2 गज के भीतर से गुज़रे। एक हास्यप्रद मोड़ भी यहाँ हुआ था, 2 समूहों के अलावा भारत से विशेष हथियार एवं रणनीति दल (स्वाट) के 24 लोग एक अलग समूह की तरह आये[148]।

यह प्रशिक्षण के बारे में था। जहाँ तक षड़यंत्र आरोप का प्रश्न है, मोस्साद सिद्धांत के लिए एक कारण यह है कि, चंद्रस्वामी और सुब्रमनियम स्वामी का इसमें सम्मिलित होना। सुब्रमनियम स्वामी पर मोस्साद एजेंट होने का आरोप है, जबकि, चंद्रस्वामी सीआईए एजेंट होने का आरोप है। यह तमिल राष्ट्रवादियों के लिए एक पसंदीदा बेहेस है, जो लोग एलटीटीई से दोष हटाना चाहते थे, अनोखे ढंग से पता चला की रमेश दलाल जैसे लेखक, उदा: के लिए, रमेश दलाल अपनी पुस्तक में लिखते हैं कि, सुब्रमनियम स्वामी ने अर्जुन सिंहके आरोपों का दावा सीआईए के विरुद्धकरते हैं, मोस्साद और चंद्रस्वामीका हाथहत्या में होना, पूरी तरह से असत्य है और उनका दावा है कि, एलटीटीईहत्या के पीछे का मास्टर माइंड होना भी झूठ है।

उनका कहना है कि, ऐसा करने से सुब्रमनियम स्वामी सीआईए/मोस्साद के हाथों में खेल रहे हैं।

दलाल एक कदम आगे कहते हैं कि, सुब्रमनियम स्वामी को इस पुस्तक को लिखने के लिए सीआईए द्वारा कहा गया था। उनके आरोप को और भी प्रबल बनाने के लिए दलाल ने कहा, सुब्रमनियम स्वामी ने नवंबर 2 1994[149] के दिन जैन आयोग में शपथपत्र दर्ज किये थे। वे कहते हैं कि, टी.एन शेषण उसे मिलने 22 मई 1991के दिन आये थे और उसे बताये कि राजीव की हत्या के पीछे मोस्साद मास्टरमाइंड था। स्वामी द्वारा कथननानुसार 20 मार्च 1995के दिन, उसने प्र.मं चंद्रशेखर को भी सूचित किया जिन्होंने उसके आरोपों को मज़ाक से खारिज किये थे। अगला साक्ष्य क अंश पूर्व कैबिनेट

---

148 Rajeev Sharma – pgs 183-187

149 Dalal – pg 144

सचिव, ज़फर सैफुल्ला से आया, जिन्होंने दावा किया कि मोस्साद से सुब्रमनियम स्वामी के लिए टेलीफोन टेप निर्गत होते हुए देखा है। लेकिन इसेRAW एवं आईबी ने स्पष्ट किया है, ऐसी कोई बाधाएं नहीं थीं। सुब्रमनियम स्वामी ने स्पष्ट किये,

यदि इस तरह की टेप उपलब्ध होतीं, उन्हें नष्ट नहीं किया जा सकता था। सैफुल्लाह से इस पर और कोई सपष्टीकरण नहीं की है। इजराइल समर्थक पहलू अथवा फिलिस्तीन समर्थक पहलू होना ठीक है, लेकिन किसी को, राजीव की हत्या जैसे महत्वपूर्ण प्रकरण में अपनी निजी कार्यसूची को आगे नहीं बढ़ाना चाहिए और झूठ को प्रकट करना चाहिए [150]।

जैन आयोग, राजीव की हत्याकांडसेपेहले के महीनों में, 2 अमरीकी आसूचना अधिकारीयों की - विलियम सी ग्राहम एवं लारेन्स एन बेनिडिक्ट उपस्थिति बताते हैं। वैसे भी यह साक्ष्य कमज़ोर

हैं। राजीव हत्या के पीछे भारत में मोस्साद एवं सीआईए एजंटों की उपस्थिति का निष्कर्ष करने के लिए अकेला साक्ष्य नहीं होगा। इसे कदम से कदम उठाते हुए, इजराइल के नज़रिए से सबसे पहले अमरीका के नज़रिए से निपटा जायेगा, क्या राजीव गाँधी इजराइल के विरोधी थे? इसे दावा करने के लिए कोई साक्ष्य नहीं है। बेहेस के लिए, यदि अनुमान लगाया जाय कि, राजीव इजराइल के विरोधी थे, राजीव की हत्या करने के लिए क्या यही एक कारण पर्याप्त है? इजराइल/फिलिस्तीन सामान्तः एक विवादासप्द विषय है और दुनिया ने अधिकांश देशों ने फिलिस्तीन का समर्थन किया और कुछ देशों ने इजराइल का समर्थन किया है, इसलिए ऐसे परिस्थियों में राजीव यदि इजराइल के विरोध में थे भी, क्यायह कारण उन्हें ख़त्म करने के लिएमोस्साद के लिए काफी था?

यदि मोस्साद ने पूरे विश्व के नेताओं को समाप्त करने के लिए निर्णय लिया होता, जो इजराइल विरोधी थे, तो मोस्साद को संभवतः हर सप्ताह एक विश्व नेता की हत्या करनी पड़ती।

सीआईए/अमरीकी पहलू पर आयेंगे, अमरीका / एलटीटीई के रक्षक का एक सिद्धांत व्यापक रूप से विश्लेषकों द्वारा चर्चित है, कि, वे इस तथ्य की ओर संकेत करते हैं कि, खाड़ी युद्ध के दौरान, राजीव गाँधी भारत में अमरीकी विमानों के लिए इंधन भरने के लिये विरुद्ध थे। इस निर्णय को चंद्रशेखर ने लिया था और राजीव ने चंद्रशेखर को इंधन भरने से रोकने के लिए ज़ोर

---

150   https://parll amentofl ndl a.nl c.I n/ls/lsdeb/ls12/ses2/0405089808.htm

दिया था। इसी एक कारण से, उस समय से, सीआईए ने राजीव को निशाना बनाया और राजीव को अमरीका विरोधी मानते हैं और यही सिद्धांत चलता गया। सिद्धांतों की चर्चा और उनका खुलासा करने से पूर्व, यह महत्वपूर्ण है कि खाड़ी युद्ध का ज्ञान होना आवश्यक है।

खाड़ी युद्ध तब शुरू हुई जब सद्दाम हुसैन ने इराकको कब्जे में लिया। 1990 में जुलाई के अंत में, अगस्त की शुरुआत में, सद्दाम हुसैन ने अपने पडोसी राज्य कुवैत पर कच्चा तेल जो सार्वजनिक सीमा में स्थित अर रुमिला तेल क्षेत्र से हेराफेरी करने का आरोप लगाकर भड़काऊ भाषण दिया। इराक ने अपनी सेना को कुवैत की सीमा पर भेजने लगा। राष्ट्रपति होस्नी मुबारक द्वारा इराक एवं कुवैत में बातचीत आयोजित की गई, केवल 2 घंटे बाद बातचीत टूटी और सद्दाम हुसैन ने अपनी सेना को कुवैत पर आक्रमण करने के लिए भेजा। खाड़ी राज्यों ने समर्थन के लिए पश्चिमी तरफ घूमें। नवंबर 291990 के दिन, संयुक्त राष्ट्र सुरक्षा परिषद (युएनएससी) ने जनवरी 15 तक घोषणा की, यदि उसने कुवैत से वापसी नहीं लिया "सभी आवश्यक साधन" का उपयोग इराक के विरूद्ध अधिकृत किया जायेगा। सद्दाम ने परवाह ना करते हुए अपनी सेना दल की वापसी नहीं की। इसलिए, जनवरी 17 के दिन अमरीका ने ऑपरेशन डेज़र्ट स्टोर्म प्रक्षेपित किया, जो की अमरीका का नेतृत्व करनेवाला हवाई हमला था, 42 दिनों तक लगातार आक्रमण के पश्चात, अमरीका ने त्वरित जीत हासिल की। कई ईराकी बल या तो शरणागति पाये या भाग गए और तत्कालीन अमरीका राष्ट्रपति जोर्ज एच.डब्लू बुश द्वारा युद्धविराम घोषित किया गया [151]।

इन परिस्थितियों के अंतर्गत, भारत सरकार ने जनवरी 9 1991 के दिन निर्णय लिया, कि, आमरीकी C-141 यातायात विमानों को अनुमति देकर बम्बई के सफ़र हवाईअड्डे पर रुकेगी, प्रति दिन 2 उड़ानों के लिए इंधन भरेगी। वाम दल एवं कोंग्रेस राजीव के अंतर्गत प्र.मं चंद्रशेखर के निर्णय को तीव्र रूप से विरोध किये, क्यों कि, चंद्रशेखर राजीव के समर्थन पर निर्भर थे, फरवरी

20 के दिन, यह निर्णय लिया गया कि, विदेशी मंत्री एवं भारत के लिए अमरीकी दूत, विलियम क्लार्क ने पत्रकारों से कहा, भारत के लोगों मे तथा राजनैतिक दलों के बीच की टकराव पैदा नहीं करना चाहते हैं, इसलिए अमरीका ने इंधन भरना रोक दिया है।

---

[151] https://www.hl story.com/topl cs/ml ddle-east/persl an-gulf-war

यहाँ पर दो तथ्यों पर दृष्टी डालनी चाहिये, इंधन भरना अधिकृत तौर पर जनवरी 171991 के दिन शुरू हुईथी। इंधन भरने की अनुमति का निर्णय 9 जनवरी के दिन लिया गया। भारत सरकार द्वारा इंधन भरने से रोकने का निर्णय फरवरी 20 के दिन लिया था। युद्ध की समाप्ति फरवरी 28, 1991 के दिन हुई। तो युद्ध के अधिकाँश भाग के लिए इंधन की अनुमति थी,

भारत दवरा इंधन रोकने के बावजूद, अमरीका ने इंधन भरने का स्रोत ढूंढ लिया था और हिन्द महासागर द्वीप के डिगो गार्शिया से इंधन भरना जारी रखा था [152]।

अंत में उसने आराम से युद्ध पर विजय पा लिया। तो यहाँ अमरीका या आईए का क्रुद्ध होने का प्रश्न ही कहाँ उठता है?

जहाँ तक अमरीका का संबंध है, राजीव की विदेश नीतियां क्या थीं? वजतुल्लाह हबितुल्लाह जिसने राजीव के आधीन रहकर भारतीय प्रशासनिक सेवा (आईएएस) अधिकारी के रूप में सेवा किया, अपनी पुस्तक में लिखते हैं, राजीव भारत-अमरीका के संबंधों को मज़बूत करना चाहते थे। केवल एक ही महीने में, एक प्रौद्योगिकी हस्तांतरण पर भव्य समझौता ज्ञापन पर हस्ताक्षर किये थी। राजीव ने वाशिंगटन डी सी जून 1985में गए और कोंग्रेस में संयुक्त सत्र को संबोधित करनेवाले प्रथम भारतीय प्रधान मंत्री थे।

एक और भेंट अक्तूबर 1987 में किये थे, जहाँ रेगन प्रशासन ने व्यापार विस्तार का उल्लेखनीय घोषणा किये और एक द्विपक्षीयव्यापार संवर्धन समूह की स्थापना भी किये[153]। ये सभी उपरोक्त अंश दर्शाये कि, राजेव गाँधी वास्तव में भारत एवं अमरीका के बीच मैत्री संबंध निर्माण करना चाहते थे।

फिर सीआईए या अमरीका का राजीव गाँधी की हत्या करने का उद्देश्य कहाँथा?

---

152   Neena Gopal – Pg 6

153   https://www.southasl amonl tor.org/books/was-rajl v-gandhl -vl ctl m-forel
gn-l ntell gence-agencl es

यास्सर अरफत की चेतावनियाँ

प्र – यास्सर अरफत ने बारंबार राजीव को चेतावनियाँ भेजीं थीं?

उ – फिलिस्तीन लिबरेशन ऑर्गनाइजेशन (पीएलओ) का प्रमुख यास्सर अरफत की चेतावनियाँ, फिलिस्तीन दूतने कई आलोचकों द्वारा मोस्साद की संभवतः सम्मिलित होने का साक्ष्य देखा गया है। यास्सर अरफत ने उसके दूत को भेजा था और उसने से दो बार मिले थे, एक फरवरी के अंत में और एक अप्रैल के मध्य में, राजीव की ज़िंदगी खतरे में होने की चेतावनी दी थी[154]। अरफत के संबंध गाँधी परिवार के साथ बहुत अच्छे थे। जब पीएलओ और अरफत पर निशाना बनाया गया था और कई देशों ने उन्हें 'आतंकवादी' करार किये थे, भारत ने पीएलओ को अल फतह के साथ कार्यालय खोलने की अनुमति दी गयी थी जो इसका मुख्य संघटक था। अरफत का इंदिरा गांधीजी के साथ बहुत अच्छे संबंध थे, वोउन्हें प्यार से बहन कहताथा। वह इंदिरा गाँधी एवं राजीव गाँधी दोनों के अंतिम संस्कार पर उपस्थित था। जब इंदिरा गाँधी की अंतिम संस्कार हो रही थी तब अरफत असांत्वनीय थे। एक विशेष घटना अरफत एवं इंदिरा गाँधी के प्रबल संबंधों को बताता है और क्यों उसने इस संदेश को बारंबार भेजे थे, इसका भी वर्णन है।

1983में, नयी दिल्ली गुटनिरपेक्ष आन्दोलन सम्मलेन (एनएएम) के दौरान, अरफत यह जानकार निराश हो गए कि, उनके बोलने का स्थान जॉर्डन के राजा हुसैन के बाद ही आया था। पल भर में, उन्होंने सम्मलेन छोड़ने का निर्णय लियाथा। नटवर सिंह सम्मलेन के प्रधानसचिव ने तत्कालीन कुबा के राष्ट्रपति फिडेल कास्ट्रो पर हावी होकर अरफत को जाने से रोकने का प्रयास किये। ऐसे करने के उनके प्रयास में, फिडेल कास्ट्रो ने अरफत को पूछे कि यदि वह प्र.मं इंदिरा गाँधी के मित्र थे या नहीं? जवाब में, अरफत

---

154 https://sangam.org/srl-lanka-the-untold-story-chapter-47/

में कहा कि वे इंदिरा गाँधी को अपना बहन मानते थे। यह चर्चा ऐसे ही चला और अंत में अरफत आश्वस्त होकर एनएएम सम्मलेन के लिए वापिस बैठ गए।

उनकी बैठक के अलावा, उन्होंने भारत सरकार के लिए एक दूत डॉ. खालिद इल शेख द्वारा पत्र भेजा, जिसमे लिखा था, राजीव गाँधी की हत्या के प्रयास चल रहे हैं। फिर भी एम.के नारायणन ने राजीव गाँधी की रक्षा के लिए एनएसजी अथवा विशेष सुरक्षा रक्षक प्रदान करना उचित नहीं समझा। अरफत की दी गयी इस चेतावनी कीपूरी योजना में मोस्साद की सहभागिता एक साक्ष्य के रूप में देखा जा सकता है। लेकिन जो लोग ये कह रहे हैं, वे एक बड़ी बात को गायब कर रहें हैं। अरफत ने इजरायल को अपना दुश्मन मान लिया था। वह इजरायल को देश के रूप में निर्मित करने पर भी विरुद्ध था और इजरायल के विरुद्ध अरब- इजरैली युद्ध में लड़ा। केवल 1988के अंत में ही, उन्होंने एक देश के रूप में अस्तित्व को तथा इजरायल के अधिकार को भी स्वीकार किया।

फिर, यदि उसकेपास जानकारी थी कि राजीव गाँधी को मारनेवाला मोस्साद है, फिर पहली बात, कि, अरफत ने क्या किया होता, वो यह था, राजीव को चेतावनी देता, जो उसने किया।

दूसरी बात, कि, राजीव को मारने का प्रयास मोसाद ही हैकी चेतावनी देता, जो उसने नहीं किया। कनिष्टम उसने एसआईटी अधिकारीयों को बताया होता, जिसने राजीव की हत्या के बादमें जाकर उन्हें दी हुई अपनी चेतावनी को बताया। इसे भी उसने नहीं किया। इन चीज़ों से पता चलता है कि, कोई तो था, जो अरफत के समीप था जिससे अरफत ने राजीव की हत्या की योजना सुनी। यह पता लगाने की आवश्यकता नहीं है कि वह व्यक्ति कौन था। संभवतया, कुख्यात हथियारों का सौदागर एवं तत्कालीन विश्व के सबसे अमीर लोगों में से एक अदनान खाशोग्गी से सुना होगा।

खाशोग्गी के कम ज्ञात उपलब्धियांमें से एक यह है, कि, इथियोपिया गृहयुद्ध से अकाल पड़ने की वजह से उसने सुदान से कुछ 14, 000इथियोपिया विमान सेवा का आदेश दिया था। इस ऑपरेशन को मोसस ऑपरेशन कहा गया और 1984 में खाशोग्गी नेइसे आयोजित एवं वित्तपोषण किया था। अरफत, खाशोग्गी का तत्कालीन अच्छा मित्र था। लेकिन खाशोग्गी ने जो किया और हत्या का आदेश दिया था उससे अरफत क्रुद्ध था, लेकिन खाशोग्गी शांतता से प्रतिक्रिया व्यक्त की और अरफत के साथ बैठक के लिए विनंती किया और उसने वैयक्तिक रूप से हत्या को अंजाम देने कीचुनोती भी दी। लेकिन खाशोग्गी और अरफत की बैठक एक दूसरे से गले लगाने से समाप्त हुई और

उनकी मित्रता दुबारा प्रारंभ हुई। इस घटना का वृत्तान्त खाशोग्गी एवं अरफत के मित्र संबंध की सीमा का व्याख्या करने के लिए था।

इसलिए अरफत को खाशोग्गी से जानकारी प्राप्त हुई थी। क्यों कि खाशोग्गी उसका निकटतम मित्र था, स्रोत का पता ना बताते हुए उसने केवल राजीव पर निशाना किये जाने की जानकारी दे दी [155]। ध्यान देनेवाली बात यह है कि, खाशोग्गी चंद्रस्वामी का निकटतम सहयोगी था।

तिरुपति की यात्रा

प्र – एसआईटी ने दावा किया कि हत्या गिरोह के साथ कुछ अन्य लोग भी 25 मई 1991के दिन तिरुपति के लिए गए थे और 26 मई 1991 के दिन वापिस लौटे[156][157]?

उ – 163 और 170 बिन्दओं पर न्यायाधीश के.टी थॉमस का फैसला तथा 438और 616 के बिन्दओं में यह उल्लेखित है कि, मुरुगन, नलिनी, पद्मा, सुभा एवं सिवरासन, भाग्यनाथन द्वारा प्रबंध की गई टैक्सी में तिरुपति गए और वापिस 26 मई 1991 के दिन लौटे।

एसआईटी द्वारा मरोड़े गए इस झूठ को दर्शाने के लिए पर्याप्त साक्ष्य हैं। रगोथमन ने एक भेंटवार्ता में बहुत स्पष्ट रूप से कहते हैं कि नलिनी, सिवरासन और उनके साथी तिरुपति के लिए 23 मई के दिन गए और 24 मई के दिन वापिस लौटे [158]। तो कौनसा कथन सत्य है? क्या उन्होंने 25 मई के दिन तिरुपति गए और 26 मई के दिन लौटे जैसे की एसआईटी ने दावा किया या फिर 23 मई के दिन गए और 24 मई के दिन वापिस लौटे जैसे की रगोथमन ने कहा? यदि रगोथमन ने कहा वो सही है, फिर एसआईटी ने क्यों झूठे तारीख दिए?पूरे संदर्भ को समझने के लिए इस प्रश्न का उत्तर अगले प्रश्न के साथ पढ़ने से समझ आएगी।

---

155 https://www.dailymail.co.uk/news/article-4583004/Adnan-Khashoggi-shadowy-arms-dealer-friend-Nixon.html

156 https://www.dailypioneer.com/2014/india/fabricated-versions-of-events-floated-as-truth.html

157 https://www.casemine.com/judgement/in/5609ad65e4b014971141147f - Point 616

158 https://www.youtube.com/watch?v=OzdISculFKE – SI thannan Interview with Ragothaman (English) – Chapter 2

रवीचंद्रन अपनी पुस्तक में वर्णन करता है कि, मई 24 की सुबह, कोडाईकराई से मद्रास के विलिवक्कम में उसने अपनी चाची लोगमाता के घर आया। घर पहुंचने के बाद उसके हाथ में एक पत्र दिया गया जो सिवरासन ने उसकी चाची को दिया था। इस पत्र में लिखा था कि वह (सिवरासन) उससे मिलने 25 की दोपहर, लोगमाता के घर आएगा। इसलिए रवीचंद्रन उसकी चाची के 2 साल बेटे विनोद के साथ खेल रहा था।

कुछ समय बाद, उसकी चाची ने कहीं कि उसका मित्र उसे मिलने आया है। उसे हैरानी हुई, क्यों कि सिवरासन ने पत्र में लिखा था कि वो 25 के दिन आएगा और वह अगले दिन था। लेकिन वो गया औए उसे मिला। सिवरासन ने सुभा के लिए एक सप्ताह तक आश्रय देने की रवी से विनंती की। रवी संकोच होकर कहा, कि उसे शाम तक सोचकर बताएगा। सिवरासन ने स्वीकार किया और वहाँ से चला गया। उसी दौरान, टीएनआरटी में सं. 2 सुसीन्द्रन रवी से मिलने आया और रवी ने दृश्य योजना बताई। रवी ने उसे पूछा कि क्या सुभा को अस्श्रय प्रदान करने का दायित्व लेगा। सुसीन्द्रन का उत्तर सकरात्मक था, इसलिए दोनों मिलकर सिवरासन से मिलने अनुसूचित समय पर अड्यार के उद्घान में गए। जब रवी ने अपना निर्णय सिवरासन से कहा, सिवरासन तुरंत ही प्रफुल्लित हो उठा और पूछा कि क्या सुभा को आश्रय देने की जिम्मेदारी उसी दिन ले सकता है, सुसीन्द्रन ने हाँ कहा।

आयोजन के अनुसार, वे तिरुवल्लुर बस स्थानक के पैरिज़ कोर्नर में मिले। सुसीन्द्रन और मल्लिका पोल्ल्ची (कोइम्बतूर के पास) गए तथा सुसीन्द्रन ने सुभा को अपने मित्र कर्पगम के घर कुछ दिनों के लिए छोड़ा। उसके बाद मई 29 के दिन, रवीचंद्रन सुभा से मिलने कर्पगम के घर गया। 25 मई के दिन, जब सुभा, सिवरासन और उनके साथीयों को भाग्यनाथन द्वारा प्रबंध किये टैक्सी में मद्रास से तिरुपति के लिए जाना था, वास्तव में सुभा पोल्ल्ची में थी। सिवरासन और उनके साथीयों को सुभा को छोड़कर तिरुपती जाने का प्रश्न ही नहीं था, क्यों कि धनु की अंतिम इच्छा थी कि सिवरासन एवं सुभा तिरुपति के लिए जाएँ और उसकी आत्मा के लिए प्रार्थना करें जब सफलतापूर्वक हत्या होती है। अतः यह स्पष्ट होता है कि एसआईटी ने झूठ कहा। [159]लेकिन क्यों?इसका उत्तर अगले प्रश्न में मिलेगा।

---

[159] Ravl chandran – pg 220

शंकर उर्फ़ कोनेश्वरण

प्र – शंकर आका कोनेश्वरण की गिरफ़्तारी का काया हुआ?

उ – विधिवक्ता दोरैस्वामी ने अपनी पुस्तक में लिखा है, कि, पुलिस अधिकारी एम रवीन्द्रन – मंडल निरीक्षक थिरुथराईपूंडी ने शंकर को 7 जून 1991 के दिन गिरफ्तार किया था।

उसकी गिरफ्तारी के बाद, सिवरासन पोट् अम्मन के लिए लिखा, खबर है कि नागपट्टीनम में उनके एक साथी को गिरफ्तार किया गया है और उसने अपने बारे में सब कुछ बताया है। [160] शंकर की उपस्थिति एवं उसके हालचाल देखने पर वो एक श्रीलंकाई नागरिक लगता था, जिसने मई 1 1991 के दिन सिवरासन के साथ 9 सदस्य गिरोह में हिस्सा बनकर भारत आया हुआ था। वह जगदीशन के साथ मई 15 तक कोडाईकराई में रहा। मई 15 या 16 के दिन वो जगदीशन के साथ मद्रास में आकर इश्वरी लॉज में रहने गया, जोलॉज का स्वामी कल्याण कृष्णन था। जगदीशन नियमित रूप से उस लॉज का ग्राहक 25 वर्षों से होने से उन्हें कमरा मिलने में कोई परेशानी नहीं हुई। कमर लेने के बाद, जगदीशन चला गया लेकिन शंकर कमरे में रहा।

मई 21 के दिन, हत्या के बाद, लॉज का मालिक कल्याण कृष्णन घबराने लगा, क्यों कि उसे पता था कि शंकर श्रीलंकाई नागरिक हैतथा उसे पुलिस का सामना करना पड सकता है। इसलिए उसने शंकर को तुरंत छोड़ने के लिए कहा। शंकर के पास रॉबर्ट पायस का फोन नंबर था, कल्याण कृष्णन ने रॉबर्ट पायस से संपर्क किया। वह संपर्क एबिनिज़र प्रोविज़न स्टोर पर लगा और एबिनिज़र प्रोविज़न स्टोर का कर्मचारी सौन्दरापांडियन ने उठाया, पहली बार संपर्क करने पर उसने (अभियोजन साक्षी 54) कहा था क्यों कि घबराहट की स्थिति में, वो पायस अथवा सिवरासन के घर लगभग 1000 फीट दूरी पर नहीं का सकता था और संपर्क समाप्त हो गयी। 2-3 मिनट के बाद एक और फोन आया, इस बार शंकर ने स्वयं की पहचान बताई औरउसे कहा कि वो पायस या सिवरासन से तुरंत बात करना चाहता है। उसने कहा कि वह केवल सन्देश लेकर उसे पहुंचा सकता था, इसलिए शंकर ने पायस का पता पूछा। सौन्दरापांडियन ने उसे कहा कि पता उसके पास नहीं है और एबिनिज़र स्टोर का पता बता दिया।

---

[160]   Doral samy – pg 97

इसके बाद, न्यायाधीश कहते हैं कि शंकर ने पायस के घर पहुंचा इसका कोई सबूत नहीं है, जून 71991 के दिन फिर शंकर को गिरफ्तार करने थिरुथराईपूंडी गए[161]। महत्वपूर्ण प्रश्न यह है कि, यदि शंकर जून 9 के दिन गिरफ्तार हुआ था फिर मई 23 से जून 7 तक वो कहाँ था? सत्य ये है कि वह जून 7 के दिन गिरफ्तार ही नहीं हुआ।

इस प्रश्न का उत्तर चरण-दर-चरण के आधार देना ज़रूरी है। यह भी महत्त्वपूर्ण है कि, पाठक को ध्यान में रखना चाहिए कि इस प्रश्न की कड़ी, पहला प्रश्न, तिरुपति यात्रा से सम्बंधित है। अब शंकर जब गिरफ्तार हुआ, उससे एक पर्ची पाई गयी। उसमें दो संपर्क संख्या लिखे हुए थे। एक एबिनिज़र स्टोर का और दूसरा नलिनी एनाबोंड सिलिकोन संख्या थी। इसके बाद ही एसआईटी ने नलिनी से संपर्क करके बात किये। नलिनी अपनी पुस्तक में लिखी है, पुलिस अधिकारीयों ने उससे मई 27 के दिन मद्रास में अड्यार के उसके कार्यालय में बात किये थे। [162]नलिनी का यह एक कथन सबूत है कि शंकर मई 27 से पहले गिरफ्तार हुआ था। रगोथमन एक भेंटवार्ता में जेनिफर विलसन के साथ फिर से पोल खोलना शुरू करते हैं, कहते हैं कि शंकर मई 25 के दिन तंजावुर में गिरफ्तार हुआ था[163] फिर एसआईटी ने क्यों झूठ कहा कि शंकर जून 7 के दिन गिरफ्तार हुआ था? यह बड़ा प्रश्न है।

तिरुपति यात्रा की बड़ी सच्चाई

प्र – तो बड़ा सच क्या है?

उ – तो, यह एसआईटी की एक आकस्मिक गलती थी, जब उन्होंने दावा किया कि, सिवरासन और उसके साथीगण तिरुपति के लिए मई 25 या 26 के दिन गए थे? कुछ भी आकस्मिक नहीं था। एसआईटी का कहा प्रत्येक झूठ राजीव गाँधी की हत्या के पीछे बड़े सच को छिपाने के लिए सुनियोजित था। रगोथमन, उनके अंतिम दिनों में, लेखक के निकटतम मित्र कृष्णस्वामी से मिले थे, इस दौरान जब वे राजीव गाँधी हत्या की चर्चा के बारे में बातचीत कर रहेथे, रगोथमन ने बड़े षड्यंत्र की उपस्थिति को स्वीकार किये और ये भी कहे कि, हत्या के कुछ दिनों बाद, दो लोग थिरुथरैपूंडी के पास मंडल निरीक्षक रवीन्द्रन द्वारा पकडे गए थे। वे दोनों बताये कि वे श्रीलंकाई तमिल थे लेकिन

---

161 https://www.caseml ne.com/judgement/l n/5609ad65e4b014971141147f
    - reference

162 Nall nl pg 168

163 https://www.youtube.com/watch?v=fd82ahdR3WY

राजीव गाँधी की हत्या में शामिल नहीं होने की याचनाकी। इसके लिए रवीन्द्रन ने क्यू-विभाग से संपर्क किया, क्यू-विभाग ने उल्टा एसआईटी से संपर्क करके सूचित किये कि ये दो संदिग्ध व्यक्ति वायुमेडू चेकपोस्ट में पकडे गए हैं। एसआईटी ने उल्टा क्यू-विभाग से संपर्क करके 1 व्यक्ति को गिरफ्तार करने के लिए कहा और दुसरे व्यक्ति को छोड़ने के लिए कहा गया।

हिरासत में लिया गया व्यक्ति शंकर था और सिवरासन को छोड़ दिया गया था। इस रहस्य को रगोथमन ने कृष्णस्वामी से कहे। एसआईटी का इस कृत्य से पाठक को स्पष्ट होना चाहिए कि एसआईटी ने सिवरासन को जान-बूझकर भागने की अनुमति दी थी जबकि अपनी तरफ से उसे पकड़ने के लिए सर्वोत्तम प्रयास करने केदुनिया की आँखों में धूलझोंक रहे थे।

यह भी ठीक कारण हो सकता है कि, एसआईटी ने क्यों जान बूझकर तारीखों की अदलाबदली की। सत्य यह है कि, सिवरासन और उसके साथी मई 23 के दिन तथा मई 24 के दिन तिरुपति गए, सिवरासन को जान बूझकर भगा देने की घटना मई 25 एवं मई 26 के दिन हुई थी, झूठ प्रकट इसलिए हुआ क्यों कि, यदि सिवरासन का जान बूझकर भाग जाना मई 25 एवं मई 26 के दिन उजागर होती, तोएसआईटी हमेशा की तरह अपनी ओर से समर्थन करते कि, सिवरासन और उसके साथिजन तिरुपति गए थे इसलिए वे तिरुतारैपूंडी में उपस्थित नहीं थे, इसी कारण को अपनाते हुए, शंकर जून 7 के दिन गिरफ्तार करने का कथन किये जबकि सच्चाई थी, शंकर मई 25 या मई 26 के दिन पकड़ा गया था।

सिवारासन का पकडे जाना

प्र – क्या इस कथन का समर्थन करने के लिए कोई अन्य सबूत है कि एसआईटी जान-बूझकर सिवरासन को पकड़ना नहीं चाहतेथे?

उ – नवंबर 19 2020 के दिन, लेखक ने भूतपूर्व टीएनसीसी के प्रमुख पार्टी केकार्यकर्त्ता जी.के. मूपनार के निकटतम धननचेज़ियन से मिले। उन्होंने चौंका देनेवाला रहस्य को उजागर किये। मई 211991 के दिन, राजीव गाँधी की हत्या से पहले, सिवरासन के साथ क्रोधपूर्वक बातचीत हुई थी जब वे इंदिरा गाँधी की प्रतिमा को माला पहनाने के लिए मंच पर जाते समय रुके थे, प्रतिमा को माला पहनाने के तुरंत बाद, राजीव नीचे उतरकर मुख्य रास्ते पर कार में बैठने जा रहे थे, तब एक व्यक्ति पत्रकार के भेस मेंकुर्ता –पाजामा पहने (सिवरासन) उन्हें रोक लिया। पीएसओ गुप्ता ने सिवरासन को

हटाने का प्रयत्न किये, राजीव जब कार में बैठने जा रहे थे, जब वे इसे देखे, पीएसओ से संकेत किये की सिवारासन को मिलने की अनुमति दें।

सिवारासन ने अंग्रेजी में कुछ क्रुद्ध्पूर्वक आवाज़ में बात किया, धननचेज़ियन पास ही थे और इस बातचीत को देखे लेकिन उनकी अंग्रजी थोड़ी कच्ची थी, इसलिए उन्हें पता नहीं चल सका कि वो क्या बात कर रहा है। सिवारासन ने कुछ शिकायत के आवाज़ में बात किया और राजीव ने उसे शांत करने का प्रयास किये। फिर वे कार में बैठ गए और चले गए [164]। इस बातचीत को प्रमाणित करने के लिए, लेखक ने 5 विभिन्न मूल के साथ चर्चित किये। 5 विभिन्न सूत्रों ने 4 विभिन्न संभाषण दिए और उन्हें नीचे प्रकट किया गया है।

a. लेखक ने जी.के. मूपनार के पार्टीकर्मचारीकराटेथियागराजनसे भी बातकिये, मूपनारकेपार्टीकर्मचारीधननचेज़ियनकेसाथघटनास्थलपरउपस्थितथे। वेदावाकरतेहैंऐसाकुछनहींहुआ   था   जैसेधननचेज़ियननेकथितकियाहै। उनकेकथनानुसार, राजीवकेवलआये, इंदिराजीकीप्रतिमाकोमालापहनाये, नीचेउतरेऔरकारमेंबैठकरचलेगए[165]।

b. लेखकनेफिर   जी.केमूपनारकेपार्टीकर्मचारीमुनवरबाशासे   भीवार्तालाप किये   जो   घटनास्थलपरउपस्थितथेजहाँमाल्यार्पणहोरहीथी।   उनके अनुसार भी ऐसा कुछ भीनहीं हुआ था औरकिसीनेभीराजीव को ह स्त क्षे प न ह ीं कि ये ज ब वे इं दि रा जी की प्र ति मा प र माल्यार्पणकरनेकेबादकारमेंबैठे[166]

c. यह पुस्तक नाकीरन अन्वेषण दल द्वारा लिखित 'इंटरनॅशनल सुपारी किल्लर्स इन द राजीव असेसीनेशन – शॉकिंग टूल्स एंड बरीड सीक्रेट्स' से पुनः प्रस्तुत किया गया है।

रात10.10बजे 21/05/91

राजीव श्रीपेरुम्बुदुर पहुँचते हैं, सार्वजनिक सभा में जाने से पूर्व वे इंदिरा गाँधी की प्रतिमा को माला पहनाते हैं, जिसका उन्होंने कुछ समय पहले ही

---

[164] I ntervI ew wI th DhananzhezhI yan, Congress Party Worker under Moopanar

[165] I ntervI ew wI th Karathe ThI agarajan, Congress worker under Moopanar

[166] I ntervI ew wI th Munavar Baasha, Congress worker under Moopanar

अनावरण किया था। एक जवान लड़का उनके पैरों पर आकर गिरता है, वे उसे उठाते हैं और उनके चेहरे पर मंदहास से उस लड़के की बातों को सुनते हैं, वाज़पड़ी एवं मूपनार पहले से ही मंच पर गए थे और उनके नेता के आगमन की प्रतीक्षा कर रहे थे[167]।

d. जब लेखक ने नवंबर 24 2020 के दिन, रगोथमन से बात किये और बताये कि धननचेज़ियनजी ने चौंकानेवाली बात को खुलासा किया है, इंदिरा गाँधी की प्रतिमापर माल्यार्पण के पश्चात वे क्रोधपूर्वक बातचीत का साक्ष्य रहेजो बातचीत राजीव गाँधी एवं सिवरासन के बीच हुई थी। रगोथमन का उत्तर था कि यह सत्य है कि किसी व्यक्ति ने क्रोधपूर्वक बातचीत राजीव के साथ हुई थी लेकिनवो नहीं जो धननचेज़ियन ने कहा है, वो एक पंजाबी सिंग था जो दिल्ली से चला आया था। वो राजीव से शिकायत कर रहा था कि उत्तर से वे आये हैं और उनकी सहायता के लिए राजनेताओं ने कुछ भी नहीं किया है इत्यादि इत्यादि। राजीव ने उसे शांत करने का प्रयास किये। रगोथमन आगे कहते गए "वह पंजाबी सिंग था जोधननचेज़ियन ने गलती से सिवरासन समझ लिए"[168]। जब धननचेज़ियन से इसे पुछा गया, झट से उनका उत्तर आया "क्या मैं पंजाबी सिंग और सिवरसन के बीच भेद नहीं जानता हूँ?"

e. धननचेज़ियन मूपनार के पार्टी कर्मचारी, जो घटनास्थल पर उपस्थित थे यह कहे – जब राजीव गाँधी, इंदिरा की प्रतिमापर माल्यार्पण किये, नीचे उतरकर कार में बैठने जा रहे थे, सिवारासन उनसे बात करने का प्रयास किया। सुरक्षा रक्षक ने उसे हटाने की कोशिश की, तब राजीव गाँधी ने पीएसजी से कहे की सिवरासन को बात करने की अनुमति दें।

f. निस्संदेह, सपष्ट करने के लिए, उस समय, कोई भी नहीं जानता था कि वो व्यक्ति सिवरासन था, सभी ने, राजीव गाँधी भी गलत समझेकि वह पत्रकार है। फिर सिवरासन आगे बढ़कर राजीव से अंग्रज़ी में कुछ कहा जो धननचेज़ियन को समझ नहीं आया, राजीव ने उसे शांतकिये और कार में बैठ गए।

g. नीना गोपाल द्वारा छठा कथन है। यदि शेष लोगों के लिए यह बोले गए शब्द थे, नीना के लिए यह शब्द अनकहे थे। नीना गोपाल अपनी पुस्तक में हत्या के एक

---

[167] Nakeeran team's book (Taml I) – pg 32

[168] I ntervI ew wI th Ragothaman

दिन पहले राजीव गाँधी पर हुए घटनाओं के बारे में लिखतीं हैं –सत्य जो उसने जयलिलाता की भेंटवार्ता में जाना था, पर उसे कैसेराजीव गाँधी के साथनियुक्ति मिली, राजीव ने कैसे बारबरा और उसे चुने और सभी मिलकर एक ही कार में गए, कैसे वे श्रीपेरुमबुदुर के रास्ते में पोरुर एवं पूनमली में रुकें, अंत में विस्फोट के बारे में बताती हैं लेकिन राजीव गाँधी कार रोककर अपनी माँ की प्रतिमापर माल्यार्पण करते हैं, इसके बाद इस महत्वपूर्ण भाग को वो छोडती हैं। प्रश्न यह है कि राजीव गाँधी इंदिराजी की प्रतिमा का माल्यार्पण करना, क्या नीना को इस भाग को छोड़ देना आकस्मिक था या जान-बूझकर? क्या उसने इस भाग को जानबूझकर सिवरासन की घटना से छोड़ा?

इसे छोड़कर निश्चित रूप से कुछ हुआ है। यह स्पष्ट है, जोरगोथमनने कहा, जो नकीरन की पुस्तक में लिखा है और यह भी जो धननचेज़ियन ने कथित किये। सपष्टता से मुनवर बाशा एवं थियागराजन ने या तो छोड़ा है जो कुछ भी हो रहा था (संभावना कम) या फिर विवादों से बचने के लिए (संभावना ज्यादा) वे जान-बूझकर सच नहीं बता रहें है। रगोथमन के विवरण के बारे में बात करें कि, वह पंजाबी सिंग था, यहाँ दो जोरदार विवरण हैं यह बताने के लिए कि रगोथमन झूठ बोल रहे थे।

यदि वो सिंग था, तो पीएसजी द्वारा रोका जाता और राजीव से बात करने की अनुमति नहीं देते। क्यों कि, एक नहीं बल्कि कई कारण हैं, पहला, इंदिरा गाँधी की हत्या, उनकी अपने सिख अंगरक्षकों द्वारा हुई थी, केवल येही नहीं, राजीव गाँधी पर हमले का प्रयत्न राजघाट में अक्तूबर 2 1986 के दिन करमजीत सिंग द्वारा की गयी थी जब वह राजघाट में छिपकर कुछ दिनों तक रहा था और राजीव का उस स्थल पर आने की प्रतीक्षा में था। तीसरा सत्य कि राजीव गाँधी सिख गरमदलियों से धमकियों का सामना किये यह विख्यात है। इन कारणों से यदि वो सिख था, संभवतः राजीव ने उससे मिलने के लिए पीएसजी से अनुमति देने से मना करते। लेखक स्वयं श्रीपेरुमबुदुर गए थे। सिख व्यक्ति का संभवतः से उस क्षेत्र में रहना, वो राजीव की सभा में आना, फिर विशेष जगह आना जहाँ राजीव ने इंदिराजी की प्रतिमा पर माल्यार्पण किये थे, फिर शिकायत करना, ये सब असंभाव थे। रगोथमन ने बेहतर झूठ कहा होगा।

सिवरासन का पकडे जाना – आगे की जानकारी

प्र –येआरोप हैं कि एसआईटी ने सिवरासन को पकड़ने के लिए उत्सुक नहीं थे? क्या यह सत्य है?

उ – यह बिलकुल सच है। आईबी के लिए इस बार भी 'द हिंदु' घटना के कारण यश मिलना था,

पहली बार जब 24 मई 1991 के दिन 'द हिंदु' में तस्वीरें छपी थी, जो हत्या के कुछ दिन बाद थी। तस्वीर में, धनु सिवरासन एक फीट की दूरी के साथ लता कन्नन एवं उसकी बेटी कोकिला के

बीच में खड़ी थी। वैसे, तस्वीर में छोटापरिवर्तन किया गया था। सिवरासन को उस तस्वीर में से निकाला गया था जब तस्वीर प्रकाशित हुई थी। इस घटना का वृत्तान्त पहले कुछ खण्डों में किया गया है। एन राम के रक्षक जैसे की खण्ड में कथित है, जैसे वो मासूम पत्रकार दिखे और उसे बेवजह फंसाने से रोकने के लिए सोचकर उसने तस्वीर में से उसे हटाया और इसलिए ऐसा किया[169]। यहाँ एक सवाल पैदा करती है – हत्या होती है। उस समय किसी ने भी नहीं सोचा कि किसने हत्या की योजना बनाई। सभी लोग - विशेषतः सीबी सीआईडी/एसआईटी सुराग के लिए ढूंढ रहे थे। इस स्थिति में, जब किसी की नज़र तस्वीर पर जाती है और सफ़ेद कुर्ता पाजामा पहने व्यक्ति को देखता है, तो कोई भी कह सकता है कि वो एक मासूम पत्रकार हैया उस व्यक्ति पर संदेह होता है कि वह हत्यारे के पास खड़ा था? लेखक बहुत विचार करते हैं कि, यह बादवाला होगा। कम से कम यदि वो असली जाना माना पत्रकार होता या वो व्यक्ति राम से परिचित होता तो कोई भी राम की परिस्थिति को समझ पाता। लेकिन कोई मार्ग नहीं कि, राम सिवरासन को जानता था क्यों कि पहली बात वो असली पत्रकार नहीं था, वो एलटीटीई का एक आतंकवाद था।

फिर राम ने कैसे सिवरासन की तस्वीर को हटाने का निर्णय लिया, क्यों कि इस तथ्य से कि वो सफ़ेद कुर्ता पजामा के साथ सफ़ेद थैली के साथ था और पत्रकार जैसे दिखा इसलिए? क्या राम ने उसके सहकर्मियों सेपता नहीं लगाया कि वह परिचित पत्रकार पत्रकार मंडली से था या नहीं? एक बहुत बुद्धिमान व्यक्ति जैसे राम ने निश्चित रूप से किया होता। राम के हित में अनुमान लगायें कि उसने सच में सोचा कि वो असली पत्रकार था, उसका पहला कर्त्तव्य था उस तस्वीर को एसआईटी के लिए सौंपना, दूसरी चीज़, यदि वो असली पत्रकार भी होता, क्यों कि वो हत्यारिन के पास था, उसके पास प्रमुख सुराग रहते कि वो किससे बात किया इत्यादि, पूरी तस्वीर छापना यह उसका कनिष्टतम कर्त्तव्य था।

---

[169]   https://www.youtube.com/watch?v=m85jzhZHsHc – SI thannanI ntervI ew wI th Ragothaman (EnglI sh) - Chapter 1

तो राम के लिए क्या कारण था कि वो सिवरासन को उस तस्वीर में से निकाला? स्पष्टीकरण सरल है। यह साबित हो जायेगा कि जब से हत्या हुई तब से आईबी एक बड़े षड़यंत्र में सहभागी हैं। जब हत्या हुई, एम.के नारायणनने तुरंत जांच नहीं करने के हेतु से दिल्ली से मद्रास आये। वे पहले से ही जानते थे कि अपराधी कौन है। वे केवल इसलिए आये ताकि सुरागों को छिपाकर

असली अपराधी को पकडे जाने से बचा सके। लेखक को दृढ़ अभिमत है कि संभवतः एम.के नारायणनन ने किसी उच्चतम स्तर में रहनेवाले दिल्ले से निर्देश अनुसार किये, उस व्यक्तो को पता चलने पर कि तस्वीर छाप दी जाएगी, उसने तुरंत राम से संपर्क किये और आवश्यक दबाव डाले गए। इसलिए राम मुरझा गया।

मृदुला की कथनानुसार (बेंगलोर रंगनाथ की पत्नी), अगस्त 10 1991 के दिन, उसे पुट्टनहल्ली में उसके घर छोड़ने के लिए कहा गया जहाँ सिवरासन और अन्य लोग छिपे हुए थे और हुक्कपनदोड्डी जगह पर जाकर चिकन्रा से मिलने के लिए कहा गया। उसने ऐसा किया और सथनुर स्थान पर रुकी, यह स्थान बेंगलोर से 80 कि.मी दूरी पर था। वास्तव में, अन्य सभी लोग सुरेश मास्टर, ड्राइवर अन्ना, रंगन, उसका पती रंगनाथ सहित आये और उस रात सथनुर में निवास किये। तो, सिवरासन और सुभा पूरे दिन के लिए अकेले थे। विधिवक्ता दौरैस्वामी बेहेस करते हैं कि कारण सरल है। कुछ वीआईपी उसे मिलने आये थे, लेकिन इस घटना को एसआईटी ने सुचारू रूप से छिपा दिये। इससे अधिक महत्त्वपूर्ण, वीआईपी कौन था [170]?

प्र – लेकिन फिर सिवरासन की तस्वीर (धनु, लता कन्नन एवं कोकिलावाणी के साथ) मई 28 के दिन 'द हिन्द' में प्रकाशित हुई, तब क्यों नहीं छिपाया गया?

उ – कोई भी तार्किक अंदाज़ लगा सकता है कि क्या हुआ होगा। एक साक्ष्य की कड़ी यह दिखाने के लिए कि आईबी बड़े रहस्य को छिपाने में शामिल थे। हो सकता है सिवरासन की तस्वीर 'द हिन्द' में प्रकाशित करने से रोका जाना संभव नहीं था क्यों कि तस्वीर सभी विभागों में प्रेषित हुईथी। टीएनएफसी, सीबी सीआईडी और एसआईटी सभी ने तस्वीर के बारे में जानते थे। यदि तस्वीर केवल एसआईटी के लिए पहुंचा होता, फिर निश्चित रूप से कार्तिकेयन एवं एम.के नारायणन एक साथ मिलकर सिवरासन की तस्वीर को सदा के लिए हटा देने का सुनिश्चित करते।

---

[170] Doral samy – pg 181

सिवरासन की रक्षा?

प्र – क्या अन्य उदहारण हैं, जिससे यह साबित होता है कि एसआईटी सिवारसन की रक्षा कर रहे थे?

उ – कई गुणित उदहारण हैं। उसकी मृत्यु ही साक्ष्य का तथ्य है कि, एसआईटी सिवारसन की रक्षा कर रहे थे। लेकिन पूरी घटना को सही रूप से पेश करने के लिए, एसआईटी दिल्ली में किसी प्रबल व्यक्ति को बचाने के लिए प्रयत्न कर रहे थे। इसीलिए, उन्होंने सिवरासन को बचाने का अधिकतम प्रयास किये हैं। क्यों कि सिवरासन दिल्ली में षड्यंत्रकारियों से लगातार संपर्क में था। यदि उसे पकड़ा जाता तो उसने दिल्ली के प्रमुख व्यक्ति का नाम बता देता और कार्तिकेयन को ये मामले पेचिदा बन सकते थे। यदि परिस्थिति अस्थिर बन जाती है, कार्तिकेयन को यह सुनिश्चित करना चाहिए कि सिवरासन बिना पकडे ही मर जाए। यह बिलकुल ऐसा ही हुआ है। कोणनकुंटे 'नाटक' में जाने से पूर्व, चोक्कनाथान प्रकरण का वृत्तांत किया जायेगा। न्यायाधीशों ने इसका उल्लेख किया है।

चोक्कनाथान भास्करन का दूर का रिश्तेदार था, जब वो श्रीलंका गया था वहां उसकी भेंट हुई थी। उसके पश्चात, भास्करन से संपर्क टूट गया। भास्करन ने कोड्डूनगैयुर में सिवरासन के लिए सुरक्षित निवास स्थान लिया था और विजयन (उसका दामाद) और सेल्वलक्ष्मी (विजय की पत्नी) के साथ हीं ठहरा हुआ था। सालों बाद, भास्करन ने जून 20 1991 के दिन, अचानक से उसे मिलने, उसके घर पहुंचा। भास्करन उससे कहा कि वह एक घर खोज रहा था जिसका निर्धारित लक्ष्य 2000/- से3000/ रुपये तक थी। चोक्कनाथान हैरान हुआ, क्यों कि, वह दृढ़ था कि भास्करन के लिए 500/- रुपये तक घर का किराया पर्याप्त रहेगा। उसे यह बताया। भास्करन ने अनिच्छा से उत्तर दिया की यह घर किसी और के लिए था। चोक्कनाथान जानने के लिए उत्सुक था, उसे पूछा कि किस के लिए है। यद्यपि प्रारंभ में, सीधे उत्तर देने के बजाय परिस्थिति से बाहर निकलने

के लिए छटपटाहट के साथ दबाव से सत्य का परिच्याय दिया कि यह सिवरासन के लिए था। यह सुनकर चोक्कनाथान को झटका लगा और मदद करने से मना किया। भास्करन ने दृढ़ रहकर पूछा कि कम से कम सुभा कुछ दिनों तक रह सकती है। चोक्कनाथान ने स्पष्ट रूप से मना किया। भास्करन यह सुनकर क्रोधित हुआ और चोक्कनाथान से सत्य उजागर ना करने की धमकी दिया

और घर चला गया। इससे चोक्कनाथान दुविधा में आ गया, क्यों कि, उसे पता था की उसे एसआईटी को सूचित करना था, एसआईटी ने सिवरासन को पकड़ने के लिए बड़े विज्ञापन जारी किये थे ताकि कोई भी उसका पता या किसी भी जानकारी देने के लिए योग्यपुरस्कृत करने के लिए स्वागत था। 2 दिन बाद, जून 23 के दिन, चोक्कनाथान उसके रिश्तेदार श्रीनिवासन से परामर्श किया, दोनों ने मिलकर धैर्य के साथ मल्लिगई पहुंचे। लेकिन उनकी व्याकुलता के लिए एसआईटी ने उन्हें चार दिन बाद संपर्क करेंगे ऐसा कहकर वापिस भेज दिए। इसके बाद, उसे जून 28 के दिन फिर से बुलाया गया और उसका कथन अभिलिखित किये[171]। यदि वह टेलीफोन से संपर्क होता तो कुछ रीति से निर्णय किया जा सकता था क्यों कि दिन में बहुत सारे फ़ोन आते हैंजिनमे कुछ सनकी भी रहते हैं लेकिन यहाँ, सम्बंधित व्यक्ति सीधे एसआईटी के लिए गया था। एसआईटी चोक्कनाथान को सुनने के बाद उसी वक्त भास्करन के घर छापा मारने के लिए जाना चाहिए थे, यदि ऐसा करते तो सिवरासन अवश्य पकड़ा जाता था। एसआईटी का ध्येय ये नहीं था, उनका कार्य था दुनिया को विशवास दिलाना कि वे सिवरासन की तलाश कर रहे हैं जबकि सत्यतः वे कुछ नहीं कर रहे थे। उसी समय, सटीक जानकारी संभवतया उचित माध्यम द्वारा सिवरासन तक पहुंचा होगा। पंछी भाग जाने के बाद, प्रचारित छापे 4 दिन बाद की गयी थी।

जुलाई 27 के दिन, एलटीटीई उग्रवादी विकी और गुना कोइम्बतुर में पकडे गए थे, एसआईटी ने विकी से बेंगलोर में सिवरासन छुपे होने की जानकारी प्राप्त की। दौरैस्वामी के अनुसार, एसआईटी सिवरासन के ठिकाने के बारे में जुलाई 29 के दिन जानकारी प्राप्त की। फिर भी, जुलाई 31 के दिन, एसआईटी ने कुछ नहीं किया और ठिकाने पर जुलाई 31 की मध्यरात्री पहुंचे। (संभवतः पंछी उड़ जाने के बाद) ऐसा है यह प्रकरण, बड़ा प्रश्न उठता है कि सिवरासन रंगनाथ के घर पुट्टनहल्ली अगस्त 2 के दिन आया, इसलिए दौरैस्वामी महतवपूर्ण प्रश्न पूछते हैं कि – फिर वो जुलाई 31 से अगस्त 2 तक

---

[171] https://www.caseml ne.com/judgement/I n/5609ad65e4b014971141147f
- Pol nt 504

कहाँ था? इसे एसआईटी ने नहीं पुछा, तो क्या वो इतनी संवेदनशील ठिकाने पर था कीएसआईटी ने इस जानकारी को प्रकट ना कर पाए?[172]

27 जुलाई के दिन, विकी और गुना, एलटीटीई उग्रवादी, कोइम्बतूर में पकडे गए तथा विकी से सिवरासन बेंगलोर में छिपे रहने की जानकारी एसआईटी ने प्राप्त की। दौरैस्वामी के अनुसार, एसआईटी ने सिवरासन की ठिकाने के बारे में जानकारी जुलाई 29 के दिन प्राप्त किये। फिर जुलाई 31 के दिन तक, एसआईटी कुछ न करते हुए 31 की मध्यरात्रि घर गए (संभवतः फिर से पंछी भाग जाने की पुष्टि करने के बाद)। इस तरह का ये प्रकरण, बड़ा प्रश्न उद्भव होता है क्यों कि सिवरासन पुट्टनहल्ली में रंगनाथ के घर 2 अगस्त के दिन आया। इसलिए दौरैस्वामी विकट प्रश्न पूछते हैं – जुलाई 31 से 2 अगस्त तक वह कहाँ था? एसआईटी ने इस पर कोई ध्यान नहीं दिया। तो वह ऐसे सूक्ष्म स्थान पर था जिसकी वजह से एसआईटी इसके बारे में जानकारी को प्रकट नहीं कर सके?[173]

इन घटनाओं के अलावा, एक दुखद-हास्यमय घटना भी हुई थी, जब एसआईटी का निर्माण हुआ था। सिवरासन के बारे में अधिक सुराग प्राप्त करने के लिए एसआईटी ने एक विशेष संपर्क संख्या को स्थापित किया था और उसे पूरित करने के लिए एक व्यक्ति को बिठाया गया था। हास्यमय मोड़ तब आया जब एसआईटी ने तेलुगु व्यक्ति प्रभाकर राव की नियुक्ति किये थे, जबकि उसे तमिल नहीं आती थी। मोहनराज हास्पूर्वक कह सुनाते हैं कि, प्रत्येक बार जब उस व्यक्ति ने फोन उठाया, प्रभाकर राव "बागुनारा?" (आप कैसे हैं?) कहता था।

एसआईटी यदि सिवरासन को पकडे जाने से बचाना नहीं चाहते थे तो क्यों टेलीफोन कॉल में भाग लेने के लिए तेलुगु भाषी व्यक्ति की नियुक्ति की जब उसे तमिल का ज्ञान नहीं था संभवतः जब सिवरासन के बारे में सुराग दे सकता था?

कोणनकुंटे छापा

प्र – कोणनकुंटे छापे के बारेमें क्या हुआ?

उ – जुलाई 27 के दिन, गौंडरपाल्यम कोइम्बतूर में, 2 एलटीटीई विकी एवं रघु की पूछताछ तथा गिरफ्तार किया गया। विकी सिवरासन के साथ था जब ड्राइवर धनशेखरन

---

[172] Doral swamy (Engll sh) – Pg 180-181
[173] Doral swamy (Engll sh) – Pg 180-181

उसे अपनी टेम्पो ट्रेवलर कोलाथुर मणि के आदेश पर ले गया और बेंगलोर में छोड़ दिया था।

तो उन्हें विकी द्वारा जुलाई के अंत में सिवरासन के बारे में जानकारी प्राप्त हुई कि वो बेंगलोर में छिपा है। यह सुनने के बाद, आदर्श रूप में कार्तिकेयन को अपने कमांडो दल के साथ, एंटी-साइनाइड गोलियों के साथ इत्यादि इत्यादि से तुरंत बेंगलोर जाना चाहिये था, लेकिन उन्होंने ऐसा कुछ भी नहीं किया। वास्तव में, अंततः जब कोणनकुंटे में सिवरासन का पता चला था अगस्त 18 के दिन, कार्तिकेयन कुछ 'ज़रूरी काम' पर हैदराबाद में थे। निवृत कर्नाटक कार्यकर्ताओं के आईपीएस अधिकारी केम्पैय्या उनके अपने शब्दों में, अगस्त 19 के दिन पर यदि वे छापा मारते तो सौ प्रतिशत निश्चित था कि वे सुभा एवं सिवरासन को ज़िंदा पकड सकते थे। वे मानसिक तौर पर तैयार थे, उनकी योजना थी, एक महिला हलीना मुनियमा द्वारा भेजना चाहते थे जिससे एलटीटीई के सदस्य रोज़ उसके घर के अंदर से दूध लेते थे। इसलिए जब एलटीटीई का सदस्य जब दरवाज़ा खोलता तब आसानी से घर में प्रवेश करके उन्हें गिरफ्तर कर सकते थे और साइनाइड कैपस्युल चबाने के मौके को टाल सकते थे।

पुलिस ने घर को चारों तरफ से घेर लिये थे, लेकिन पड़ोसी भी इसके बारे में नहीं जान पाए और वहाँ कोई मीडिया भी उपस्थित नहीं थी। वे कहते गए कि, इस कार्य-विधि में उन्होंने पूर्ण रूप से गोपनीयता निश्चित किये थे। इससे सपष्ट होता है कि, यदि सिवरासन को पकड़ना सौ प्रतिशत नहीं था कम से कम 20-30 प्रतिशत उसे ज़िंदा पकड़ा जा सकता था। तो क्या हुआ?छापा मारने का निर्णय से कुछ समय पूर्व, केम्पैय्या ने तत्कालीन नगर आयुक्त को बुलाया जिन्होंने उन्हें एसआईटी प्रमुख कार्तिकेयन की प्रतीक्षा करने को कहा। उन्होंने कहा कि कार्तिकेयन ने तत्कालीन सीबीआई निदेशक को बुलाने का निर्णय लिया है जिन्होंने बेंगलोर के लिए शाम 4 बजे पहुंचे हैं और लखनऊ से एंटी-साइनाइड दल की प्रतीक्षा में हैं। इसलिए यह कार्य-विधि रुकी थी और लखनऊ से दल अगली सुबह – अगस्त 20 के दिन पहुंची। इस कार्य-विधि को तभी अनुमति मिली। अगस्त 20 की सुबह के शुरुआती घंटों में, दरवाजों को तोड़ दिया गया लेकिन वह बहुत देर हो चुका था। सभी 7 लोगों ने पिछली रात – अगस्त 19 में ही साइनाइड खा लिए थे [174]।

इसे और अधिक प्रमाणित करने के लिए, मेजर रवीन्द्रन जो विशेष कमांडो दल के प्रभारी थे सिवरासन को पकड़ने की व्यवस्था की, कहते हैं – अगस्त 17 के दिन मंड्या में छापा मारने के तुरंत बाद, जहाँ 5 उग्रवादियों को ज़िंदा पकड़ लिया था।

---

174 http://www.thesundayIndIan.com/artIcle_prInt.php?artIcle_Id=15033

रवीन्द्रन के दल से कहा गया था कि अगस्त 18 के दिन लगभग रात 8:30 बजे जयनगर पुलिस थानेपहुँच जाए। वे कोणनकुंटे के घर को जल्द ही धावा करना चाहा था लेकिन उनके तत्काल प्रबंधकर्ता तत्कालीन उप पुलिस महानिरीक्षक एवं कमांडिंग अधिकारी राधाविनोद राजू जो उनके दल के साथ बहिर्वास में थे उनकी बीमार पत्नी वापिस आने के बावजूद भी हैदराबाद में कार्तिकेयन से अनुमति मिलने तक उन्हें रुकना पड़ा था। "हमारा 25 से 30 कमांडो का दल था, जिनमें से 6 को घर में धावा करने के लिए बोला गया था। मैंने अगस्त 18 के दिन रात 8:30 बजे फोन पर बेंगलोर पुलिस आयुक्त आर रामलिंगम के समक्ष कार्तिकेयन से बात किया, कि, हमें और समय नष्ट नहीं करना चाहिए लेकिन आदेश आने पर बहुत देर हुआ था। हम अगस्त 18 की रात से ही अनुमति की प्रतीक्षा में थे और अंत में हमें अगस्त 20 के दिन जल्दी सुबह जाने के लिए कहा गया "।

मेजर रवी की इस घटना में सहभागीत्व अगले प्रश्न में बताएँगे[175]।

यह संभवतः सबसे उपहास्य कार्य-विधि थी। जब उग्रवादियों के पास साइनाइड कैप्स्युल होने का पता होते हुए भी, हमला करने से पूर्व सीबीआई ने कमांडो दल को पूरे 36 घंटों तक प्रतीक्षा

करवाये। उन्हें अगस्त की शुरुआत से ही पता था कि सिवरासन बेंगलोर में छिपा है, यदि वे सिवरासन को ज़िंदा पकड़ने के लिए इतने सतर्क थे, उनको सभी एंटी-साइनाइड औषधियों को अगस्त के प्रथम सप्ताह में ही बेंगलोरमें लाने चाहिए थे लेकिन पाठक जानता है कि ऐसा नहीं किया।

कोणनकुंटे के बारे में सच्चाई

प्र – मेजर रवी ने भेंटवार्ता में कार्तिकेयन के प्रति असंतोषजनक व्यक्त किया है?

उ – इस लेखक ने मेजर रवी से बात किये जिन्होंने कोणनकुंटे में वास्तव में क्या हुआ था इसके बारे में विस्तारपूर्वक वृत्तान्त दिये हैं। मेजर रवी ने अपने साथ 10 बलैक केट कमांडों को लेकर बेंगलोर के कोरमंगला में ठहरे हुए थे। कर्नाटक में उन्होंने कुछ छापें मारे थे, अगस्त 18 की शाम

---

175 https://www.deccanchronl cle.com/natl on/current-affal rs/200817/my-commandos-were-ready-not-allowed-to-capture-em-all ve-major-ak-ravl ndran.html

लगभग शाम 7 बजे, रवी को डीआईजी राधाविनोद राजू से फोन आया कि वह तुरंत जयनगर पुलिस थाने आये। ये तुरंत निकले। राजू उससे कहे कि सिवरासन बेंगलोर में छिपा हुआ है, मेजर रवी फूलें नहीं समा पाए। यह वही क्षण था जो वे प्रतीक्षा कर रहे थे। उन्होंने जाकर देखा कि मृदुला पुलिस थाने में बंधी गयी है। उन्होंने मृदुला से सिवरासन और उसके गिरोह के साथ हथियारों के बारे में पूछताछ किये, जानकारी मिलीं कि सिवरासन के पास 9mm पिस्तौल, एक और राइफल तथा कुछ ग्रेनेड थे। जानकारी प्राप्त होने के बाद वह जाने के लिए तैयार हुए लेकिन राजू ने उन्हें रोका और कहे कि छापा मरने से पहले उन्हें कार्तिकेयन की स्वीकृति मिलनी चाहिये।

यद्यपि चकित होकर मेजर रवी प्रतीक्षा किये, राजू ने कार्तिकेयन से बात करने के बाद रवी से कहे कि दुर्भाग्यवश कार्तिकेयन ने उन्हें हैदराबाद से बेंगलोर आने में अगले दिन सुबह तक छापा मारने के लिए रोका है। मेजर रवी यह सुनने के बाद अचंबित हुए क्यों कि 2 कारण हैं, पहला, उन्हें बहुत जल्द कार्यवाही करनी चाहिए थी क्यों कि कभी भी हालात अनपेक्षित मोड़ लेने की ज्यादा सम्भावनाएं थीं। यह सर्वविदित था कि एलटीटीई उग्रवादियों के साथ साइनाइड कैप्स्यूल थें और पुलिस द्वारा पकडे जाने पर कभी भी निगल सकते थे।

दूसरा, कार्तिकेयन की आवश्यकता ही नहींथी। यह एक क्षेत्र संचालन था और कार्तिकेयन एसआईटी के क्रमुख थे। कोणनकुंटे के स्थान पर आकर वे क्या करनेवाले थे? मेजर रवी ने राजू से मनवाने का प्रयत्न किये लेकिन राजू को आदेश मिल चुके थे, इसलिये वे कुछ नहीं कर पाये। रवी हार नहीं माने थे, वे कार्तिकेयन से बात करना चाहते थे। इसलिए राजू ने कार्तिकेयन को फोन किये फिर रवी को दिए, रवी कार्तिकेयन को मनवा रहे थे कि उनकी आवश्यकता वहाँ नहीं रहेगी और उन्हें जल्दी ही पहुंचना था लेकिन कार्तिकेयन अटल था, उन्होंने रवी से कहा कि वे विशेष विमान/चार्टर्ड प्लेन से जल्द ही बेंगलोरअगली सुबह आयेंगे। इस प्रकार से संपर्क समाप्त हुई।

इसके बाद, रवी उनके साथियों के साथ कोणनकुंटे गए, वहाँ वे घर के बगलवाली जगह पर स्थान लेना चाहते थेजहाँ सिवरासन छिपा था, दरवाज़ा खटखटाने के बाद, एक अधेड़ व्यक्ति ने खोला, अपनी पहचान आईडी दिखाने के बाद मुद्दे को विस्तार से बताया। फिर उस व्यक्ति को एक घर की आवश्यकता बताई, उस व्यक्ति ने कहा कि उसे घर खली करना है और अपनी गाडी की

चाबियां देकर कहा कि ड्राइवरवहाँ होगा और वह जा सकता है, किसी भी होटल में रह सकता है एवं भुगतान का ध्यान रखा जायेगा, झट से सज्जन से उत्तर सुनकर दंग

रह गया। अगले कमरे में उसकी बेटी आवाज़ सुनते ही रोने लगी, उस व्यक्ति ने उसके मुंह को ढक लिया ताकि रोने की आवाज़ बंद हो जाए, कुछ मिनट बाद, उसने सामान भरकर अपनी परिवार के साथ बाहर चला गया। ऐसे ही। मेजर रवी के ये शब्द लेखक के लिए थे – "हरीश, यदि तुम पुस्तक लिख रहे हो, मैं चाहता हूँ कि तुम इसे अभिलिखित करो। उस सज्जन का नाम नहीं मुझे पता, वो अब कहाँ रहता है मुझे नहीं पता लेकिन जिस शांतता से उसने बर्ताव किया, जिस तरह से उसने हमारे साथ सहयोग किया, वह व्यक्ति इस देश में एक देशभक्त का उत्कृष्ट उदाहरण है, वह निश्चित रूप से आपकी पुस्तक में उल्लेखनीय योग्य है, मुझे आशा है कि आप ऐसा करेंगे"।

वापिस कोणनकुंटे पर, रवी की योजना थी 5 कमांडों को लेकर घर के पीछे की दरवाज़े से जाना जहाँ सिवरासन ठहरा हुआ था। साथ – साथ 2-3 कमांडों को छत के माध्यम से आयेंगे और वहाँ एक प्रवेश द्वार बनायेंगे। ताकि 2 अलग समूह का प्रवेश करने से सिवरासन अचंबित होकर सोच में पड़ता कि किस समूह पर हमला करना है, वास्तव में बहुत अच्छा मौका था उसे ज़िंदा पकड़ना लेकिन कार्तिकेयन के कारण पूरी रात कार्यवाही नहीं कर पाए, उस दिन का पूरा दिन व्यर्थ गया। कोई अधिकार नहीं दिया गया था और इसलिए रवी भी कुछ नहीं कर सके।

इसके अलावा रवी जब प्रारंभ में गए थे, कई पुलिसकर्मी रेनकोट पहनकर बारिश में ही खड़े रहे। अगली सुबह अगस्त 19 के दिन, किसी न किसी तरह से सिवरासन के बारे में वार्ता फ़ैल गयी और लोग इकठा होकर घर की तरफ संकेत करते हुए बातें करने लगे। इस प्रकार से आश्चर्य तत्व समाप्त हुआ और अच्छा मौका था कि सिवरासन द्वारा वास्तव में घटना के बारे में जान पाना। अंततः डींग मारनेवाला कार्तिकेयन ने रवी से कहा था कि वो अगस्त 19 की सुबह जल्दी आएगा लेकिन अपनी विशेष विमान से पहुंचे अगस्त 19 की शाम। उसने फिर रवी से पूछे कि कौनसी योजना है? रवी ने उनसे अविश्वसनीय रूप से कहा – "योजना, कौनसी योजना? वास्तव में मुझेकल शाम ही पहुंचना था, अधिकार नहीं दिए गए, आश्चर्य तत्त्व अभी समाप्त हुआ, अब कौनसी योजनायें हो सकती है मेरे लिए?" कार्तिकेयन ने उसे कहा "तुम क्रोधित हो, मैं तुमसे बात नहीं करूँगा, मैं सीधे तुम्हारे प्रबंधकर्ता से बात करूँगा"। रवी वहाँ से चले गए।

कुछ समय में, 19 की शाम लगभग शाम 7:30 बजे, घर के पास एक लॉरी गीली मिट्टी में फँस गयी, एक दिन पहले तेज़ बरिश हुई थी, लोग लॉरी को गीली मिट्टी से बाहर निकालने का प्रयास कर रहे थे, दुर्भाग्यवश से सिवरासन और उसका गिरोह ने हलचल सुनने के बाद गलती से निष्कर्ष लगाए कि उन्हें हमला करने के लिए यह पुलिस की

चाल होगी और अंदर से गोलियां चलाने लगे, कमांडों ने वापिस गोलीबारी की, कुछ समय तक इस गोलीबारी के कारण एक कमांडो गोली लगने से उसका एक पैर घायल हुआ, उसे रवी के कार में बिठाकर अस्पताल ले जाया गया फिर गोलीबारी एकदम से रुक गयी।

आधा घंटे बाद, घर के अंदर से एक ही गोली बाहर निकली और उसके बाद एकदम शांत हुआ। उसी समय मध्यरात्रि में, रवी के प्रबंधकर्ता, कर्नल दत्तावहाँआये और अगस्त 20 के दिन, अंत में उन्होंने अनुमति दिए, कमांडो जब अंदर गए केवल 7 लाशें प्राप्त हुई, सिवरासन के सिर पर गोली लगी थी, संभवतः उसने साइनाइड कैप्स्यूल निगल लिया होगा, उसकी मौत की पुष्टि करने के लिए नीरो ने सिर्फ एक गोली उसके सिर पर चलाई। इसके पश्चात, कार्तिकेयन अंततः आकर कर्नल दत्ता से टिपणी की, कि, वे मेजर रवी को पदक की सिफारिश करना चाहिए। रवी कार्तिकेयन की तरफ घूमकर कहे : "मैं सिवरासन को ज़िंदा पकड़ना चाहता था, मैं वो नहीं कर पाया, अब पदक किस लिए चाहिए? आप ही एक पदक अपने गले में पहने लें" यह कहकर थके हुए वहाँ से चले गये। वही अंतिम बार रवी ने कार्तिकेयन को देखे और वही शब्द थे जो अंतिम बार उनसे कहे।

पेरम्बुदुर स्थल का प्राधिकरण

प्र – श्रीपेरुम्बुदुर स्थल में पुलिस द्वारा किये गए बैठक का आयोजन अधिकृत नहीं होने के प्रतिवेदन हैं?

उ – मई 21 की शाम राजीव गाँधी शुरू में चेन्नई के मीनम्बक्कम हवाईअड्डे पर उतरनेवाले थे। उतरने के पश्चात, वे एक हेलिकोप्टर से श्रीपेरुमबुदुर जानेवाले थे, स्कूल मैदान पर एक हेलीपैड की स्थापना की गई थी। राजीव इससे पहले एक बार हेलिकोप्टर द्वारा उस स्थल पर भेंट दिए थे। श्रीपेरम्दुदुर में सभा को संबोधित करने के बाद, श्रीपेरम्दुदुर में रात्रि विश्राम करना चाहते थेफिर पोंडिचेरी के लिए उसी हेलिकोप्टर से जानेवाले थे। फिर पोंडी से, मैलादुथुराई, कृष्णागिरी, सिवगंगा

फिर बेंगलोरके लिए और बेंगलोर से दिल्ली के लिए जाना चाहते थे, ये उनकी प्रथम योजना थी।

आयोजन इस प्रकार हुई। मई 19 के दिन, डीएमके कार्यकर्ताओं ने करुणानिधि की रैली मई 21 के दिन शाम 6 बजे गाँधी मैदान में आयोजित करने के लिए अनुमति पाने

श्रीपेरुम्बुदुर पुलिस थाना पहुंचे। अनुमति मिली। उसी दिन कुछ घंटे, मथुर रामासामी नायडू, कोंग्रेस्कर्ता एवं मरगधम के प्रचार प्रबंधक पुलिस थाने जाकर राजीव की सभा के लिए मई 21 के दिन स्कूल के मैदान में अनुमति प्राप्त की। यह स्थल मुख्य रास्ते को छोड़कर आंतरिक भाग में स्थित थी। कुछ कारणवश कोंग्रेस कार्यकर्ताओं ने स्कूल के मैदान के बदले मंदिर के मैदान पर करना निश्चिया

किये[176]। यह एक बड़ा प्रश्न है। कोंग्रेस के लोगों को स्कूल के मैदान पर क्यों अनुमति दी गयी फिर अपने आप बादमें क्यों मंदिर का मैदान निश्चित किये जबकि मंदिर का मैदान झाड-झंकाड़ से भरा हुआ था?

एडीएसपी रामकृष्ण एवं एएसपी प्रतीप फिलिप ने मई 20 के दिन नयी स्थल पर भेंट दिए और मरगधम चंद्रशेखर से बेहेस किये कि जब स्कूल के मैदान पर होनेवाली सभा को किसने मंदिर के मैदान पर करने की अनुमति प्रदान की और किस आधार पर आयोजन किया जा रहा था? मरगधम ने उपकृत करने से मना किया और वापिस यह कहकर बेहेस कीं, कि स्कूल का मैदान मुख्य रास्ते में नहीं बल्कि आंतरिक भाग में स्थित है जहाँ लोग नहीं आ सकते थे। पुलिस अधिकारी कुछ समय बेहेस किये और मान लिए कि इस बेहेस से कोई फायदा नहीं होगा तथा वहाँ से निकले[177]।

स्थल का बदलाव का कारण, रगोथमन कहते हैं कि उनके कई वीडियो में से एक में, यह आकलन करने के बाद, कि, मंदिर के मैदान के लिए अचल संपत्ति का मूल्य बढ़ेगा यह सोचकर उन्होंने रैली करने का आयोजन किया गया था। यह कमज़ोर बहाना तथा आधे-अधूरे झूठ की बू उत्तम आती है। रगोथमन का वीडियो संदर्भ यदि अचल संपत्ति का कारण सच्चा है, फिर कोंग्रेस ने क्यों सही

तरीके से अनुमति नहीं मांगी और जब पुलिस ने मंदिर के मैदान के लिए मना किये थे, पुलिस निर्देशानुसार आज्ञा का पालन करना चाहिए था?

कोंग्रेसकर्ताओं ने केवल एकमात्र उपलब्ध वैकल्पिक मार्ग अपनाया। पुलिस की अनुमति न मिलने की वजह से, यदि वे प्रयत्न करके स्थल तैयार करते, फिर चुनावी रैली आधे दिन में ही आयोजित किया जा सकता था तो जगह चुनने की असली कारण क्या था?

---

176 Ragothaman (Tamil I) – pg 106, 107

177 https://tImesofIndIa.IndIatImes.com/cIty/chennaI/total-recall-on-the-day-of-rajIv-gandhI-assassInatIon/artIcleshow/86829495.cms

राजीव का अभिवादन करने की अनुमत सूची

प्र – राजीव का अभिवादन करने के लिए अधिकृत लोगों की सूची के बारे में कई प्रश्न हैं?

उ – प्रश्न यह पूछना चाहिए कि मरगधम चंद्रशेखर ने अपोलो अस्पताल से AII MS में क्यों बदला? शेष उत्तर इस प्रश्न से ही प्राप्त हो सकते हैं। यदि उत्तर परदेश (यूपी) जैसे निर्जन गाँव में कोई घायल होता है, फिर यह तार्किक होगा कि व्यक्ति को तुरंत ही यूपी के आसपास किसी छोटे अस्पलात में भर्ती करना चाहिए बादमें व्यक्ति को AII MS जैसे अस्पातल में बदल देना चाहिए। दूसरी परिस्थिति में, यदि कोई व्यक्ति अरक्कोनम जैसे या श्रीपेरुम्बुदुर में घायल होता है, तो उस व्यक्ति को कांचीपुरम सार्वजनिक अस्पलात जैसे में भर्ती करना चाहिए, उसके बाद बड़े अस्पातल जैसे अपोलो चेन्नई में करना चाहिए।

लेकिन कोई व्यक्ति जिसे कुछ मामूली चोटें लगी हों, दिल्ली के AII MS में क्यों बदल दिया गया, असल में क्या आवश्यकता थी? यदि दो और प्रश्नों का उत्तर दिया जा सकता है तो स्वतः ही व्यक्ति इस प्रश्न से संबंधित उत्तर समझ जायेगा। पहला प्रश्न है कि, क्यों मरगधम ने एकतरफा आयोजित स्थल स्कूल मैदान से मंदिर मैदान के लिए बदलीं, जिसके लिए उसे पुलिस से बदलने का अधिकार मिला था? उत्तर है कि उन्होंने नहीं किया।

तथ्य यह है कि, मरगधम ने यह निर्णय लिया ही नहीं थी, वह सिवरासन का निर्णय था। लेकिन क्यों और कैसे?

कारण सरल है। शुरू में, स्कूल मैदान में रैली आयोजित करना पुलिस से अनुमति प्राप्त नहीं हुई थी। स्कूल का मैदान मुख्य रास्ते से 1-2 कि.मी की दूरी पर था, राजीव गाँधी को समाप्त करना महत्वपूर्ण था कार्य के पश्चात भाग जाना भी उतनी ही महत्वपूर्ण था। मंदिर का मैदान मुख्या रास्ते पर ही था। इसलिए बस या औटो मुख्य रास्ते पर मिलना आंतरिक भाग की तुलना पर ज्यादा आसन था। स्थान बदलने के लिए सिवरासन को केवल इतना करना था कि दिल्ली में बैठे व्यक्ति से संपर्क करना और पर्याप्त दबाव मरगधम पर डालना, उसने वही किया और मरगधम ने जगह बदल दीं।

दूसरा प्रश्न यह है कि राजीव का अभिवादन करने के लिए सूची में से अनुमत नाम में धनु का नाम नहीं था, क्यों नहीं था? सूची में 20 विचित्र नाम थे, उनमें से केवल एक ही स्त्री का नाम था शेष सभी पुरुष के नाम थे। स्त्री का नाम कोकिलावाणी थी। ये जवान लड़की थी जिसने राजीवजी को हिंदी में कविता सुनाई थी। जबकि कोकिलावाणी और

उसकी माँ को लता प्रियकुमार ने छोड़ा था, मरगधम की बेटी (कुमुधावल्ली साक्ष्य हैं)। हत्यारिन धनु को ललित चंद्रशेखर ने छोड़ा था, मरगधम का बेटा (एसआई अनुसूया से पुष्टि)। मरगधम की योजना थी, धनु कोकिलाके साथ मिलकर राजीव का अभिवादन करना, लेकिन यह स्पष्ट है कि मरगधम के कोई असद्भावना उद्देश्य नहीं थे, उन्हें पता भी नहीं था कि धनु आत्मघाती हमलावर है।

तो धनु का नाम सूची में क्यों नहीं था? मरगधम ऐसा कर सकतीं थीं। किन्तु दिल्ली से कोई मरगधम से संपर्क किया और विनंती (आदेश) किये कि धनु को राजीव से मिलने दें। वह व्यक्ति जानता था कि धनु राजीव को समाप्त करेगी। इसलिए उस व्यक्ति ने जान-बूझकर मरगधम से सुनिश्चित किया कि धनु राजीव से गुप्त तरीके से मिलें। किसी ने मरगधम से कहा होगा कि ये लोग ईपीआरएलएफ से श्रीलंकाई तमिल हैं और राजीव के शुभ चिंतक हैं। लेकिन ये लंकाई तमिल होने से, बेहतर होगा कि राजीव से अभिवादन की सूची में उसका नाम ना डालकर गुप्त तरीके से उनसे मिलवाना था, इसलिए धनु कोकिला के साथ राजीव को माल्यार्पण की योजना सक्रीय थी। मरगधम यह सब जान पातीं, लेकिन कपटवध के बाद ही जान पायीं। षड़यंत्रकारीयों को मरगधम राजीव के साथ मरना अपेक्षित था क्यों कि, वे राजीव की श्रीपेरुम्बुदुर रैली में उनके बहुत ही निकटता में रहती थीं लेकिन उनका सौभाग्यऔर षड़यंत्रकारियों का दुर्भाग्यवश से वे बच गयीं।

कारण क्यों और कैसे अगले प्रश्न में विस्तृत किया है। लेकिन दिल्ली में बैठे षड़यंत्रकारियों के लिए मरगधम का बच निकलना चिंतास्पद थी। क्यों कि वे योजना के बारे में सब कुछ जान चुकी थीं और बड़ा जोखिम हो सकता था यदि उन्होंने इन तथ्यों को एसआईटी अधिकारीगणों को स्वयं बता देतीं अथवा निरंतर पूछताछ से वे खुलासा करतीं, इसी कारण उन्हें चतुराई सेनयी दिल्ली के AII MS में चिकित्सा हेतु स्थानांतरित किया गया। 'आवश्यक चिकित्सा' उन्हें नयी दिल्ली में बादमें दिया जा सकता था।

सिवरासनके दिल्ली श्रृंखलें

प्र. यह कैसे निश्चितता से कह सकते हैं कि सिवरासन का संपर्क दिल्ली में था?

उ – बेंगलोर रंगनाथ के स्वीकारोक्ति अनुसार संदर्भित करता है, कि सिवरासन का संपर्क चंद्रस्वामी एवं मार्गरिट आल्वा के साथ थे। यदि कोई सिवरासन की गतिविधियों को देखता है, यह स्पष्ट रूप से साबित होता है कि उसका साहचर्य दिल्ली में 'बहुत ही महत्वपूर्ण लोग' (वीवीआईपी) से जुड़ा है। पद्मनाभ के प्रकरण में, जिसे सिवरासन

और उसके साथियों – डेविड, चित्रसंथन, दिलीपन, डेनियल तथा रवी ने मिलकर हत्या की थी, सिवरासन और उसके सथिजन श्रीलंका से जून 10 1990के दिन आये थे। यह समूह बादमें हत्या के दो दिन बाद जून 21 1990 के दिन तंजावुर, मल्लीपटनम, वेदनारायण से होते हुए जाफना के लिए भाग निकले। यह तब हुआ जब करूणानिधि सत्ता में थे। वास्तव में, वो करूणानिधि थे जिन्होंने तमिलनाडु पुलिस को बुलाकर सूचित किये थे कि, वे अगले दिन दिल्ली से मद्रास आने तक कोई कार्यवाई ना किया जाए[178]। यह करूणानिधि ने एलटीटीई उग्रवादियों को भाग जाने की सहूलियत के लिए किया गया था, अन्यथा सिवरासन निश्चित रूप से पकड़ा जाता क्यों की भागने की प्रक्रिया में सिवरासन ने चेंगलपेट पुलिस चेकपोस्ट के पास 2 पुलिस हवालदारों पर हमला किया, इसलिए पुलिस यह निश्चित रूप से जान गयी थी कि सिवरासन और उसके साथी गण किस मार्ग से फरार हुए हैं।

ऐसा होने के कारण सिवरासन द्वारा राजीव को समाप्त करने के पश्चात कोई आतंक के संकेत नही थे। यह सबसे बड़ी हत्या थी, आखिर यह हत्या भूतपूर्व प्रधान मंत्री की थी। इसलिए उसने भारत छोड़ने का प्रयत्न बहुत जल्द ही किया होता लेकिन ऐसा नहीं हुआ। बजाय वो मई 28 के दिन तक बाहर खुले आम घूम रहा था जब उसकी तस्वीर 'द हिन्द' में छपी थी। वह तिरुपती गया था और उसे खुले आम देखा गया था। इसके बाद भी वह नहीं डरा और उसके कई साथियों को दिल्ली /दिल्ली के पास भेजा। जब उसे डीएमके द्वारा मनोबल एवं सीधा समर्थन मिला, वो घबराकर भारत से श्रीलंका भाग गया होता लेकिन जब भूतपूर्व प्रधान मंत्री को समाप्त करने के बाद भी, हत्या के दुष्परिणाम के बाद जब डीएमके ने एलटीटीइ के साथ मित्रता से ख़ारिज किया तब वह पूर्णतया आराम से भारत में घूम रहा था, क्या यहाँ कुछ संदेहास्पद नहीं लगता? क्या यह उतना मुश्किल है निष्कर्ष निकालने में कि उसके पीछे दिल्ली में प्रबल, शक्तिशाली लोग हैं जो सब कुछ करने के लिए देखते हैं कि वह एसआईटी द्वारा पकड़ा ना जाए?

श्रीपेरुमबुदुर में घर

प्र – श्रीपेरुमबुदुर में सिवरासन एवं उसका गिरोह कितने बजे पहुंचे?

उ – इसका स्पष्टीकरण पहले ही हुआ है। एसआईटी का कथन कि सिवरासन और उसका गिरोह बस में आये यह ज़बरदस्त झूठ है। पहले ही इसे एक अन्य प्रश्न में विस्तृत

---

[178] https://tamilnation.org/intframe/india/jaincommission/growth_of_
tamil_militancy/ch3sec1.html

किया गया है, लेकिन, जो खुलासा नहीं किया है वह है, सिवरासन को राजीव के उड़ान देरी होने की जानकारी किसी और से प्राप्त हुई थी। उसके पास छोटे पोस्ट कार्ड में उल्लेखित था, उसने राजीव का आगमन का समय शाम 6 बजे काटकर रात 8 बजे लिखा था। इसका अर्थ है कि, उसकी पहुँच टेलीफोन द्वारा थी। 1991 में मोबाईल फोन नहीं थे। विधिवक्ता दोरैस्वामी कहते हैं कि, सिवरासन जहाँ श्रीपेरुम्बुदुर के घर में, एक टेलीफोनके साथ रहता था। वहाँ जाकर राजीव की उड़ान देरी की जानकारी वहाँ से प्राप्त कर सकता है। इस सत्य को एसआईटी ने छुपाया है। लेकिन इस समय तक, पाठक यह जानने के लिए कम से कम चकित होगा कि राजीव हत्याकांड में एसआईटी ने एक और महत्वपूर्ण सत्य छिपाया है।

रद्द की गई छापे

प्र – राजीव हत्याकांड के सन्दर्भ में 1991में एक घटना थी कि, तमिलनाडु के कुछ जगहों पर की जाने वाली छापे रद्द की गयी थीं?

उ – यह सत्य है। मोहनराज एवं रगोथमन दोनों ने इस घटना के लिए पुष्टि दिए हैं [179]। मोहनराज विस्तृत करते हैं की क्या हुआ था - 1999में (उन्हें दिनांक स्मरण नहीं है) सुबह, 14 कार तैयार थे और संबंधित अधिकारीयों से सूचित किया गया था कि कई जगहों पर छापे मारने के लिए तैयार रहें। मोहनराज स्मरण करते हैं कि लक्षित स्थानों में से, 2 जगह रवीचंद्रन के घर थे (वाइको का भाई) तथा सुब्बुलक्ष्मी जगदीशन का फ़ार्महाउस जहाँ त्रिची संथन आरोपी के रूप में छुपा हुआ था। इसलिए एसआईटी के लोग भोजन के बाद तैयार हो रहे थे, जब अचानक से सूचना मिली कि, दिल्ली से निर्देशानुसार छापे रद्द की गयी हैं। आगे कोई सपष्टीकरण नहीं दिए गए थे – वे केवल कहे 'दिल्ली से निर्देश'। एसआईटी के एसपी बालाजी ने मोहनराज को अंदर बुलाये, वे अंदर जाकर अपना सिर नीचे कर चुपचाप बैठ गए। राधाविनोद राजू ने उसे पूछे, कि क्या हुआ, तुम चुप क्यों हो और उनकी चुप्पी उन्हें ही मार रही थी। मोहनराज जोर से कहे "तुम लोगों ने कश्मीर को तबाह किये, फिर तुम लोगों ने अस्साम को नष्ट किये, अभी आप लोग तमिलनाडु को बर्बाद करना चाहते हैं" ये शब्द पूर्णता क्रोध से भरे थे। यह कहकर भावुक होकिर रोने लगे। इस पृथक से स्पष्ट है कि दिल्ली से निर्देशानुसार

---

[179] https://www.youtube.com/watch?v=YN9Tf7HS_8c – SI thannanI ntervI ew wI th Ragothaman (TamI l) – Part 3

रद्द की गई छापे स्पष्ट रूप से इस सत्य की ओर संकेत करती है कि, दिल्ली से कोई था जो इस प्रकरण में राजनेता को फंसाना नहीं चाहते थे।

सेंट किट प्रकरण

प्र – क्या राजीव की हत्या सेंट किट के मामले से कोई संबंध है?

उ – यह पहली बार कुवैत स्थित 'द अरब टाइम्स' में प्रकाशित हुआ था कि वी.पी सिंह के बेटे अजेय सिंह ने सेंट किट्स में फर्स्ट ट्रस्ट कोर्पोरेशन बैंक खाता खोले थे, यह सितंबर 16, 1986 से मार्च 26, 1987 तक की कालावधि में थी। 2 मिलियन अमरीकी डॉलर तथा 5 मिलियन अमरीकी डॉलर के बीच में 6 डिपोजिट किये गए थे, कुल मिलाकर 21 मिलियन अमरीकी डॉलर कथित तौर पर बनाये गए थे, यह भी आरोप था की 33 लाख अमरीकी डॉलर का ब्याज इस खाते में जमा

हुआ था और वी.पी सिंह इस खाते के लाभार्थी थे। जब की कोई भी अमरीका में इस कहानी को नहीं खरीदा था, चंद्रस्वामी ने कथित तौर पर इसका उपयग करके उनके अरब संपर्कों से कुवैती अखबार में प्रकाशित करवाया। सेंट किट्स अधिकृत तौर पर सेंट क्रिस्टोफर द्वीप कहा जाता है, कैरीबियन में एक छोटा द्वीप। राजीव गाँधी की सरकार में नरसिंह राव विदेश मंत्री थे, के.के. तिवारी उनके राज्य मंत्री, चंद्रस्वामी के निजी सचिव के.एन अगरवाल (मामाजी) के साथ कुछ अन्य लोग मिलकर फर्जी दस्तावेज़ दिखाने का आरोप लगाना चाहते थे, कि, अजेय सिंहने इस खाते को खोला था और इस खाते का लाभार्थी वी.पी. सिंहहैं। अदनान खाशोग्गी का दामाद लैरी कोल्ब, फर्स्ट ट्रस्ट कोर्पोरेशन का एमडी जोर्ज मेकलीन (जिनके खिलाफ नशीली दवाओं की तस्करी के आरोपों से मुनाफाखोरी थी) इन पर भी आरोप थे और इनके विरुद्ध भी मामले दर्ज किये गए थे। जब सरकार ने पूछताछ करने का निर्णय लिया, प्रवर्तन निदेशालय के उप निदेशक (ईडी) ए.पी. नंदे, ने खाते की वास्तविकता कीजांच करने के लिए अधिकारी चुने गए थे। मूलतः नंदे न्यू यॉर्क जाने के लिए अनुसूचित थे और वहाँ से सेंट किट्स के लिए, लेकिन ईडी के निदेशक के.एल. वर्मा ने अपना कार्यक्रम में उपांतरित किये जिसके अनुसार वे पहले मियामी पहुंचे बादमें सेंट किट्स के लिए रवाना उसके बाद न्यू यॉर्क आये।

वापिस आते समय, नंदे ने खाता असली होने का प्रतिवेदन प्रस्तुत किये। उन्होंने अपना कथन का दावा किया कि, उन्होंने अजेय सिंहऔर वी.पी. सिंहकी हस्ताक्षरों की तुलना दोनों के बीच में की गई अनुबंध के साथ तथा उनके पासपोर्ट प्रतियों पर किये गए हस्ताक्षरों से किये है। वैसे यह सत्य नहीं था क्यों कि, वी.पी. सिंहके पासपोर्ट में हस्ताक्षर

अंग्रेजी में थी, जबकी उनके अनुबंध में हस्ताक्षर हिंदी में थी। और यह भी पाया गया कि, वे अकेले लैरी कोल्ब के निजी विमान द्वारा सेंट किट की यात्रा नहीं किये थे, बल्कि उनके साथ मामाजी ने न्यू यॉर्क से मियामी तक सहयोग दिए। नंदे अमरीका से वापिस आने से पहले, सेंट किट्स के प्रधान मंत्री से लिखित संसूचना प्राप्त करने के लिएगंभीर प्रयत्न किये थे, कि, उनकी सरकार अजय सिंह के नाम पर एक बैंक खाता होने के आरोप की जांच कर रही थी। यह संसूचना संसद के लिए झूठाप्रचारकरने के लिए थी की सरकार के पास ज़बरदस्त एवं वैध कारण है। इस तरह संपूर्ण सरकार प्रशासन वी.पी. सिंह के खिलाफ हुई[180]।

एक हल्का चक्कर लगाना आवश्यक है। यद्यपि, सेंट किट्स की घटना में और भ्रष्टाचार के विषय में वी.पी. सिंह निर्दोष थे, वे भिन्नता से भ्रष्ट थे, उन्होंनेकच्ची राजनीती खेली, सत्ता में आने के लिए राजनितिक परिस्थितियों एवं दूसरों की कज़ोरियों का फायद उठाये। ऐसा करने की उनकी कोई सीमा नहीं थी, वे राजीव गाँधी के आधीन काम करते थे, लेकिन उनके खिलाफ ही उन्होंने जासूसी की। चो रामासामी कई बार लिखते हैं "जिस तरह से वे अपने स्वामी के खिलाफ जासूसी की, मुझे ज्ञात हुआ की उन्हें (वी. पी.सिंह) मेंबिलकुल कोई राजनैतिझ नैतिकता नहीं थीं"। 1989 के चुनावी प्रचार मेंपहले जब वे जन मोर्चा शुरू किया और बादमें नेशनल फ्रंटने राजीव गाँधी के विरुद्धप्रचार किया, चुनावी रैली में वे एक पर्ची लिए कहते कि, इसमें राजीव गाँधीका स्विस बैंक खाता नंबर है, लेकिन जब वे प्रधान मंत्री बने तब बोफोर्स के बारे में पूर्णतः भूल गए।

एक हास्यास्पद कहानी है जब पर्ची उनके हाथ मेंथी, इसे अरुण शूरी अपनी पुस्तक में विस्तृत कियेहैं। एक बार अरुण शूरी ने वी.पी.सिंह से उस पर्ची को दिखाने के लिए कहा जो उनके हाथ में था। वी.पी.सिंह ने बिना झिझक पर्ची दिखाई। वास्तव में उसमेंखाते की संख्या थीं जहाँ बोफोर्स घूस का पैसा जमा किया गया था। अरुण शूरी ने जांच की और पता लगायाकि वे मार्टिन एड्बो (बोफोर्स के पूर्व राष्ट्रपति) के कॉल्स्कॉर्गा एवं स्टोकहोम के टेलीफोन संख्या थीं। चंद्रस्वामी ने भी अरुण शूरी को पहले वही खाता (टेलीफोन) संख्याएं दी थीं यह कहकर की वे राजीव तथा सोनिया के स्विस बैंक खाते संख्याएं हैं[181]। यह छोटा मजेदार किस्सा दर्शाता है की कैसे चंद्रस्वामी एक छली था। वह कटुता से दो टेलीफोन संख्याओं को राजीव एवं सोनिया के स्विस बैंक खाते संख्या जारी किये और इसे वी.पी.सिंह भी विशवास किये थे।

---

[180]   N K SI ngh – pgs 189-196

[181]   Arun Shourl e – Pg 372-374

प्रधानमंत्री के पद की दौड़ में नेशनल फ्रंट चुनाव जीतने के पश्चात, तीन प्रतियोगी – देवी लाल, चंद्रशेखर और वी.पी. सिंह थे। सीधे खेल खेलने के बजाय वी.पी. सिंह ने देवी लाल से अरुण नेहरु द्वारा गुप्त गटबंधन किये। जब समय आया, मधु दंडवते जिन्होंने आंतरिक चुनाव के लिए नामांकन बुलाये, वी.पी. सिंह ने देवी लाल का नाम प्रस्तुत किये। एक असंदेहशील के साथ चंद्रशेखर ने जिनका मुख्य उद्देश्य था वी.पी. सिंह प्र.मं ना बनने की, वे खड़े हो गए और समर्थन किये, वैसे देवी लाल खड़े हुए और तुरंत कहे की उन्हें प्र.मं का पद नहीं चाहिए।

बदले में उन्होंने वी.पी. सिंह नाम का प्रस्ताव रखा जिसे समर्थन अजित सिंह ने तुरंत किये जैसे की पहले से ही योजना बनी थी। चंद्रशेखर सदमाग्रस्त हुए और मुश्किल से कुछ कह पाते तब तक नियुक्ति की घोषणा की गई। वी.पी. सिंह प्र.मं बने और इसे वी.पी. सिंह ने लगातार चुनावी रैलियों में कहते की उन्हें प्र.मं बनने का कोई उद्देश्य नहीं था।

कैसे वे सत्ता में हार गए इसका राजनैतिक अवसरवाद में भी आभास हुआ। हालात उन्हें देवी लाल को कार्य निवृत्त करने दिया, इस तथ्य के लिए वे प्रशंसक भी रहे क्यों की देवी लाल उपद्रवी थे और उनके बेटे ॐ प्रकाश चौटाला हरियाणा के मु.मं बने रहने के लिए कई सौदे किये। अगस्त 8 1990के दिन, देवी लाल ने बृहत किसान रैली आयोजित करने के लिए योजना बनाई। वी.पी. सिंह ने देवी लाल को मात करने के लिए अगस्त 7 1990 के दिन, उन्होंने पिछड़े वर्ग के लिए मंडल आयोग आरक्षण परिपालन करने की घोषणा की, जिसकी वजह से, बृहत तौर पर कोलाहल तथा पूरे देश में व्यापक विरोध प्रकट हुए। फिर भी वी.पी. सिंह ज्यादा चिंतित नहीं थे क्यों की वे केवल देवी लाल को परास्त करना चाहे थे, लेकिन ये उनके लिए पलटवार हुआ। बीजेपी को आभास हुआ की वी.पी. सिंह के इस चाल से उनका हिंदू मत विभाजन हो रहा है और हालात ने उनके समर्थन वापस ले लिए और इस कारण वी.पी. सिंह की सरकार गिर गई। यदि वी.पी. सिंह ने बिना चालाकी से निष्पक्ष होकर चुनाव लडे होते, वे आंतरिक चुनाव में चंद्रशेखर से जीतने की संभावना होती और प्र.म बनते आर 5 साल की अवधि भी पूर्ण करते। लेकिन कुछ लोगों को आदत के बल पर ही चीज़ों को हेर फेर करनी पड़ती है बस और कुछ नहीं[182]।

---

182 https://www.l ndl atoday.l n/magazl ne/cover-story/story/19901115-offl ce-dl dnt-corrupt-v.p.-sl ngh-but-l t-showed-hl m-up-for-what-he-was-not-yet-a-leader-813238-1990-11-15

फेयरफैक्स

प्र – बोफोर्स के बारे में पिछले कुछ वर्षों में कुछ तथ्यों का खुलासा हुआ है?

उ – बोफोर्स कहानी को पहले फेयरफैक्स द्वारा वी.पी. सिंह के ध्यान में लाये थे। न्यू यॉर्क में स्थित फेयरफैक्स समूह 1987 में मुद्रा नियंत्रण कानूनों के उल्लंघन की जांच की जिम्मेदारी सौंपी गई थी। इस दायित्व को वी.पी. सिंह ने फेयरफैक्स को दिया गया था जव वे उस समय वित्त मंत्री थे। इस निर्णय को तीनों वी.पी. सिंह, विनोद पांडे एवं भूरे लाल ने लियेथे। तीनों चिंतित थे, क्यों की, कई लोग भारतीय मुद्रा नियंत्रण कानूनों का उल्लंघन कर रहे हैं और उन्हें उन पर नज़र रखना कठिनाई हो रही है, भारत में उनके पास अभिगम और तकनिकी विशेषज्ञता थी लेकिन यह मुद्दा खाते से संबंधित भारत के बाहर जुडी हुई थी, उन्हें बाहरी मदद की आवश्यकता थी।

फेयरफैक्स के सीईओ एवं प्रबंध निदेशक (एमडी) माइकल हर्षमेन ने दर्जनों भारतीय धनी व्यापारियों की सूची प्रदान की गई। आरोप यह था की ये व्यापारीगण भारत से बाहर धन स्थानांतरित कर रहे थे, तब यह मुद्रा नियंत्रण के कानूनों का उल्लंघन में था। माइकल पाये की बहुत बड़ी लाखों डॉलर राशीयों का हस्तान्तरण हो रहा था। इसमें देखा गया कि, इसका मुद्रा नियंत्रण कानूनों का उल्लंघन नहीं किया गया है, लेकिन रक्षा अनुबंधों के बदले में रिश्वत दी जा सकती है। वी.पी. सिंह इसमें स्पष्ट रूचि प्रकट किये और इसकी आगे की जांच माइकल से करवाना चाहते थे। विशेष रूप से, लंदन तथा बम्बई में बीसीसीआई बैंक के पैसे अंदर आने एवं बाहर जाने पर ध्यान दिया गया था। उस समय बीसीसीआई में माइकल के सूत्र थे और इन्हीं सूत्रों ने पैसे रिश्वत में ए.बी बोफोर्स द्वारा भारत सरकार से अनुबंध खरीदने के लिए दिए जाने की सूचना दी थी। वित्त मंत्री को इसकी सूचना देने के बाद भूरे लाल जो उस समय ईडी के साथ थे, बम्बई में और उसके आस पास के बैंक पर छापा मारने के आदेश दिए। बैंक के प्रबंधकों को गिरफ्तार किये गए। बीसीसीआई के अध्यक्ष आघा हसन अबेदी ने तुरंत कुछ सूटकेसस

में वोन लेकर दिल्ली के लिये भागा। वह राजीव से मिले और सूटकेसों के बदले में हाथ मिला लिए, गिरफ्तार हुए प्रबंधक छूट गए तथा बैंक फिर से शुरू करवा दिए। यह पहली घटना थी जब राजीव को पता चला की वी.पी. सिंह ने फेयरफैक्स किराये पर लिया था। कहने की ज़रूरत नहीं, लेकिन वे बहुत क्रोधित थे और ज्यादा कुछ नहीं कर सकते थे क्यों की वी.पी. सिंह भी विख्यात थे।

राजीव ने फिर क्या किया, वी.पी. सिंह को रक्षा मंत्री में स्थानांतरित किया।

दूसरी बात, वे संसद गए और यह आरोप किये की फेयरफैक्स सीआईए के विरोध है, इसे राजीव ने परिस्थिति को पेचीदा बनाकर इससे भागने के लिए किया। ध्यान दिया जाए कि, राजीव हत्याकांड में भी यही कपट विद्या अपनायी गई, जिन्हें असली षड़यंत्रकारियों को बचाने के लिए किया गया और जिन्हें एलटीटीई से दोष हटाने के लिए किया गया। उन्होंने राजीव की हत्या के लिए सीआईए को दोषी ठहराए। आज भी कुछ लोग करते हैं। तीसरी बात, राजीव ने ठक्कर नटराजन आयोग के आरोप की घोषणा की थी, इस वजह से वी.पी. सिंह ने फेयरफैक्स से संपर्क किये, वी.पी. सिंह का स्थानांतरण के बाद, भूरे लाल को इस मुद्दे पर आगे बढ़ने से रोकने के लिए कहा गया।

यह भी की माइकल को रिश्वत देने के लिए 3 बार प्रयत्न किये गए जब वे इस की जांच कर रहे थे। पहला प्रयत्न, जब, एक अनिवासी भारतीय (एनआरआई) मध्य पश्चिम में, माइकल इसे संभवत शिकागो से मानते हैं, जिसने आकर आकर्षक अनुबंध सामने रखा लेकिन इसके शर्तें ऐसी थीं की वे वी.पी. सिंह के निर्देश पर जांच नहीं करेंगे, माईकल इसे बेशक मना किये।

दूसरा प्रयत्न, जब, माइकल लंदन में बीसीसीआई मुद्दों पर जांच कर रहे थे, उस समय फिर से उन्हें रत में टेलीफोन से एक रहस्यकार भारतीय ने 1 लाख डॉलर का प्रस्ताव रखकर जांच बंद करने के लिए कहा। माइकल ने पुनः 'नहीं' कहे और पूछे की यदि वो जांच बंद नहीं करेंगे तो किया जायेगा। फोन करनेवाले ने कहा की उसकी हत्या की जाएगी। इस संपर्क के बाद माइकल वास्तव में दुसरे होटल के लिएबदलें थे।

तीसरी घटना, 3 का चयन था। ये माइकल को रिश्वत देने का प्रयत्न नहीं था, यह सिर्फ वी.पी. सिंह का नाम बदनाम करने के लिए था। अदनान खाशोग्गी के कर्मचारी के प्रमुख ने माइकल से संपर्क किया और कहा की उनका बॉस उससे मिलना चाहता है, इसलिये, माइकल के लिएएक चार्टर्ड विमान का प्रबंध किया गया और वह खाशोग्गी से मिलने न्यूयॉर्क से स्पेन चले गए। खाशोग्गी अपने स्पेनिश घर में उपस्थित, उसके बगल

में स्वामीजी के साथ विराजमान था, वह स्वामीजी कोई और नहीं बल्कि चंद्रस्वामी था, माइकल को दस्तावेज़ दिए जो वी.पी. सिंह केबेटे का खाता सेंट किट्स बैंक में था और उसका लाभार्थी वी.पी. सिंह थे, यह माइकल को संकेत देना चाहते थे की वी.पी. सिंह छली है और ये उसका समर्थन ना करें।

लेकिन माइकल दस्तावेजों को देखने के बाद अपने अनुभव पर ये दस्तावेज़ फर्जी होने का सुनिश्चित किये, उन्हें कहकर वहाँ से चले आये[183][184]।

चंद्रस्वामी के बारे में और प्रश्न

प्र – क्या यह विश्वसनीय है कि चंद्रस्वामी इस परिस्थित में जिसने राजीव गांधी को बचाने का प्रयत्न किये, अपनी राय बदलकर उनकी हत्या करने केषड़यंत्रका हिस्सा बने?

उ – यह प्रश्न बहुत महत्वपूर्ण है और उत्तर बहुत सरल है। चंद्रस्वामी एक राजनैतिक दलाल थे। यदि किसी ने उन्हें पैसे देकर कहे की किसी व्यक्ति को बचाना है तो वे उसे बचाते। यदि किसी ने उन्हें कहा की फंसाना है तो वे वही करते, यदि किसी ने पैसे देकर कहे की हत्या करना है तो वे उसके लिए प्रबंध करते।

MAPS' सिद्धांत

प्र – सिवरासन के बारे में और कोई घटनाएँ/ प्रतिक्रियाएं हैं?

उ –चेन्नई के एक फोटो पत्रकार, MAPSपार्थसारथी, हत्याकांड के दिन उस स्थान पर मौजूद थे और इस लेखक को बहुत ही रोचक अवलोकन दिए। जब कोई भी सिवरासन की चेहरे को उसके मौत के पहले और बादमें देखते, तो उसका चेहरा शांत, तनावमुक्त एवं ताज़गी दिखाई देती थी। सामान्यतः जब एक व्यक्ति देश के भूतपूर्व प्र. मं की हत्या करता है, जिसने कानून तोड़ा हो, तो वह घबराया हुआ और तनावग्रस्त दिखेगा, संभवतः उसका वज़न इन कारणों से घटा हुआ दिख सकता है, आँखें धंसी हुई, बिखरे बाल, तनावग्रस्त भाव, – व्यक्ति की इस हालत पर देखना अपेक्षित रहता है। लेकिन सिवरासन के प्रकरण में ऐसा बिलकुल दिखाई नहीं दिया, क्यों?

---

183 https://www.youtube.com/watch?v=jxa9Z1Z1l nY – MI chael Hershmanl ntervl ew

184 https://www.youtube.com/watch?v=nWSI El 3aMTk – MI chael Hershmanl ntervl ew

इसका उत्तर एक ही हो सकता है, जब पूरा देश इसे ढूंढने में जुटी हुई थी, इस व्यक्ति को असल में प्रबल लोगों का समर्थन मिली थी। MAPS' सिद्धांत के लिए निश्चित रूपसे तार्किक है[185]।

पीड़ित लोग

प्र – राजीव गाँधी के साथ मृत पाए लोगों के पीड़ित परिवारों का क्या रवैय्या है?

उ – नीचे दिए गए पीड़ितों की सूची है, पाठक इस सूची को सम्मान के रूप से पढना चाहिए।

a. राजीव गांधी (भूतपूर्व प्र.मं)

b. पी.के गुप्ता (एसआईएवं राजीव के पीएसओ)

c. डी.के.एस मोहम्मद इक़बाल (पुलिस अधीक्षक)

d. राजगुरु (निरीक्षक कानून एवं व्यवस्था)

e. सी एडवर्ड जोसेफ (SPCI DC निरीक्षक)

f. वी एथिराजुलू (एस आई)

g. एस मुरुगन (हवलदार)

h. आर रवीचंद्रन (कमांडो हवलदार)

i. धर्मन (हवलदार)

j. श्रीमती चंद्रा (हवलदार)

k. श्रीमती लता कन्नन (कोंग्रेस पार्टी कार्यकर्ता)

l. कोकिलावाणी (लता कन्ननकी बेटी)

m. श्रीमती संथनीबेगम (कोंग्रेस पार्टी कार्यकर्ता)

n. डैरिल पीटर (ललित चंद्रशेखर का मित्र)

---

[185] I ntervI ew wI th MAPS

o. कु. सरोजा देवी (कोंग्रेस पार्टी कार्यकर्ता)

p. मुनुसामी (भूतपूर्व एमएलए)

q. धनु (आत्मघाती हमलावर)

r. हरिबाबू (छायाकार एवं षड्यंत्र में सहभागी)[186]

दो दोषियों को छोड़कर, 16 लोग मर गए थे। हत्याकांड के बाद, राजीव गाँधी फ़ौंडेशन "श्री राजीव गाँधी का स्वप्न साकार करो" की स्थापना जून 21 1991के दिन की गई थी। दिल्ली में राजीव गाँधी सुपर स्पेशियालिटी अस्पताल है, नयी दिल्ली मेंराजीव गाँधी कैंसर संस्थानऔर अनुसंधान केंद्र है, नयी दिल्ली में राजीव गांधी नगर भी है, ये सभी देखने के लिए अच्छे हैं लेकिन वास्तव में उन लोगों के साथ क्या हुआ जिन्होंने राजीव की हत्या करने का षड्यंत्र रचाया?

वे सभी भी फ़ौंडेशन, कोलेजों और अस्पतालों जैसे ही चमक रहे हैं जो उनके नाम से प्रारंभ किया गया था। यदि यह स्थिति षड्यंत्रकारियों की है, तो पीड़ित परिवारों का क्या हुआ?

मई 22 2016 के दिन, इंडियन एक्सप्रेस में एक लेख छपी थी, कुछ पीड़ित परिवारों का पता लगाया गया था। उनमें से कई लोग बात करने के लिए असंतुष्ट थे और सत्यतः कईयों ने उदासीनता और उपेक्षा की शिकायत की है। कुछ लोग तत्कालीन अध्यक्ष सोनिया गाँधी तथा उपाध्यक्ष राहुल गाँधी से कुछ बार भेंट भी किये थे लकिन कोई मदद नहीं हो पायी। उदाहरण, राजशेकरन धर्मन पुलिस हवलदार का बेटा जो टैक्सी ड्राइवर है, उसने सोनिया गाँधी के घर जाकर भेंट की, लेकिन कोई सहायता नहीं मिली। किसी को भी इस प्रश्न को पूछना चाहिए।

वर्मा आयोग जो सुरक्षा चूक के मुद्दे में गया था, अपना प्रतिवेदन संसद के लिए 1 वर्ष बाद सौंपा था। लेकिन यह सार्वजनिक तौर पर उपलब्ध नहीं है। भारत के बारे में इस तरह की बातें सभी करते हैं, कि दुनिया का सबसे बड़ा प्रजातंत्र, सूचना का अधिकार, प्रेस की स्वतंत्रता इत्यादि लेकिन ये हास्यास्पद हो जाते हैं, यदि भूतपूर्व प्रधान मंत्री का, आयोग द्वारा जांच की गई सुरक्षा चूक सौंपा हुआ प्रतिवेदन सरकार द्वारा जानबूझकर सार्वजनिक दृष्टी पर से छुपाया गया हैतो एमडीएमए जो बड़े षड्यंत्र की जांच के लिये स्थापित की गई थी, अभी तक कोई भी प्रतिवेदन सौंपी नहीं गई है। सोनिया गाँधी

---

186   Ragothaman (Tamil I) – pgs 231-232

व्यापक विचारधारा वाली कहते हैं, क्यों की, उन्होंने नलिनी एवं अन्य आरोपियों को माफ़ किया है लकिन सोनिया गाँधी ने पीड़ित परिवारों के लिए शून्य आर्थिक सहाय प्रदान किये हैं जो उनमें से कई अभी भी कष्टों का सामना कर रहे हैं। ये सब क्यों हो रहा है? इसके पीछे बड़ा अर्थ क्या है?

दो समिती

प्र – एक के बजाय दो आयोग की नियक्ति क्यों की गई थी? क्यों एक आयोग दोनों षड्यंत्रों तथा सुरक्षा चूक पर क्यों नहीं अवलोकन किया गया?

उ – प्रारंभ में यही कल्पना थी। हत्य के तुरंत बाद, कैबिनेट ने प्र.मं. चंद्रशेखर के नेतृत्व के अधीन भेंट की। उन्होंने राजीवजी की दुखद निधन पर शोक प्रस्ताव स्वीकार किया, प्रस्ताव स्वीकार करने के पश्चात, यह निर्णय किया गया की राजीव गाँधी की हत्या की परिस्थियों की जांच के लिए सर्वोच्च न्यायालय के एक न्यायाधीश के नेतृत्व में एक जांच आयोग का गठन किया जायेगा।

आयोग सुरक्षा व्यवस्थाओं की पर्याप्तता तथा अपर्याप्तता की जाँच की जाएगी। यह आयोग त्रुटियों को भी इंगित करेगा ताकि भविष्य के दौरे के लिए नेताइसे संशोधित कर सके। तत्कालीन राज्य के गृह मंत्री सुबोध कंत सहाय ने भारत के पूर्व मुख्य न्यायाधीश रंगनाथ मिश्रा को मई 23 1991के दिन पत्र लिखे। न्यायाधीश मिश्रा ने मई 25 के दिन प्रत्योत्तर में लिखा था, कि, सर्वोच्च न्यायालय, एक नीति के अनुसार यह निर्णय लिया गया है की राजीव गाँधी के हत्याकांड के पीछे असाधारण परिस्थितियों को ध्यान में रखते हुए, सर्वोच्च न्यायालय न्यायाधीशों की सेवाओं को क्षमा कियानहीं जायेगा, अतः इस हेतु न्यायाधीश वर्मा को नामित किया गया है। इस तरह वर्मा आयोग की नियुक्ती मई 27 1991 के दिन की गई।

उसी समय नरसिंह राव को कॉंग्रेस के अध्यक्ष की नियुक्ति की गई थी और जून 2 के दिन, उन्होंने तत्कालीन प्र.मं को पत्र में लिखा था, सुरक्षा चूक के अलावा सन्दर्भ की शर्तों को संशोधित किया जाना चाहिए, न्यायाधीश वर्मा को जांच करनी चाहिए की क्या राजीव की हत्या में षड्यंत्र रची गई थी। न्यायाधीश वर्मा को षड्यंत्र की दृष्टिकोण से जांचा करना पसंद नहीं था, इसलिए उन्होंने गृह सचिव आर.क्र. भारगावा को प्रत्योत्तर में लिखे कि, षड्यंत्र की दृष्टिकोण में झाँकने का काम जांच संस्थाओं की रहेगी। नरसिंह राव जून 21 1991 के दिन प्र.मं बने। कॉंग्रेस के पुरुष एवं महिलाओं ने जोर दिया की जे.एस. वर्मा षड्यंत्र के पहलू को जांच करनी चाहिए। इसलिए, दबाव के कारण राव ने

मुख्य न्यायाधीश मिश्रा को पत्र में संदर्भ की शर्तों को षड़यंत्र के पहलू को शामिल करने के लिए उपांतरित तथा अभिवर्धित करना चाहिए, यह जून 29 1991 के दिन थी। मुख्य न्यायधीश ने पुनः विनंती अस्वीकार करते हुए लिखे की, कई अधिक कारणों से, एक बैठे हुए न्यायाधीश को षड़यंत्र के पहलू पर जांच नहीं करनी चाहिए। लेकिन उन्होंने फिर से पत्र में जुलाई 19, 1991के दिन संभवतः दबाव के कारण दो समितियों को स्थापित करने के लिए उल्लेखित किये। दूसरी समिती निवृत्त उच्च न्यायालय के आधीन षड़यंत्र के पहलू पर तहकीकात करेगी। इस तरह वर्मा आयोग के लिए सुरक्षा चूक तथा जैन आयोग के लिए षड़यंत्र के पहलू पर छानबीन करने के मार्ग प्रशस्त किये गए [187]।

अन्य पुस्तकों में से रोचक जानकारी

प्र – क्या राजीव गाँधी की हत्याकांड की अभिरुचि में अन्य किसी पुस्तकों में दिलचस्प सिद्धांत लिखे गए हैं?

उ – हाँ बिलकुल हैं। विशेषतः दो ऐसे जिज्ञासु घटनाओं का उल्लेख नीना गोपाल के पुस्तक में किया गया है जो लेखक का ध्यान खींचा है।

1991-92 में गोपाल सुब्रमनियम न्यायिक आयोग के न्यायाधीश वर्मा की अध्यक्षता में सुरक्षा चूक में जांच करने की सलाह से हत्या के कारण बने होंगे, उन्हें न्यायिक आयोग पद का परित्याग करना पड़ा जब की सोनिया गांधी के निकटता में वकीलों ने उन्हें षड़यंत्र की सिद्धांतों से दूर रहने की सलाह दी गई थी, लेकिन इसके अलावा षड़यंत्र की सिद्धांतों पर अधिक कुछ उल्लेखित नहीं है[188]। एक और घटना पुस्तक में उल्लेखित है जो उतना ही दिलचस्प है। नीना गोपाल बारबरा क्रोसेट के साथ मई 21, 1991 के दिन श्रीपेरुमबुदुर की निर्णायक यात्रा में राजीव गाँधी की कार में बैठी थीं। विस्फोट के बाद, वे अबू धाबी वापिस पहुंची जहाँ उन्होंने गल्फ न्यूस के लिए काम करती थी। हत्या के कुछ दिनों बाद, भारतीय दूतावास, अबू धाबी से उन्हें एक फोन आया की सोनिया गाँधी उनसे मिलना चाहती हैं, इसलिए, नीना पुनः मई 31 के दिन भारत पहुंची।

उसने सोनियाजी से 10 जनपथ में मिलने गयीं। वहाँ उसने मेक अप रहित सादगी में दिखनेवालीं सोनिया गाँधी से मिलीं जिन्होंने इसका हाथ थाम कर पूछने लगीं *"मुझे सब कुछ बताओ, उन्होंने क्या कहा, उनकी मनोदशा कैसी थी, उनके अंतिम क्षण कैसे थे,*

---

[187] Faraz Ahmad - pgs 22-28

[188] Neena Gopal – pgs 221-222

मुझे तुमसे बारीक़ से बारीक़ जानकारीसुननी है, क्या वो खुश थे, क्या वे तनावपूर्ण थे, उनके अंतिम शब्द क्या थे ....." [189] इस तरह उन्होंने सब सुन लिया जो नीना गोपाल ने सुनायी। संक्षेप में, उन्हें बारीक जानकारी जाननी थी जो राजीवजी ने उनके अंतिम श्वास से पहले अन्यों से क्या कहेथे। यहाँ मोहनराज जेबमणि का उल्लेखन करना आवश्यक है, जो एसआईटी का हिस्सा था। प्रारंभ में उन्होंने इस लेखक से कहे कि, उन्हें जानकारी अनौपचारिकता से प्राप्त हुई, जब राजीव वैज़ाग हवाईअड्डे पर कुछ तकनिकी कठिनाई के कारण रुके थे, उन्होंने लोगोंसे कहा था की यदि वे श्रीपेरुम्बुदुर नहीं जायेंगे तो

सोनिया निराश हो जायेंगी। मोहनराज आगे कहते हैं कि, बादमें जब औपचारिकता से जानकारी प्राप्त हुई, वो यह था 'यदि वे श्रीपेरुम्बुदुर नहीं जायेंगे तो आंटी (मरगधम) निराश हो जायेंगी'। लेकिन उस समय उन्होंने इसके बारे में ज्यादा सोचा नहीं था।

प्र – क्या लोगों की प्रतिक्रिया इतनी महत्वपूर्ण है?

उ – रगोथमन स्पष्ट रूप से पुष्टि करते हैं और लेखक इसे स्वीकारते हैं। उदहारण के लिए, जब रगोथमन और कुछ सीबीआई अधिकारीगण ललित चंद्रशेखर से पूछताछ करने अपोलो अस्पताल गए थे जहाँ उसकी माँ मरगधम के साथ अलग कमरों में भर्ती हुए थे, उस समय, केवल उसकी पत्नी विनोदिनी के साथ बहरी एवं गूंगी बेटीमौजूद थीं। रगोथमन ने ललित चंद्रशेखर से आत्मघाती हमलावर धनु की तस्वीर दिखाये, उसने तस्वीर को कुछ सेकंदों तक देखा और यों ही कहा, मैं इसे नहीं जानता हूँ। लेकिन उसी समय उसकी बेटी ने उस तस्वीर को देखकर उत्तेजित होकर कहने लगी "बा_...बा...." क्यों की वो बोल नहीं सकती थी। यह देखने के बाद, ललित चंद्रशेखर क्रोधित हो उठा और अपनी पत्नी से कहा की यहाँ क्या कर रही है और बेटी को बाहर ले जाने के लिए चिल्लाने लगा।

जब लेखकने नवंबर 24, 2020 के दिन, एक भेंटवार्ता के लिए रगोथमन से मिलें, इस लेखक ने समय परिकलित करके उचित प्रश्न लगभग आधा घंटे की बातचीत के बाद पूछे। प्रश्न यह था कि, उन्होंने अपनी पुस्तक में उल्लेख किये हैं की वैज़ाग में, राजीव गाँधी की हवाईजहाज़ की तकनिकी कठिनाई के कारण, यदि वे श्रीपेरुम्बुदुर नहीं गए तो आंटी (मरगधम) निराश होंगी। मोहनराज जेबमणि दावा कर रहे थे की, उन्हें अनौपचारिकता से जानकारी प्राप्त हुई थी कि, राजीव ने कहा था, की यदि वे श्रीपेरुम्बुदुर नहीं गए तो सोनिया निराश होंगी। यह सुनकर रगोथमन अपनी आपा खोये

---

[189] Neena Gopal – pgs 23-24

और लेखक पर चिल्लाने लगे की क्यों सोनिया को इसमें शामिल कर रहे हो, उन्होंने क्या किया है इत्यादि..। तब तक बना हुआ संबंध टूट गया और शेष भेंटवार्ता में उन्होंने उतना सहयोग

नहीं दिए। [190]संक्षिप्त में, रगोथमन का दिखायागया गुस्सा अस्पताल में दिखाए गए ललित चंद्रशेखर जैसे समान था।

जनता को एक और वीडियो भी देखना चाहिए। सिथान्रन द्वारा रगोथमन की भेंटवार्ता हुई थी। सिथान्रन पूछते हैं कि जबकि वाज़ पड़ी राममूर्ति, तिंदीवनम राममूर्ति एवं जी.के. मूपनार रैली के लिए चुनी गई जगह को सचेत किया गया था की मंदिर का मैदान योग्य नहीं है उसे बदल देना चाहिए, यह मार्गरिट आल्वा अकेली ने आग्रह किया था की रैली उसी जगह पर होनी चाहिए? यह प्रश्न था और रगोथमन इस बहुमत प्रश्न के लिए उत्तम प्रतिक्रिया देते हैं लेकिन जब सिथानान्न 'मार्गरिट आल्वा' उल्लेख करते हैं, तब गोथमन अपना रुमाल लेकर अपने चेहरे से पसीना पोछते हैं[191]। इस प्रश्न का निष्कर्ष है, हाँ, लोगों की प्रतिक्रिया तथा देह भाषा महत्वपूर्ण है।

ऑलोफ पाल्मे और राजीव हत्याकांड

प्र – ऑलोफ पाल्मे और राजीव हत्याकांड के बीच कोई संबध है?

उ – यह स्पष्ट नहीं है। ऑलोफ पाल्मे एक चमत्कारी सामाजिक प्रजातंत्रीय नेता थे जिनका नेतृत्व टोनी ब्लेयर से तुलना किया जाता था। अलग स्थितियों में उन्होंने अमरीका तथा रूस दोनों का सामना किये, उन्होंने वियतनाम में अमरीका के हस्तक्षेप का विरोध किये थे और उसी तरह से चेकोस्लोवाकिया पर सोवियत आक्रमण का भी विरोध किये। फरवरी 28, 1986 के दिन स्वीडिश प्रधान मंत्री ऑलोफ पाल्मे दोपहर में ही उन्होंने अपने सुरक्षारक्षकों से कहे थे की वे शाम मेंहवाईजहाज़ से जानेवालेहैं। ऐसा वे अक्सर करते थे। उनका काम ख़त्म होने पर, वे शाम 6:30 बजे घर गए, उनकी पत्नी द्वारा सेवित रात्रिभोज किये। रात 08:42 बजे ऑलोफ पाल्मे और उनकी पत्नी ने मेट्रो में गए, तीन स्टेशन बाद, वे अपने बेटे और उसकी मंगेतर से मिले, ऑलोफ ने स्वीडिश चित्रपट 'द ब्रदर्स मोज़ार्ट' देखने 4 टिकट खरीदें[192]। ग्रैंड सिनेमा में चित्रपट देखने के बाद, दोनों

---

190   I ntervI ew wI th Ragothaman

191   https://www.youtube.com/watch?v=25VI bw6z09Q – RagothamanI ntervI ew wI th SI thannan (TamI l) – part 2 – from 07:45th mI nute

192   https://www.I psnews.net/2020/06/murder-foul-death-olof-palme/

जोड़ें अपने अलग रास्ते गए। पाल्मे जब स्वीवागेन और टनलगेटन के भीड़ भरी कोने पर पहुंचे, एक व्यक्ति अचानक उनके पीछे से आया और पॉइंट ब्लैक से उनके सिर के पीछे गोली चलाई, उसके बाद ऑलोफ की पत्नी को भी गोली लगी लेकिन वे बच गयीं जबकि गोली उनके कंधे को छू कर निकल गईथी।

एक ड्रग एडिक्ट क्रिस्टर पीटरसन, जिसने नरहत्या के लिए पहले ही कुछ समय कारागार में बिताये थे, पहला संदिग्ध था और ऑलोफ की पत्नी द्वारा एक समूह में उसकी पहचान से ऑलोफ पाल्मे की हत्या में, जुलाई 1989 में अपराधी सिद्ध हुआ। पीटरसन ने अपील की और कुछ महीनों में साक्ष्य के अभाव के कारण उसे मुक्त किया गया। एक अभियोजक ने 1998में पुनःविचारण के लिए शुरू करने की अपील की लेकिन विफल रहा। तब तक पीटरसन ने विलंब से स्वीकारोक्ति किये जाने की सूचना मिली थी, उसने 2004 में आत्महत्या की।

इस बीच, स्टीग लार्सन, वामपंथी लेखक एवं तीन सर्वाधिक बिकाऊ के लेखक 'द गर्ल विथ द ड्रैगन टैटू' सहित ऑलोफ पाल्मे प्रकरण की जांच की गई और दो सिद्धांत सामने आये। एक था कुर्दिस्तान वर्कर्स पार्टी (पीकेके) ये अपराधी पार्टी थी, लार्सन के लिए एक कारण था कि, इस सिद्धांत में स्टोकहोल्म में केडब्ल्यूूके कार्यालय उस जगह के पास थी, जहाँ ऑलोफ पाल्मे की हत्या हुई थी, लेकिन उसने स्वतः सिद्धांत को खारिज कर दिया। दूसरीसंभावनाकि, उसकी हत्या का कारण दक्षिण अफ्रीका हो सकती थी, क्यों कि, पाल्मे आयोग ने दक्षिण अफ्रीका को हथियार बेचनेवाले वितरकों के खिलाफ प्रचारशुरू की थी, लार्सन ने विशवास किया की पाल्मे का सार्वजनिक तथा निजी विरोध दक्षिण अफ्रीका में हथियार भेजने का मकसद था। पाल्मे जाँचकर्ता ने यह भी ध्यान दिया की, स्वीडिश हथियार संस्था बोफोर्स, 1980 में, सुर्रें में अवैध ब्रिटिश संस्था में संपर्क थे, जहाँ एक व्यक्ति अक्सर दक्षिण अफ्रीका से लंदन जाता था, इसलिए बोफोर्स का ऑलोफ पाल्मे की हत्या से संबंध होने की संभावना हो सकती है लेकिन लेखक ने इसके बारे में गहरी शोध नहीं किया है ताकि इसका निष्कर्ष करने के लिये उल्लेख किया जा सके[193]।

---

[193] https://l news.co.uk/news/long-reads/stl eg-larsson-olof-palme-murder-jan-stocklassa-346203

बोफोर्स एवं राजीवजी का कपटवध

प्र –क्या बोफोर्स का संबंध राजीव की हत्या से है?

उ – यह एक मुश्किल सवाल है और सीधे 'हाँ' या 'ना' जवाब देने से पहले बोफोर्स प्रकरण में झांकना आवश्यक है। बोफोर्स के संबंध में, दो साधारण भ्रम हैं। एक यह कि, लोग बोफोर्स प्रकरण को शुरू से दावा करते हैं की जब भारत सरकार ने भारतीय सेना के लिए होवित्ज़र बंदूकें खरीदने का निर्णय लिया, 3 संस्थाओं को चुने गए थे – सोफ्मा (फ्रांस), बोफोर्स (स्वीडन) और अन्तर्राष्ट्रीय सैन्य सेवायें (यूके)।

दूसरा, सार्वजनिक तौर पर सभी यह मानते हैं कि होवित्ज़र बंदूकों की खरीदने के व्यवहार में राजीव गाँधी ने प्रारंभ किया था, दोनों ही मामलों में वे गलत हैं। होवित्ज़र बंदूकों को खरीदने का निर्णय इंदिरा गाँधी ने किया था। दूसरा, वास्तव में 3 संस्थाएं नहीं बल्कि 4 संस्थाओं को चुना गया था। सोफ्मा (फ्रांस), बोफोर्स (स्वीडन), अन्तर्राष्ट्रीय सैन्य सेवायें (यूके) और वोयेस्ट आल्पाइन (ऑस्ट्रिया)। यह घिनौना बोफोर्स कहानी वोयेस्ट आल्पाइन और इंदिरा गाँधी से शुरू होती है।

रूढ़िवादी समुदाय केकुर्त वेल्डहीम ने उस समय ऑस्ट्रियाई सरकार का नेतृत्व किये और इराक के लिए दया-युक्त थे। इसलिए उन्होंने 155mmहोवित्ज़र बंदूकों को सद्दाम के लिए बेच दिया जो बंदूकों को प्राप्त करने के लिए प्रभावित एवं ग्रहणशील थे। लेन –देन पूरा होने से पहले ही सरकार बदल गई। रूढ़िवादी बाहर निकल गए और नयी ऑस्ट्रियाई चांसलर बूरो क्रेसकी प्रमुख यहूदी परिवार से थे। उन्होंने तुरंत सौदा रद्द किये जो कुर्त ने इराक के साथ किया था, क्यों कि, सौदे से ऑस्ट्रिया के निष्पक्षता कानून का उल्लंघन किया गया था। तब इराक और इरान के बीच युद्ध छिड गया था। क्रेसकी के इंदिरा गाँधी के साथ काम करने के अच्छे संबंध थे। साथ ही, वह कोंग्रेस पार्टी को आपातकाल में 'सोशियालिस्ट इंटरनेश्रल' का सदस्य बनाने के लिए माध्यम भी थे।

इसलिए उसका वैयक्तिक संबंध इंदिरा गाँधी के साथ उत्तम था। क्रेसकी को 155 mm होवित्ज़र बंदूकों को किसी को बेचने थे, क्यों की उसकासौदा इराक के साथ रद्द हुआ था। लेकिन अच्छी बात यह थी कि बंदूकों की गुणवत्ता अत्युत्तम थी, वे उत्कृष्ट तथा उस समय सभी होवित्ज़र बंदूकों की उपलब्धिता की पहुँच सबसे लंबी थी। वे सटीक, मज़बूत और अनुरक्षण करने के लिए भी

आसान थे। इसलिए, इंदिराजी के लिए विश्वास दिलाकर, उनके साथ वैयक्तिक रूप से समझौता करना और बंदूकों की गुणवत्ता के बारे में समझाना ये सभी आसान था, क्रेसकी ने इसे सफलतापूर्वक किये। एक छोटी चीज़ भी कॉंग्रेस चुनावी कोष में डाल दी गई। क्रेसकी ने 1983 में कार्यालय छोड़ दिया। बादमें इंदिरा गाँधी की भी हत्या अक्तूबर 31 1984 के दिन हुई।

राजीव गाँधी नये प्रधान मंत्री बने। दूसरी तरफ, स्वीडिश प्र.मं. ऑलोफ पाल्मे के चुनाव निकटत थे और कुछ धन जुटाना चाहते थे, एक मार्ग ये था की बोफोर्स होवित्ज़र बंदूकों को भारत सरकार के लिए बेचना। इसलिए उन्होंने अंतर्राष्ट्रीय स्तर और प्रसिद्धि प्राप्त करने के लिए राजीव का समर्थन किये और परमाणु पहल करने के लिए प्रेरित किये। बदले में, राजीव बोफोर्स खरीदने के लिए स्वीकार किये। अब, एक खिलाडी उद्विग्र स्थिति में था – वोयेस्ट आल्पाइन। वोयेस्ट आल्पाइन के विपणन निदेशक एजिन्बर्गर ने खुलासा किया, की पैसे कॉंग्रेस पार्टी के खाते में जमा कर दिया गया है। इस समझौते के साथ की भारत सरकार होवित्ज़र बंदूकें इनसें खरीदेगा। लेकिन अब राजीव अनिच्छा से स्वीकार किये थे, इसलिए ऑस्ट्रियाई सरकार ने भारत सरकार के लिए एक सन्देश भेजा कि जमा की गई पूँजी को वापिस करें और इस मुद्दे को ख़त्म कर दें। तब भारत किसी से भी व्यवहार करने के लिए स्वतंत्र था। लेकिन इस व्यवहार के बारे में राजीवको नहीं पता था, इसलिए वे क्रुद्ध थे, अब उन्हें पैसे वापिस करने के लिए एक रास्ता ढूंढना था, एक मार्ग सूचा, यह समझौता हुआ कि गुप्त रूप से बोफोर्स स्वयं वोयेस्ट आल्पाइन को पैसे भर देंगे। ये व्यवस्था की गई कि स्विस बैंकर फ्रांसेस लेफंट बोफोर्स से पैसे प्राप्त करेंगे और उसे वोयेस्ट आल्पाइन को हस्तांतरित करेगा। भारत में पैसा जहाँ है वही रहेगा। इसलिए इस मुद्दे को दबा दिया गया [194]।

प्र–तो बोफोर्स व्यवहार में क्या चूक हुई?

---

[194] https://www.redl ff.com/news/column/who-got-the-bofors-money/20181023.htm

उ – अक्टूबर 1984 में, स्वीडिश रक्षा मंत्री एंडर्स थान्स्बर्ग भारत आये। उनका उद्देश्य था बोफोर्स का प्रचार करना (हल्का प्रचार)। लेकिन जैसे पिछले प्रश्न में स्पष्टीकरण किया था, वो वोयेस्ट आल्पाइन था जो इंदिरा गाँधी द्वारा अनुग्रहित था। इसलिए एंडर्स थान्स्बर्ग का मत था कि बोफोर्स को ज्यादा मौका नहीं दिया जाये। लेकिन इंदिरा गाँधी की हत्या के कारण वृत्तान्त पूरा बदल गया

था। जनवरी 2, 1986 के दिन, ऑलोफ पाल्मे भारत आये, अधिकृत रूप से उनका आने का कारण था राजीव के साथ चर्चा करना और कार्यावली को आगे पांच-महाद्वीप-छः -राष्ट्र – शान्ति पहल करने के लिए था। अनौपचारिक रूप से बोफोर्स प्राथमिकताओं में से एक था। ऑलोफ पाल्मे राजीव को टहोका मारे ताकि वे वैश्विक मुद्दों के संबंध में उनका ध्यान का केंद्र बने, इस तरह पाल्मे ने उन्हें पुनः परमाणु पहल में खींच लिए। प्रतिकर के तौर पर, राजीव ने बोफोर्स बंदूकें खरीदने के लिये स्वीकार किये। ऑलोफ पाल्मे की हत्या फरवरी 28 के दिन 1986 में हुई, अंतिम संस्कार मार्च 15 के दिन तय हुई थी। राजीव संयुक्त राष्ट्र महासचिव के साथ एकमात्र विदेशी गणमान्य व्यक्ति थे जिन्हें अंतिम संस्कार समारोह में भाषण देने का सम्मान दिया गया था। राजीव ने इसे शान से किये और प्रशंसक भी रहे। इसे पहले भी, अंतिम संस्कार की सुबह राजीव ने स्वीडिश प्रधान मंत्री इंग्वार कार्लसन से मिले, ऑलोफ पाल्मे के निधन पर अपना शोक व्यक्त करने के बाद इंग्वार से कहे कि उन्होंने अपना निर्णय एक फ़ाइल पर होविट्ज़र बंदूकों का अनुबंध के पुरस्कार की सीकृति स्वीडिश संस्था ए बी बोफोर्स अनुबंध के वित्तीय शर्तों के संबंध में स्वीडिश सरकार के कुछ स्पष्टीकरणों के अधीन अभिलिखित किये हैं।

पूर्व में, भारत में ऑलोफ पाल्मे जनवरी 20 1986 की शाम में, प्रधान मंत्री के कार्यालय में रक्षा मंत्रालय के परामर्श से एक टिपण्णी तैयार की गई थी। यह पहली बार बोफोर्स का प्रस्ताव फ्रांस के सोफ्मा से समीकृत हुआथा। बादमें, फरवरी 1, 1986 के दिन जनरल सुंदरजी की नियुक्ति सेनाध्यक्ष के लिए की गई। 17 फरवरी, 1986 के दिन, उन्होंने सौदे का अंतिम स्वीकृति के तौर पर बोफोर्स बंदूक को प्रथम स्थान पर रख दिए, उसके बाद चीज़े ख़तरनाक गति से चलायमान

हुई। राज्य के रक्षा मंत्री अरुन सिंह की सहमती मार्च 21 के दिन माँगी गई थी जब वे हवाईजहाज़ से भूटान के लिए प्रस्थान कर रहे थे और मौखिक रूप से प्राप्त हुई। फिर राजीव गाँधी की स्वीकृति मांगी गई और उन्हें मार्च 22 के दिन प्राप्त हुई। अंतिमबार,

राजीव गाँधी की स्वीकृति मार्च 24 के दिन प्राप्त हुई। इस तरह समझौते पर हस्ताक्षर हुए और मार्च 24 1986 के दिन निष्कर्ष हुआ[195]।

बोफोर्स – बदनामी का खुलासा

प्र – बोफोर्स का घोटाले का खुलासा कैसे हुआ और इसका प्रभाव क्या था?

उ – कुछ महीने पहले जब स्वीडिश ने रडियो द्वारा बोफोर्स की कहानी का खुलासा किया, स्टोकहोल्म में एक रहस्यमय त्रासदी घटी। जनवरी 1987 में, स्वीडिश के युद्ध सामग्री निरीक्षक, अल्गर्नोन, स्टोकहोल्म के मेट्रो स्टेशन में तेज़ गति का उपनगरीय ट्रेन में चढते समय उनका निधन हो गया। यदि वे आकस्मिक से गिरे अथवा जन-बूझकर गिरे यह आज तक विवादसप्द प्रश्न है। अल्गर्नोन के जेब से एक डायरी में से एक पर्ची पायी गई। इसमें अल्गर्नोन की बैठक वरिष्ठ बोफोर्स अधिकारीयों के साथ का संदर्भलिखा था। यद्यपि इसका अर्थ यह नहीं था की बोफोर्स प्रत्यक्ष या परोक्ष रूप से उनके निधन का जिम्मेदार था, उनके एवं बोफोर्स के बीच संभावित गठजोड़ की चिंता का विषय था। शस्त्र निर्यात नीति का क्रियान्वयन के लिए, युद्ध सामग्री निरीक्षक, स्वीडिश सरकार से प्रमुख व्यक्ति थे।

फिर, भारत में बड़ा विपद्रव मच गया, जब, स्वीडिश रेडियो ने घोषणा की, कि अप्रैल 16 1987 के दिन, वास्तव में बोफोर्स द्वारा भारत सरकार के साथ सौदे का अंतिम रूप देने के प्रयास में दलालों को पैसे दिए गया था। इस बिंदु पर यह दोहराना आवश्यक है कि, ऑलोफ पाल्मे ने पहले अपने समकक्ष राजीव गाँधी से अवगत कराया कि, बोफोर्स किसी भी दलाल का उपयोग नहीं करने पर सहमत हुए थे, इसलिए, यदि बोफोर्स ने दलाल का उपयोग किया है अथवा दलालों को आढ़त दी गई है, यह सौदे का स्पष्ट उल्लंघन होता। स्वीडन केतत्कालीन भारतीय राजदूत बी.एम. ओज़ा यह सुनकर अवाक् रह गए और पीएमओ के संयुक्त सचिव रोनेन सेन से स्वीडिश सरकार से संपर्क करने और मना करने के निर्देश दिए। स्वीडिश सरकार ने ऐसा करने से साफ मना कर दिया। उन्होंने ओज़ा से कहा की पूरी घटना को मना करने के बजाय उचित यह होगा, इस संपूर्ण मुद्दे की जाँच की जाए और अधिक जानकारी प्राप्त किया जाए। उन्होंने यह भी स्वीकार किया कि ऑलोफ पाल्मे ने राजीव गाँधी से स्वागत कराया था कि बोफोर्स उनके व्यवहारों में भारत के साथ किसी भी दलाल का उपयोग नहीं करेगा।

---

[195] B M Oza, pgs 8-18

लेकिन बोफोर्स सरकारी संस्था ना होकर एक निजी संस्था थी। यदि उन्होंने अपना वादे का उल्लंघन किया था, वे केवल बोफोर्स के विरुद्ध क़ानूनी कार्यवाई का खुलासा कर सकते हैं।

पहला, राजदूत ओज़ा ने पीएमओ से कहा था कि स्वीडिश सरकार इस बात से मना करने के लिए तैयार नहीं थी, की, किसी भी आढ़त का भुगतान किया जायेगा। बजाय उन्होंने एक जांच करने के लिए तैयार थे। विदेश सचिव उन्हें सूचित किये कि प्रधान मंत्री ने इस परामर्श को स्वीकार किया है। इसलिए अनुवर्तन के तौर पर, राजदूत ओज़ा ने स्वीडिश विदेश सचिव के लिए जांच करने का अनुरोध की एक अधिकृत टिपण्णी भेजी। दूसरा, स्वीडिश रेडियोप्रसारण के लिए किये गए आढ़त भुगतान का प्रतिवेदन सौंपने के लिए बोफोर्स को कहा गया था। उन्होंने इसे अप्रैल 24 के दिन कियाथा। राजदूत ओज़ा ने उसी को आगे पीएमओ को प्रेषित किये, यह कहकर कि स्वीडिश रेडियो के खुलासे के बाद बोफोर्स की विश्वसनीयता बहुत कम हुई थी, इसलिए उनकी प्रतिवेदन पर विशवास नहीं करना चाहिए और भारत सरकार को स्वीडिश सरकार की अधिकृत जांच प्रतिवेदन पर जोर देना चाहिए। राजदूत ओज़ा ने पीएमओ की मनाई के बाद पहले ही इस परिणाम के लिए अनुरोध किये थे।

यह तब था जब राजीव ने पेहली बार बड़ी गलती किये, जिसके कारण अंततः उनकी भूमिका को सत्य से दूर कर दिया। अप्रैल 27, 1987 के दिन, बोफोर्स प्रतिवेदन की प्राप्ति पर स्पष्ट रूप से राजदूत ओज़ा ने 'विश्वसनीय नहीं' होने का उल्लेख किये थे। राजीव ने स्वीडिश प्र.मं इंगर कार्लसन से संपर्क किये और बोफोर्स ने उनके प्रतिवेदन में कोई भी आढ़त का भुगतान नहीं करने की पुष्टि किये जाने की सूचना दिए, इस मुद्दा पर अब स्वीडिश सरकार की अधिकृत जांच की आवश्यकता नहीं है। संक्षेप में, उन्होंने राजदूत ओज़ा से एक बात कही, उन्होंने उसे आगे बढ़ने के लिए कहा तथा स्वीडिश सरकार से पूरी घटना के लिए जांच करने का अनुरोध किये। दूसरी तरफ, राजदूत को बिना सूचित किये, उसने गुप्त रूप से इंगर कार्लसन से सपर्क करके जांच ना करने के लिए कहा। उनकी दूसरी बार गड़बड़ी करने का खुलासा जब संसद से संबोधित करते हुए कहा, "मुझे स्वीडिश प्रधान मंत्री से दृढ़ उत्तर चाहिए कि कोई दलाली शामिल नहीं होने चाहिये" "जब देश का प्र.मं हमें विशवास दिलाता है, " वे जारी रखे "गेहराई में जाकर झाँकने के बाद कोई दलाल या एजेंट नहीं थे हमें इस शब्द को स्वीकार करना चाहिये "। उन्होंने जोड़ा "हम स्वीडिश सरकार द्वारा आश्वस्त हुए हैं कि कोई दलाल इसमें शामिल नहीं है"। हमारे पास स्वीडिश सरकार का टेलेक्स है जिसमे कहा गया है,

कि, उन्होंने 'नहीं' कहे गए आधार पर जाँच किये हैं"। उन्होंने उसी तरह का भाषण सेना कमांडर के समक्ष अप्रैल 27 के दिन दिए।

वे इंग्वार कार्लसन सेखंडित हुए जिसने स्पष्ट किया की स्वीडन ने ऐसा कुछ पुष्टि नहीं दी है। इसका सामना करने पर, राजीव ने फिर से अपना सुर बदलकर कहा कि उन्हें ऐसी पुष्टि इंग्वार कार्लसन से नहीं बल्कि ऑलोफ पाल्मे से मिली थी। ऑलोफ की हत्या फरवरी 1986में हुई थीजबकि बोफोर्स सौदे को सुरक्षित करने के लिए आढ़त दिए जाने का खुलासा स्वीडिश रेडियो प्रसारण अप्रैल 1987 में हुई थी। क्या ऑलोफ पाल्मे ने राजीव से पुष्टि की थी कि उस समय कोई दलाल शामिल नहीं थे?

राजीव को बोफोर्स द्वारा दिये गये संताप से धक्का लगा था और अंतिमबार मान गए और इंगर कार्लसन से अधिकृत जांच करने का अनुरोध किये। स्वीडिश नेशनल ऑडिट बोर्ड द्वारा जांच की गई और उसका प्रतिवेदन जून 3, 1987 के दिन सौंपी गई। यह प्रतिवेदन, उनके लिए चकित नहीं थी जिन्होंने दलाल को आढ़त का भुगतान किये की पुष्टि का अनुसरण किये थे। दूसरा, स्वीडिश सरकार द्वारा प्रतिवेदन में प्राप्तकर्ताओं के नाम और बैंक व्यवहारों के विवरण को हटा दिया गया था। भारत सरकार (आधे मन से) ने स्वीडिश सरकार से भुगतान के विवरण देने की विनंती की लेकिन स्वीडिश सरकार ने विस्तृत सूचना देने से मना कर दिया, यह कहकर की वे बोफोर्स द्वारा उन पर मुकदमा चलाया जा सकता है औरभारत सरकार से कहा की वे विस्तृत जानकारी सीधे बोफोर्स से प्राप्त कर सकते हैं। भारत सरकार इसे आसानी से धमकी देकर कर सकते थे कि यदि बोफोर्स ने उन नामों को नहीं दिया तो समझौता रद्द कर देंगे।

वास्तव में, जनरल सुंदर भी, जिसने बोफोर्स सौदे को स्वीकृति दी थी, जिसे सरकार ने सेना प्रतिनिधि का दावा किया था, सरकार से यह कहकरसिफारिश किये, की, यदि सौदा रद्द हुआ, बंदूकें नहीं आएँगी, यह जोखिम कारक हो सकता है, लेकिन यह जोखिम स्वीकार भी किया जा सकता है। लेकिन भारत सरकार ऐसा क्यों करना चाहता था? जब पूरा देश चाहता था की नाम बाहर आये, फिर राजीव और सोनिया क्यों इसके विपरीत चाहते थे।

उस समय, बोफोर्स ने पहले ही 415 होवित्ज़र बंदूकों में से 60 की आपूर्ति की गई थी, इन परिस्थितियोंमें, राजदूत ओझा जो निष्ठां से सत्य उजागर करने के प्रयत्न में थे, एंडर्स काल्बर्ग से संपर्क किये, जिसने कहा, कि, वे भी भारत आना चाहते हैं और भारत सरकार से अपनी सद्भावना

बनाए रखने की बात करने आ रहे हैं। इस आधार पर, राजदूत ओज़ा ने रक्षा सचिव भटनागर से संपर्क करके पुष्टि किये की वे भी बोफोर्स प्रतिनिधियों का स्वागत करने के लिए इच्छुक हैं। जबकी सप्ताहांत था, प्रक्रिया में तेज़ी लाने के लिए राजदूत ने प्रक्रिया को तेज़ी से बढ़ाकर बोफोर्स दल के लिए वीसा बनवा लिए। बोफोर्स प्रतिनिधियों का आगमन की संभावना सप्ताहांत में थी लेकिन सोमवार की सुबह, राजदूत ओज़ा स्टोकहोल्म में अपने दरवाज़े पर उन्हें देखकर हैरान और निराश हुए। रक्षा मंत्रालय ने उन्हें ना आने के निर्देश जारी किये थे।

रक्षा मंत्रालय और पीएमओ से पता करने के बाद, जब लोग स्पष्टीकरण देने में कठिनाई अनुभव कर रहें थे, उन्हें समझ आया कि यह निर्णय स्वयं राजीव ने लिया है। एक प्रेस वक्तव्य राजीव को जिम्मेदार ठहराया की बोफोर्स से अधिकारीगण जो भेंट देना चाहते वे कनिष्ठ अधिकारी थे और उन्हें केवल मौखिक प्रस्तुति देने के लिए तैयार थे, ये दोनों ही कथन असत्य हैं। बोफोर्स की सहायक संस्थानोबल ग्रुपके वरिष्ठम कार्यकारी एंडर्स कार्ल्बर्ग और बोफोर्स के अधिकारीयों ने किसी भी स्तर परयह नहीं कहा था कि वे लोग मौखिक प्रस्तुतियों को सीमित रखने जा रहे हैं।

अगला था, स्टोकहोल्म के प्रभारी अभियोजक लार्स रिन्स्बर्ग, इसमें बोफोर्स का हेडक्वार्टर्स कास्र्कागा भी शामिल था। उन्हें बोफोर्स और भारत के सौदे से संबंधित, इसके विरुद्ध प्रारंभिक आपराधिक जांच की शुरुआत करने का विचार था। यहाँ, भारत एक घायल दल था जब से बोफोर्स दलालों से कोई सौदा नहीं करने के अपने वादे से मुकर गया था, इसलिए वे जानने के लिए उत्सुक थे की क्या भारत ऐसी जांच में इच्छुक हैं या नहीं। कहना ज़रूरी नहीं है, भारत की ओर से प्रत्त्तर कुछ भी रहता, लेकिन सकारात्मक था। अंत में रिन्बर्ग निराश हुए और उन्होंने आरोपों को आगे नहीं बढाने का निर्णय किये। इस बीच एक संयुक्त संसदीय समिती (जेपीसी) राजीव का व्यक्ति पूर्व केंद्रीय मंत्री शंकरानंद के अधीन बनाई गई औरकई सदस्य कोंग्रेस से थे। इसलिए कोई भी कल्पना कर सकता है कि किस तरह का प्रतिवेदन उन्होंने सौंपा होगा जो उन्होंने किया था[196]।

जनवरी 22, 1990के दिन, सीबीआई ने भारतीय दंड संहिता एवं भ्रष्टाचार निवारण अधिनियम की अन्य धाराओं के अंतर्गत आपराधिक षड़यंत्र, धोखाधाडी, जालसाजी के आरोपों पर ए.बी. बोफोर्स के

---

196 B M Oza – pgs 22-84

तत्कालीन अध्यक्ष मार्टिन आर्द्वो, विन चड्डा, और हिंदुजा ब्रदर्स के विरुद्ध फआईआर दर्ज की थी। अक्तूबर 22 1999 के दिन, पहला आरोप पत्र विन चड्डा, क्वात्रोची, तत्कालीन रक्षा सचिव एस.के भटनागर तथा मार्टिन आर्द्वो के विरुद्ध दर्ज की थी। पहले आरोप पत्र में, सीबीआई ने आरोप लगाया कि भारत सरकार को धोखा देने के लिए राजीव, भटनागर, आर्द्वो, क्वात्रोची एवं बोफोर्स के बीच षड्यंत्र रचाई गई थी। उसके दूसरे आरोप पत्र में एक वर्ष बाद, सीबीआईने तीन यूरोप में बसे हिंदुजा ब्रदर्स को नामित किये।

बदनामी में क्वात्रोची की भूमिका

प्र–बोफोर्स घोटाले में क्वात्रोची की क्या भूमिका थी?

उ – क्वात्रोची सोनिया गाँधी के पारिवारिक मित्र थे और सोनिया गाँधी द्वारा उसका परिचय राजीव से हुआ। वह चार्टर्ड अकाउंटेंट थे। भारत में वे केवल मार्च 1968एवं जून 1968के बीच संक्षिप्त अंतराल को छोड़कर फरवरी 1965और जुलाई 1993के बीच रहे। उन्होंने इतालवी बहुराष्ट्रीय कंपनी स्नाप्रोगेटी के लिएडिजाईनिंग, अभियान्त्रिकी, निर्माण का प्रबंधन एवं तेल रिफाइनरीज, गैस प्रसंस्करण, पेट्रोकेमिकल, उर्वरकों एवं पाइपलाइन के क्षेत्र में कर्मचारियों के प्रशिक्षण के लिए काम किया। यहाँ ध्यान में रखना चाहिए की ना स्नाप्रोगेटी और नाहीं क्वात्रोची बंदूकों में, बंदूक प्रणाली या रक्षा संबंधी उपकरण के कोई अनुभव नहीं थे, फिर भी उसने एक एई सर्विसेस के नाम पर खाता खोला और बोफोर्स को आश्वस्त किया कि उन्हें मार्च 31, 1985 के अंदर ही करारनामा मिल जायेगा। उनके कथनानुसार सच में दस्तावेज़ तेज़ी से गए, स्वीकृति प्राप्त हुई और बोफोर्स समझौते पर हस्ताक्षर मार्च 24 के दिन 1985 में की गई। महत्वपूर्ण प्रश्न यहाँ यह है कि, क्वात्रोची का बोफोर्स से परिचय किसी और ने करवाया था, बोफोर्स ने क्वात्रोची दलाल के तौर पर स्वीकार नहीं करते तब तक जब किसी बहुत प्रबल या सबसे ताकतवर ने उसका नाम सिफारिश किया न हो, वो कैसे और कौन था?

जाँच में यह भी खुलासा हुआ कि चड्डा और क्वात्रोची ने बोफोर्स से प्राप्त किये गए पैसे एक खाते में से दुसरे खाते में हस्तांतरित किये थे, ताकि जाँच से बचने और पैसों के निशान मिटाने के लिए ऐसा किया गया था। जुलाई 1993 में, स्विस सर्वोच्च न्यायालय ने इस प्रकरण में क्वात्रोची और

अन्य आरोपियों की अपील रद्द किये। उसी महीने में, क्वात्रोची भारत से भाग गया और कभी वापिस नहीं आया। फरवरी 1997 में, सीबीआई के आदेश पर, इंटरपोल ने

क्वात्रोची के विरुध गैर ज़मानती वारंट और एक रेड कोर्नर नोटिस जारी किया। दिसंबर 2000 में, क्वात्रोची मलेशिया में गिरफ्तार हुआ लेकिन देश ना छोड़ने की शर्त पर उसे ज़मानत मिली। अगस्त 2001 में, रक्षा सचिव एस.के भटनागर का कैंसर से निधन हुआ। भारत ने क्वात्रोची की प्रत्यार्पण का अनुरोध किया लेकिन मलेशिया ने अनुरोध अस्वीकार किया, यह दिसंबर 2002 में था। जुलाई 2003 में, क्वात्रोची के खाते को बंद करने की मांग के लिए भारत ने एक अनुरोध पत्र युके के लिए भेजा, फरवरी-मार्च 2004 में, न्यायालय ने राजीव गाँधी और भटनागर को दोषमुक्त किया तथा बोफोर्स कंपनी के विरुद्ध भारतीय दंड संहिता (आईपीसी) की धारा465के तहत जालसाजी के आरोप तय करने के निर्देश दिए गए। साथ ही, मलेशियाई सर्वोच्चा न्यायालय ने भारत के क्वात्रोची के प्रत्यर्पण अनुरोध अस्वीकार किया।

मई – अक्तूबर 2005 में, दिल्ली उच्चा न्यायालय ने हिंदुजा ब्रदर्स एवं ए.बी. बोफोर्स के विरोध में शुल्क रद्द किये। सर्वोच्चन्यायालय ने सर्वोच्चन्यायालय के विधिवक्ता अजय अगरवालको भी उच्च न्यायालय के विरोध में सीबीआई द्वारा किसी भी अपील के अभाव में अनिवार्य 90 दिनों के भीतर दर्ज करने की स्वीकृति दे दी। यहाँ ध्यान देना चाहिये की हिंदुजा ब्रदर्स प्रकरण खारिज़ किया गया था, इसलिए नहीं क्यों किन्यायालय उन्हें नादान या साक्ष्य दुर्बल होने से की थी, बल्कि इस तथ्य के लिए कि जो दस्तावेज़ उन्होंने सौंपा था वे फोटोकॉपी थे। उन पर मोहर लगी हुई नहीं थी और नाही साक्ष्यांकित थे। यह विडंबना थी की हिंदुजा ब्रदर्स न्यायालय के फैसले के बाद उद्घोषित किये की उन्हें पता था "न्याय होता रहेगा"।

इसके बाद क्वात्रोची 2007 में अर्जेंटीना के इगाजु हवाईअड्डे में रुका हुआ था [197]। इसके पश्चात एक अजीब विकास हुआ जो था यद्यपि सीबीआई को पता चला कि क्वात्रोची फरवरी 8 के दिन गिरफ्तार हुआ है, यह खुलासा सर्वोच्च न्यायालय के समक्ष नहीं किया गया था जब न्यायालय ने उनसे जुड़े एक मामले की सुनवाई फरवरी 8 के दिन की थी [198]। सीबीआई ने उसकी गिरफ्तारी

का खुलासा तब किया जब इंटरपोल ने मिडिया पर समाचार प्रकट किये[199]। फरवरी 23 के दिन, मिसियोन्स में संघीय न्यायालय ने उसे ज़मानत दी और 3 दिन बाद, भारत सरकार को सूचना दी गई थी की क्वात्रोची को मुक्त किया गया है, शर्तिय की, वह

---

[197]   https://www.redl ff.com/news/2007/feb/23bofors.htm

[198]   https://www.redl ff.com/news/2007/feb/24bofors.htm

[199]   https://www.redl ff.com/news/2007/feb/24bofors2.htm

अर्जेंटीना से बाहर नहीं जायेगा [200]। एक वकील ने आवेदन दर्ज किया कि नयी दिल्ली के न्यायालय में 1997 का असली गिरफ्तारी आदेश सीबीआई द्वारा प्रस्तुत नहीं करने के कारण अर्जेंटिन न्यायालय ने भारत का अनुरोध अस्वीकार किया है[201]।

तीन महीने बाद, पहली द्रश्य संघीय न्यायालय ने प्रत्यर्पण के लिए भारत का अनुरोध अस्वीकार कर दिया, एक बार फिर क्वात्रोची का नाम इंटरपोल रेड कोर्नर नोटिस से गिर गया। दिया गया कारण यह था कि, क्वात्रोची के प्रत्यर्पण के लगातार प्रयास विफल रहे। 2005 में, सीबीआई हिंदुजा ब्रदर्स और बोफोर्स के विरोध में आरोपों को नकारा हुए फैसले के विरुध छः महीनों में अपील करनेवाली थी। लेकिन उन्होंने नहीं किया। बजाय अचानक से, जुलाई 2017 में, उन्होंने जांच खोलने के लिए निर्णय किया। नवंबर 2018 में, स.न्या. ने दिल्ली उच्च न्यायलय के फैसले 2005 की सीबीआई ने देरी से दिए गए कारणों से सहमत न होकर सीबीआई की अपील को खारिज

किया। वैसे भी, सर्वोच्च न्यायालय ने यह भी बनाये रखा की 2005 के फैसले को चुनौती देनेवाले अधिवक्ता अजय अगरवाल द्वारा पहले ही दाखिल की गई सीबीआई अपील में सभी आधार उठा सकते हैं। मई 2017 में, सीबीआई एवं अजय अगरवाल दोनों ने चुनौती को वापिस लेना चाहते थे लेकिन जब न्यायालय ने दंड के रूप में कार्यवाई की धमकी देने पर, अजय अगरवाल ने मुद्दे पर बेहेस जारी रखने क निर्णय लिया।

---

200   https://www.redlff.com/news/2007/feb/27bofors6.htm

201   https://www.redlff.com/news/2008/sep/05bofors.htm

बोफोर्स जांच के दौरान अन्य दिलचस्प निष्कर्ष

प्र – बोफोर्स की जांच के दौरान क्या अन्य दिलचस्प निष्कर्ष सामने आयीं?

उ – एक दिल्चस्प घटना बोफोर्स जाँच के दौरान ध्यान देने योग्य है। सितंबर 1987 में, बोफोर्स कार्यकर्तायेन भारत आये और भारत सरकार के प्रतिनिधियों से भेंट किये। रक्षा मंत्रालय की बैठक सितंबर 15, 16 एवं 18 1987में हुई। बोफोर्स का प्रतिनिधित्व ओव मोरबर्ग (बोफोर्स के अध्यक्ष) तथा लार्स गोथ्लिन (वरिष्ठ वीपी एवं नोबल इंडस्ट्रीज़ के मुख्य न्यायविद) द्वारा की गई थी। भारत सरकार की दल रक्षा सचिव एस.के. भटनागर द्वारा अग्रणी की गई। इस बैठक के दौरान, बोफोर्स प्रतिनिधियों द्वारा वाल्टर विंशी तथा वाल डी मोरो का उल्लेख किया गया था और परिणाम के लिए इन दोनों को कोई भुगतान ना करने का एक कथन भी जारी किया गया था। इसे आगे भी वर्णित किया है की, बोफोर्स प्रतिनिधियों के साथ जेपीसी की बैठक की प्रस्तावना के रूप में आयोजित की थी।

दिलचस्पी से, यद्यपि भारत सरकार के प्रतिनिधियों ने इन नामों का या इनके बारे में प्रश्नों का उल्लेख नहीं किया है। बोफोर्स प्रतिनिधियां, उनके बल पर इन दो नामों को उल्लेखित किये और इस तथ्य को भी, कि, कोई पैसे का भुगतान नहीं की गई थी। इसलिए यदि पैसे का भुगतान नहीं हुआ था, फिर उनके प्रथम स्थान पर उल्लेख करने के लिए परेशान क्यों? लेकिन उन्होंने जेपीसी में नाम उल्लेखित नहीं किये नाहि उन्हें उनके बारे में बैठक में कोई प्रश्न पूछे गए थे। वाल्टर विंशी एवं वाल डी मोरो ने भी सभी संभावना में, उस समय क्रमशः अनुष्का और नदिया के पति थे। अनुष्का और नदिया सोनिया गाँधी के बहनें थीं। तो उनके नाम क्यों उल्लेखित हुए जब उन्होंने कोई भुगतान नहीं किया था? सुरक्षित अनुमान केवल यह हो सकता है कि, यह राजीव को दी गई

एक छिपी हुई धमकी थी। संभवतः वे चाहतीं थीं की सौदा आगे बढे क्यों कि उस समय सौदे को रद्द करने के लिए उन्हें फोन आ रहे थे। संभवतः यह राजीव को सूचित करना था "यदि सौदा

आगे नहीं बढ़ा, भुगतान के बारे में अधिक जानकारी दी जाएगी[202]। तथा यह भी सुनिश्चित करता है की सोनिया गाँधी का परिवार बोफोर्स भ्रष्टाचार घोटाले में निश्चित रूप से सम्मिलितथा।

राजीव हत्याकांड – एक कोंट्राक्ट जॉब?

प्र – राजीव को समाप्त करने के लिए एलटीटीई सेसमझौता करके नियुक्त किया गया था इसके क्या अन्य कोई साक्ष्य हैं?

उ – हाँ, और कई हैं। राजीव शर्मा स्पष्ट रूप से पुस्तक में लिखते हैं कि, सनबर्ड एलटीटीई के जहाजों में से एक था जिसे मार्च 1990 में पकडा गयाथा। इस जहाज़ का उपयोग लकड़ी, खाध्यान्न और उर्वरकों में नशीली पदार्थों को छिपाकर ले जाने के लिए किया गया था, लेकिन उस घटना के समय, वह घातक विस्फोटक, आरडीएक्स, आक्रमणकारी श्रृंख्ले के राइफल, ग्रेनेड, गोला बारूद तथा एलटीटीई के लिए संपर्क उपकरण ले जाया जा रहा था। यह पहला बृहत लदान एलटीटीई के लिए आया था। सनबर्ड सिप्रस से प्रारंभ होकर सिंगापूर और मलेशिया द्वारा जलयात्रा किया। वे मलेशियाई अधिकारीयों द्वारा पकडे गए थे तथा इस सूचना को श्रीलंका में अपने समकक्षों को दिए गए थे, लेकिन, श्रीलंका ने इस पर कोई रूचि प्रकट नहीं की और इसलिए इस जहाज़ को छोड़ दिया गया। इसका कारण यह कि, श्रीलंकाई सरकार ने जहाज़ पकड़ने में कोई दिलचस्पी इसलिए नहीं दिखाई क्यों की संभवतः तब प्रेमदासा सरकार का एलटीटीई के साथ संबंध अच्छे थे। दोनों के अच्छे संबंध होने से सफलतापूर्वक आईपीकेएफ से पीछा छुड़ालिया और उनके बीच शांती वार्तालाप से भरे थे। एलटीटीई को उसके अच्छे उद्देश्य से सहमत करने के लिए, प्रेमदासा ने हथियारों के साथ 75 लाख सद्भावना नकद की आपूर्ति की थी इसलिए एलटीटीई के लिए उपकरण लाने में वे असल में परेशान नहीं हुए।

---

[202] https://www.opl ndl a.com/2019/03/papers-long-burl ed-questl ons-that-were-never-asked-was-sonl a-gandhl -I tall an-faml ly-I nvolved-I n-the-bofors-scam/

लेकिन बड़ा प्रश्न राजीव शर्मा उठाते हैं की, क्या हथियार विशेष रूप से दिए गए थे? विशेषतः एलटीटीई के लिए फिरौती रकम के तौर पर राजीव गाँधी को समाप्त करने के लिए दी गई थी? वह सब नहीं था। सितंबर-अक्टूबर 1991 में, हत्याकांड के बाद की घटना में, यह दोबारा किया

गया था। इस बार, वह गोल्डन बर्ड था। इस अवसर पर, वे किसी भी अधिकारियों से पकडे नहीं गए थे। उन्होंने संपूर्ण आरडीएक्स, गोलाबारूद, तथा विमान भेदी बंदूकें का नौभार उनके स्पीडबोट द्वारा जाफना के लिए रवाना किया गयाथा।

टोंग नोवा एक और जलयान थी जो गोल्डन बर्ड व सनबर्ड से थोडा छोटी थी और इसे भारतीय अधिकृत द्वारा जप्त किया गया था। वह निरंतर पूछताछ के बाद टोंग नोवा ने भी हथियारों का शस्त्रागार संभवतः 'सी टाइगर्स' स्पीडबोट से जाफना के लिए स्थानांतरित किये जाने के बाद स्थापित हुआ। तीनो जहाजों का मालिक था केपी[203]।

केपी ने भी नवंबर 1990 में संभवतः कंडस्वामी वकील से बातचीत किये थे और उसे सूचित किया था कि एलटीटीई जल्द ही भारतीय नेतृत्व पर निशाना बनाएगा। केपी के पास मुंबई बीसीसीआई का खाता था [204]। अमरीका में स्थापित की गई केरी आयोग बीसीसीआई में अनियमितताओं की जांच करने के लिए की गई थी, वह इस तथ्य की ओर दर्शा रहे थे, उनकी जांच यह थी कि क्या एलटीटीई के लिए हस्तांतरित किया हुआ पैसा, अदनान खाशोग्गी और एर्नी मिल्लर द्वारा जो चंद्रस्वामी के शिष्य थे इनके द्वारा किये गए फिरौती रकमहोने की जांच चल रही थी। तथ्य यह है की केपी को फरारी अपराधी प्रभाकरन, पोट् अम्मन एवं अकिला के साथ में जोड़ा जाना चाहिये था लेकिन एसआईटी ने उसे छुआ बी नहीं इस सत्य से बचाने के लिए की यदि गिरफ्तार होने पर हत्याकांड के षड्यंत्र को उजागर करने का सच।

एमडीएमए की भूमिका

प्र – एमडीएमए की भूमिका क्या है?

उ – जैन आयोग ने बड़े षड्यंत्र में आगे तहकीकात करने के लिए बुलाया। एमडीएमए व्यक्तिगत मामलों के मंत्रालय के आदेश पर राजीव की हत्या के पीछे बड़े षड्यंत्र में

---

203   Rajeev Sharma – pp - 3-4, 10-13

204   Ragothaman (Taml I) – pg 119

झाँकने के लिए दिसंबर 2, 1998 के दिन स्थापित हुई। उस समय जांच की अवधि शुरुआती 2 वर्ष थी। एमडीएमए

अपनी प्रतिवेदनाओं को चेन्नई के टाडा विशेष न्यायलय में प्रत्येक तीन महीनों में सौंपीती थी। यह कुछ वर्षों पूर्व थी। एमडीएमए के लिए एकमात्र पुलिस अधिकारी काम करते थे। अब, यह अधिकृत एमडीएमए के लिए ही काम करती थी, यह रहस्यमय है। लेखक ने प्राप्त किये जानकारी के अनुसार, उस अधिकारी को चेन्नई से बेंगलोर के लिए स्थानांतरित किया गया था। तो क्या एमडीएमए वर्तमान में चलायमान है? यह शंकास्पद है।

एक समय में, एमडीएमए के लिए लगभग 40 अधिकारी काम करते थे। इसमें 4 घटक अधिकारीगण एसपी पद द्वारा नेतृत्व, सीबीआई के संयुक्त निदेशक के अधीन करते थे।

पहला घटक अकाली दल (फेरुमन) के अध्यक्ष महंत सेवा दास की दावों की जांच करने के लिए स्थापित किया गया था, जिसने जैन आयोग के समक्ष दावा किया था कि उसने राजीव को समाप्त करने के लिए खालिस्तानी द्वारा योजना के बारे में तत्कालीन प्र.मं चंद्रशेखर को सूचित किया था। दूसरा घटकचंद्रास्वामी, अदनान खाशोग्गी, एवं सुब्रमनियम स्वामी की भूमिकाओं की छानबीन करने के लिए की गई थी। तीसरा घटक केपी, करूणानिधि एवं सुब्बुलक्ष्मी जगदीशन की भूमिकाओं की तहकीकात करने के लिए की गई थी। चौथा घटक एलटीटीई कार्यकर्ताओं के बीच वायरलेस संदेशों को विसंकेतन करने में विलंबता की जाँच करने के लिए की गई[205]।

लेकिन इन प्रश्नों का कोई उत्तर उनके पास नहीं है। बेहेस सरल है। एमडीएमए की स्थापना राजीव हत्याकांड में बड़े षड्यंत्र का अस्तित्व होने के बारे में हुई थी। उन्होंने दोनों में से एक कहना चाहिए था "हाँ, राजीव के हत्याकांड में बड़े षडयंत्र का अस्तित्व था" अथवा उन्हें कहना चाहिए था "नहीं, सारे आरोप असत्य हैं, कोई बड़ी साजिश की शामिलात नहीं है, वे एकमात्र एलटीटीई थे"। इसका अर्थ यह बनता है की उन्हें कुछ पता चला है जो राष्ट्र को बदनाम कर सकता है इसलिए सत्य उजागर नहीं करने का निर्णय लिए थे।

---

[205] https://openthemagazI ne.com/features/I ndI a/the-dangII ng-conspI racy-questI on/

प्रियांका का नलिनी से भेंट

प्र – प्रियंका गाँधी की भेंट नलिनी के बारे में कुछ है?

उ – प्रियंका गाँधी ने नलिनी श्रीहरण से मिलने वेल्लोर कारागृह मार्च 19, 2008 के दिन गयीं थीं। सबसे पेहले, यदि प्रियंका गाँधी केवल अपने पिता की हत्या के बारे में जानना था, फिर नलिनी से गुप्त रूप से क्यों मिली? दूसरा, उसने एकमात्र नलिनी से ही क्यों भेंट की? वहाँ 6 और भी थे। नलिनी, उसके अंधे प्रेम मुरुगन के कारण अंतिम क्षण में षडयंत्र में सहभागी हुई थी। फिर अन्यों को छोड़कर उसी से मिलने क्यों? इस बैठक की वार्ता को छिपाए रखने का पहला उद्देश्य था। दौरैस्वामी का बेटा राजकुमार ने कारागृह में हुई बैठक की जानकारी प्राप्त करने के लिए सूचना के अधिकार (आरटीआई) आवेदन अप्रैल 2008 के दिन दर्ज किया, जबकि आरटीआई डाक द्वारा भेजी गई थी, आवेदन कारागृह अधिकारियों को अप्रैल 10 के दिन पहुंची। पुलिस की तरफ से पहली प्रतिक्रिया थी कि बैठक कभी हुई ही नहीं। महिला विशेष कारागार अधीक्षक राजसौंदरी आरटीआई के प्रति पहली प्रतिक्रिया अप्रैल 11 के दिन था "आपके प्रश्न की प्रत्युत्तर में, मैं यह सूचित करना चाहती हूँ कि मार्च 14, 2008 और मार्च 19, 2008 के बीच में कारगर में तकरार करने के लिए कोई भी भेंट के लिए नहीं आया था"। अगले तीन दिन सरकारी छुट्टियाँ थीं।

अप्रैल 15 के दिन टाइम्स ऑफ़ इंडिया समाचारपत्र में वार्ता प्रकट हुई। प्रियंका ने बैठक होने का उसी दिन स्वीकार किया। प्रियंका कही, कि, वह बैठक "मैंने जो हिंसा एवं क्षति का अनुभव किया उससे बाहर निकलने के लिए शांती पाने के लिए की थी" [206]। यहाँ दो दिलचस्प चीज़ों पर ध्यान चाहिए। कारागार में, जब किसी व्यक्ति कैदी से मिलता है, बैठक का समय को अभिलिखित करना बिलकुल अनिवार्य है, जैसे उदाहरण के लिए, यदि बैठक 11:23बजे शुरू हुई और 11:36 बजे समाप्त हुई, सटीक समय अभिलिकित करना आवश्यक है। लेकिन, प्रियंका एवं नलिनी की हुई बैठक का कोई अभिलेखन नहीं किया गया था, तथा महिला अधीक्षक ने पहले ही हुए बैठक की नकारात्मक प्रतिक्रिया दी थी। यदि प्रियंका सच कह रहीं थी, की जब वे नलिनी से क्षति को शांती से उभरने के लिए मिलने गयीं थीं फिर बैठक सीधे सामने क्यों नहीं हुई?

---

[206] https://economl ctl mes.l ndl atl mes.com/news/poll tl cs-and-natl on/jal ler-ll ed-on-prl yanka-nall nl -meet/artl cleshow/3007095.cms?from=mdr

इसके बारे में उन्हें दुनिया को बताने की आवश्यकता नहीं थी। क्यों कि उन्हें सिर्फ चीजों को उचित रूप में करना था, लेकिन जब कारागार में प्रवेश नहीं होने का और महिला पुलिस अधीक्षक को निर्देश देना की बैठक हुई ही नहीं, इस तथ्य को स्पष्ट रूप से दुसरे उद्देश्य को दर्शाता है जो

उन्होंने जनमत में कहा।

एक और दिलचस्प सत्य जो जनमत से छूट गया था की प्रियंका गाँधीRAW अधिकारी के साथ के साथ थीं जब उनकी भेंट नलिनी से हुई थी। अब, RAWका हत्याकांड में शामिल होने के कई प्रश्न हैं। RAW के प्रमुख बाजपाई ने पहले सप्ताह से कहते रहे की, एलटीटीई का कोई हाथ इसमें नहीं और एसआईटी टीम को इससे बाहर रखना चाहते थे। वास्तव में, कार्तिकियन, राजा विजय करण एवं एस.के.दत्ता सभी कोलोंबो के लिए मई 30 के दिन कुर्ता –पाजामा पहने संदिग्ध हत्यारे की अधिक जानकारी प्राप्त करने के लिए गए थे लेकिन RAW के प्रमुख जी.एस बाजपाई हठी थे, कि वो एलटीटीई नहीं था और उन्माद में टीम को भारत वापिस लौटने के लिए कहा। उनके अव्यवस्थित व्यवहार के कारण, दल को उनकी यात्रा से भारत वापिस लौटना पड़ा। यह भी की वह RAW थे जिन्होंने एलटीटीई किट् जब वह भारत लौट रहा था उसे ख़त्म किया था। डर यह था की एलटीटीई किट् इस पूरे षड़यंत्रके बारे में जानता था और वे कोई भी मौका लेना नहीं चाहते थे। किसने RAW को किट् को समाप्त करने के निर्देश दिए, बेशक यह बड़ा प्रश्न है।

अन्य दिलचस्प तथ्य कि प्रियंका ने लगातर नलिनी से पूछती रहीं कि इस अपराध के पीछे किसका दिमाग था[207]। क्यों प्रियंका नलिनी से संपर्क करती थीं, जब वह एलटीटीई की सदस्य भी नहीं थी?इससे पहले भी दर्शाया गया है कि नलिनी ने हत्याकांड दल से अंतिम क्षण में शामिल हुई। बड़े षड़यंत्र के बारे में वो क्या जानती थीं जो कई सालों से उसकी जांच एमडीएमए द्वारा कर रही थीं? या नलिनी से इसलिए मिलीं की योजना के बारे में नलिनी कितना जानती थी?राजेंदर पूरी भी कहते हैं कि मुरुगन का पुस्तक लिखने की कई सूचनाएँ थीं। संभवतः इसषड़यंत्र को उजागर करना हो सकता था, मुरुगन को पुस्तक लिखने से रोकना के लिए प्रियंका ने नलिनी को धमकी दीं।

---

[207] https://www.boloji.com/articles/4573/was-priyanka-seeking-the-truth

राजीव की हत्या करने के अन्य प्रयत्न

प्र – राजीव की हत्या करने के क्या अन्य कोई प्रयत्न थे?

उ – ऐसे कम से कम दो घटनाएँ थीं। एक जनता के लिए पता था और दूसरा कईयों को नहीं पता था। अक्तूबर 2, 1986 के दिन, एक सिख कट्टरपंथी करमजीत सिंग, सिख जातिवध जब इंदिरा गाँधी की हत्या के बाद हुआ था, इसका बदला लेने के लिए राजीव की हत्या करना चाहता था। राजीव को इसका ज़िम्मेदार ठहराया था। वो सितंबर 25, 1986के दिन आयोजित स्थान में छिपा हुआ था। जब राजीव गाँधी, समाधी के लिए अक्तूबर 2 के दिन भेंट देना चाहते थे जो की महात्मा गाँधीजी की जन्मतिथि थी, सुबह 6:55 बजे जब राजीव गाँधी अंदर गए, पहली गोली चलाई गई, यह स्पष्ट नहीं था कि वह गोली की टप्पा या मार था लेकिन स्वाभाविक क्रिया पर उनके आसपास के सुरक्षारक्षकों ने (उस समय उनके पास एसपीजी थे)तुरंत उन्हें रक्षा के लिए घेर लिए। जल्द ही पता चला की वह गोली थी और राजीव पर हत्या करने का प्रयत्न किया गया था। पुलिस ने आयोजित स्थल के सभी तरफ छानबीन किये – पेड़, बाड़ा और सड़क के पार स्थित इमारतें लेकिन शामियाना को छोड़े थे जो छिपाने की जगह थी और इसलिए कि करमजीत सिंग छिपा हुआ था।

राजीव, जैल सिंग, और सोनिया गाँधी समाधी की तरफ बढ़ने लगे और उनका सम्मान करने के बाद वापिस उसी स्थान पर लगभग 8 बजे आये जहाँ दूसरी गोली चलाई गई, सुरक्षारक्षक शामियाना तथा समाधी की तरफ भागे जब तीसरी गोली चलाई गई। राजीव ने तुरंत सोनिया से चिल्लाकर कार में बैठने के लिए कहे। जब दूसरी गोली चलाई थी तब राजीव के चारों ओर अभेद्य घेरा सुरक्षारक्षकों द्वारा घेरे थे। तीसरी गोली के बाद, यह स्पष्ट हुआ कि गोलियां शामियाना के अंदर से चलाई गई हैं। सुरक्षारक्षक अंदर की तरफ गोलियां चलाने लगे जब एक शुद्ध मुंडा व्यक्ति हरे रंग में छत के ऊपर शामियाना के 10 फूट ऊपर चिल्ला रहा था "मैं सरंडर करता हूँ" उसे हिरासत में लिया गया [208]।

उद्देश्य यह था कि वो और उसका मित्र सिख विरोधी दंगों के हमले में इंदिरा गांधी की हत्या के बाद, उनके मकान मालिक की सलाह परउसने अपना सिर मुंडवा लिया था

---

208 https://www.l ndl atoday.l n/magazl ne/cover-story/story/19861031-attempt-to-assassl nate-prl me-ml nl ster-rajl v-gandhl -exposes-chl nks-l n-hl s-securl ty-armour-801365-1986-10-31

और इसलिए सिख की पहचान से बच गया था लेकिन उसका मित्र पकड़ा गया और ज़िंदा जला दिया गया था।

सिखों की हत्या पर राजीव की प्रतिक्रिया "जब बड़ा पेड़ गिरता है (इंदिरा) तब धरती हिल जाती है"

इस क्रुद्ध ने करमजीत को राजीव की हत्या करने का एक ही तार्किक समाधान सूझी थी। वह गिरफ्तार हुआ, 14 वर्ष कारागार में बीता और अंत में 2000 में मुक्त किया गया[209]।

दूसरी घटना भी दिलचस्प है और इसे पी चंद्रशेखरन ने अपनी पुस्तक में वर्णन किया है।

वे कहते हैं, कुछ साल पहले (समय उल्लेखित नहीं है)एक दिल्ली आसूचना अधिकारी को कुछ लोहे के टुकड़े दिए गए थे। देते समय उन्हें पूछा गया था कि ये लोहे के टुकड़ें कहाँ से हैं? सामान्यतः पी चंद्रशेखरन को प्रश्न पूछने की आदत थी, किसने दिया, कहाँ से आया इत्यादि। इस पर, आसूचना अधिकारी ने उत्तर दिए की इन्हें प्र.मं(राजीव) ने भेजे थे और उनसे कहा गया था, पूछने पर और आवश्यकता होने पर ही इसकी जानकारी दें। जबकी ये स्वयं प्र.मं से था, चंद्रशेखरन ने आगे प्रश्नों को नहीं पूछा और उसने वही किया जो उसे कहा गया तथा आसूचना अधिकारी को अपने फलितांश सौंपा।

अधिकारी दिल्ली गए और वापिस कुछ दिन बाद लौटें तथा चंद्रशेखरन के लिए धन्वावाद बता दिया एवं उसके लिए प्र.मं से सन्देश भी था। राजीव उसे धन्यवाद देना चाहे और यह भी बताये की वे लोहे के टुकड़ें राजीव के हवाईजहाज़ से निकाले गयेथे, जिसमें वे उड़ान भरनेवाले थे। जब हवाईजहाज़ चलने लगी तब इंजिन में से कुछ अजीब आवाजें सुनाई देने लगीं। उसकी जांच करने के बाद लोहे का भाग पाया गया जो इंजिन में जानबूझकर डाला गया था। सौभाग्य से, शुरू होने के बाद, लोहे का भाग इंजिन में फंस गया और इसलिए पाइलट उसे ढूंढ पाया, यदि लोहे का भाग इंजिन के अंदर घुस गया होता, विमान नभ में उड़ान भरता, फिर राजीव और अन्य लोगों की ज़िन्दगी खतरा में पड़ सकती थी। आसूचना अधिकारी कहते गए कि जिस व्यक्ति ने किया उसे भी पकड़ लिया गया, आश्चर्यजनक रूप से, जानकारी कभी सार्वजनिक के सामने नहीं आई [210]।

---

209   https://www.sl fy.com/news/I ntervI ew-the-man-who-trI ed-to-gun-down-rajI v-gandhI --news-columns-jeI vEKheefjsI .html

210   Chandrasekharan – Pg 117

जैन आयोग की कार्यप्रणाली

प्र–जैन आयोग की कार्यप्रणाली कैसी थी?

उ – एक पंक्ति में कहा जाय तो जैन आयोग अंतरिम प्रतिवेदन में एक रत्न था। कुछ निर्दिष्ट विचित्र निष्कर्ष को छोड़कर जैसे की राजीव की हत्या के लिए पूरे तमिल समुदाय की आलोचना करना, प्रतिवेदन तथ्य पर थी। फिर से एक पंक्ति में, जैन आयोग का अंतिम प्रतिवेदन विपत्तिजनक थी। इस पुस्तक के अंत में पाठक के लिए पता चल जाएगा। आयोग अगस्त 23, 1991 के दिन स्थापित हुई थी, 1994 में कुछ समय, नयी दिल्ली के वकील मुश्ताक अहमद ने दिल्ली उच्च न्यायलय में गृह मंत्रालय (एमएचए) का अभिखण्डन करने की याचिका दर्ज किये जो जैन आयोग द्वारा नियुक्ति की गई थी। बेहेस थी कि, राजीव की हत्या में एसआईटी की तहकीकात, जैन आयोग भी उन्हीं क्षेत्रों में जा रहा था जहाँ गंभीर परिणाम होते और चल रहे प्रकरण को प्रभावित करते। उसी वर्ष के जुलाई में, उच्च न्यायलय जैन आयोग की सुनवाई के बिना एसआईटी ने पूरे किये गिये क्षेत्रों को तथा उन व्यक्तियों के विरुद्ध जिन्हें आरोप पत्र दिए गए थे, तहकीकात करने से प्रतिबंध लगा दी।

न्यायलय ने भी जैन आयोग को जुलाई 1987 के बाद अपनी जाँच करने का निर्देश दिए जब भारत-लंका समझौते पर हस्ताक्षर किये गए। लेकिन नवंबर 1995 में, दिल्ली उच्च न्यायलय ने सभी प्रतिबंधों को हटा दिए जो 1994में आयोग पर लगाया थाऔर मुश्ताक की याचिका रद्द की गई। उसी महीने में, भारत सरकार ने सर्वोच्च न्यायलय में मुश्ताक के प्रकरण को रद्द करने की चुनौती के लिए आगे बढ़ा। इस तरह रहस्य बाहर प्रकट हुआ। मुश्ताक एकमात्र रहस्य था और इसे भारत सरकार अपनी ही आयोग का नाश करने के प्रयास कर रहे थे।

भारत सरकार ने जैन आयोग के साथ ऐसा बर्ताव किया जब अपनी कार्यप्रानाली प्रारंभ की थी, भारत सरकार का बर्ताव जिस तरह से था, जब न्यायमूर्ति जैन ने अपनी प्रतिवेदन पूर्ण करके सौंपना चाह रहे थे, यह और भी मूर्खतापूर्ण थी। जैन आयोग के सचिव, फरवरी 1998 में, केंद्रीय गृह सचिव बी.पी. सिंह को पत्र लिखे। ये दस्तावेजों की सूची जो उन्हें आवश्यक थी और केंद्रीय सरकार द्वारा सौंपना चाहती थी, यह सौंपा गया था। इनमें से, नौसेना अवरोधन 1988से,

चंद्रस्वामी के बीसीसीई खातों की पूरी जानकारी एवं चंद्रस्वामी के आईबी प्रतिवेदन 1988से थी। जैन आयोग ने पहले ही 12 बार विस्तार प्राप्त किया था लेकिन कुछ और

करना था यह ध्यान में रखते हुए उन्होंने एक और विस्तार माँगा। यह सिर्फ औपचरिकता के तौर पर विशवास था।

फरवरी 27, 1998 के दिन, सरकार ने जैन आयोग को अचानक सूचित किया कि विस्तार की अनुमति नहीं दी जायेगी। ऊपर से, अंतिम प्रतिवेदन तैयार करने के लिए केवल 7 दिन बचे थे।

केवल 7 दिनमें अंतिम प्रतिवेदन तैयार करना असाध्य था। वो भी, गुजराल की सरकार निगरानी करनेवाला था, ऐसा निर्णय लेना किसी ने भी नहीं सोचा था। कोंग्रेस ने एकल अधिकारिक विरोध नहीं किया। संपूर्ण प्रक्रिया बड़े खुलासे को चांटा मार दिया था। इस घाव पर नमक छिड़कने के लिए, गुजराल सरकार से एक वरिष्ट मंत्री ने न्यायमूर्ति जैन से संपर्क किये और पूरे प्रतिवेदन के बजाय प्रालेख प्रतिवेदन को सौंपने के लिए कहे, कारण सरल था, संसद में नाही प्रालेख प्रतिवेदन की आवश्यकता थी और ना कार्यवाई की गई प्रतिवेदन (एटीआर) की ज़रूरत थी। लेकिन सभी के लिए और केंद्र सरकार के आश्र्य के लिए, न्यायमूर्ति जैन ने 7 दिन की अवधि में ही प्रतिवेदन भेजने का निर्णय लिए।

आश्र्य की बात हुई, जहाँ जैन आयोग ने कार्य किये थे उसी जगह पर सीबीआई ने छापा मारा और सीबीआई अधिकारीयों ने कार्यालय कर्मचारियों से जैन आयोग का अंतरिम प्रतिवेदन का भेद खुलने के बारे में पूछा। न्यायमूर्ति जैन द्वारा अपनी अंतिम प्रतिवेदन सौंपे जाने के बाद अपनी जांच फिर से शुरू करने के लिए सीबीआई को सहमत करने के लिए बहुत पापड़ बेले। लेकिन अंत में सीबीआई मान गई। लेकिन यह अंत भी नहीं था। न्यायाधीश जैन को प्रतिवेदन ना सौंपने के कुछ धमकी भरे फोन प्राप्त हुए। न्यायाधीश जैन ने इन धमकियों के फोन कॉल्स को अभिलिखित किये और गृह मंत्री को लिखे। अंत में, न्यायाधीश जैन ने 200 पृष्ठों से भरी प्रतिवेदन मार्च 7, 1998 के दिन सौंपे। अंत में, एक दिलचस्प घटना घटी। न्यायाधीश वापिस जैपुर में अपने घर जानेवाले थे, उनकी भेंट एक महत्वपूर्ण व्यक्ति से हुई, वे सोनिया गाँधी थीं, जिन्होंने दृढ़ता से और सभी बाधाओं को दूर करते हुए प्रतिवेदन को पूरा करने के लिए धन्यवाद देने आयीं थीं।

अन्य अप्रमाणित सिद्धांत

प्र – क्या अन्य कोई सिद्धांत हैं जिनकी जाँच नहीं की गई है?

उ – एक विशेष घटना उल्लेखित करनी चाहिए। अप्रैल 2007 में, बीजेपी नेता वी.के मल्होत्रा एवं समाजवादी पार्टी (एसपी) से रामजी लाल सुमन लोकसभा में कहे कि

षड़यंत्र को फ्रांस के पेरिस में फाइव स्टार होटल में क्वात्रोची तथा एंटन बालासिंघम ने रची थी। उन्होंने एक वेबसाइट का उद्धरण किये औरबताया कि उसमें यह उल्लेखित था की उसके दावे को समर्थन करने के लिए फ्रांसिसी आसूचना के पास सबूत है। मल्होत्रा एवं सुमन दोनों ने दोहराया कि, जबकि फ्रेंच सरकार ने प्रतिवेदन पर कोई प्रतिक्रिया अथवा टिपण्णी नहीं की थी, भारत सरकार इस मुद्दे की छानबीन करें और सदन को सूचित करें। मल्होत्रा ने इसके लिए कहा कि पूर्व मानव संसाधन विकास (एचआरडी) अर्जुन सिंह ने कथित तौर पर कहा था कि सरकार इसकी जांच करवाएगी, उसके बाद, ना अर्जुन सिंह ने प्रतिक्रिया दी और नाही दोनों नेताओं ने इस प्रतिवेदन की आगे की कार्यवाई की। अब यह सिद्धांत कई कारणों के लिए बहुत रोचक है। इसे लोक सभ में रखा गया था। सदस्यों ने इस प्रतिवेदन को लोक सभा में रखने के लिए योग्य समझे। दूसरी बात, क्वात्रोची सोनिया गाँधी तथा राजीव गाँधी के पारिवारिक मित्र थे, तीसरी, इसकी वजह से मुद्दे को कभी भी महत्वपूर्ण नहीं दिया गया, क्या ये जानबूझकर था?[211]

क्वात्रोची के बैठक

प्र – सोनिया गाँधी के साथ राजीव का संबंध कैसे थे?

उ – वरिष्ठ सांसद डॉ. हांडे के अनुसार, 1980 के अंत में, बोफोर्स की बदनामी प्रकट होने के बाद, राजीव गाँधी ने सोनिया गाँधी को दोषी ठहराये, की तुम्हारे वजह से इटली की संपर्कों से उन्हें इन सबका सामना करना पड़ा[212]।

प्र – क्वात्रोची का वैयक्तिक संबंध सोनिया से कैसे थे?

उ – स्नाप्रोगेटी में क्वात्रोची का ड्राइवर ससिधरणथा, जहाँ क्वात्रोची महा प्रबंधक थे। उसकी जिम्मेदारी के तौर पर उसने एक पंजिका में क्वात्रोची को जिन जगहों पर ले जाया करता था उन सभी जगहों को पंजिका में लिखता था। जांच के दौरान, उसने पंजिका में ध्यान दिया और सच का खुलासा हुआ की क्वात्रोची ने राजीव गाँधी के घर 41 बार 1989और 1993 के बीच गया था, ये अभ्यागमन राजीव की हत्या के बाद मई 1991 के बादभी जारी थे – 21 बारा। क्वात्रोची सोनिया तथा राजीव के पारिवारिक मित्र थे। सामान्य परिस्थिति में, कितनी बार वह राजीव गाँधी से या सोनिया गाँधी से मिलता है

---

211 https://tl mesofl ndl a.l ndl atl mes.com/l ndl a/quattrocchl -l ssue-
resurfaces-l n-ls/artl cleshow/1971813.cms

212 I ntervl ew wl th Dr Hande

इसकी जानकारी रखना ना लेखक के लिए आवश्यक है और नाही किसी और के लिए। लेकिन ये सामान्य हालात नहीं थे, पिछले प्रश्न में, यह दर्शाया गया है, की, एक सिद्धांत है, जहाँ क्वात्रोची का एलटीटीई के साथ मिलकर षड़यंत्र को निष्पादित किये जाने का। इस मुद्दे को संसद में उठाया गया था और इस तथ्य की जानकारीफ्रेंच आसूचना को भी थी। अर्जुन सिंग ने उन लोगों से कहा, जिन्होंने इस मुद्दे को उठाया था कि वो उनसे वापिस मिलेगा, उसने ऐसा कभी नहीं किया। इस पूरे परिस्थिति को अधिक संदिग्ध बनाती है। इन परिस्थितियों में, जांच अवश्य करनी चाहिए। इस तथ्य, को के क्वात्रोची ने राजीव के घर 41-21 बार राजीव की हत्या के बाद भी गए थे [213]। वे क्यों राजीव के घर इतनी बार गए? इन अभ्यागमन के दौरान क्वात्रोची और सोनिया गाँधी के बीच क्या बातचीत हुई थी? यह प्रश्न महत्त्वपूर्ण है।

---

[213] https://www.Indlatoday.In/magazIne/the-blg-story/story/20110117-he-met-sonIa-21-tImes-after-rajIvs-death-745483-2011-01-08

राजीव की यात्रा कार्यक्रम के बारे में

प्र – राजीव की यात्रा कार्येक्रम के बारे में प्रश्न हैं जैसे की –तमिलनाडु के लिए उनका अभ्यागमन जल्दबाज़ी में अंतिम क्षण में योजना बनाई गई थी?

उ – स्पष्ट रूपसे हाँ है। यह महत्वपूर्ण प्रश्रों में से एक है जिसका उत्तर एसआईटी ने अविश्वास के साथ दिया था। राजीव कभी भी तमिलनाडु आना नहीं चाहते थे। सांसद के डॉ. सुधीर रे पुष्टि करते हैं कि, राजीव जनमत की बैठक मई 21 के दिन, मोरादाबाद, बरेली एवं रामपुर के लिए तय किया गया था। इसके आगे बलबीर सिंग (अभियोजन साक्षी 2) द्वारा पुष्टि की गई है, जो दिल्ली में पुलिस उपायुक्त (सुरक्षा) के कार्यालय में थे। वे विआईपी यों के वायरलेस संदेश द्वारा सबंधित पुलिस एजेंसियों को यात्रा कार्येक्रम के प्रभारी थे। उनके कथनानुसार राजीव की असली यात्रा कार्येक्रम अनुसार मई 16 1991 के दिन, उन्हें युपी, महाराष्ट्र एवं बिहार मात्र करना था। मई 20 के दिन, युपी जाना अनुसूचित था। केवल मई 18 1991 के दिन, संशोधित यात्रा कार्येक्रम के अनुसार मई 21 के दिन राजीव गाँधी के लिए वैजाग जाना अनुसूचित थाउसके बाद मद्रास की रवानगी मई 21 की शाम की गई थी [214]।

रगोथमन के अनुसार मई 13 के दिन, मार्गरिट आल्वा सभी निर्वाचन क्षेत्रों की सूची बनायीं थीं, जहाँ चुनाव का दूसरा भाग था और इसे राजीव को भेजीं। क्यों कि, दुसरे चरण की चुनाव के लिए बहुत सारे निर्वाचन क्षेत्र थे और बहुत ही कम दिन बचे थे (दूसरा चरण मई 23 के दिन तय हुआ था और तीसरा चरण मई 26 के दिन)मार्गरिट ने निर्वाचन क्षेत्रों को चिन्हित किया और राजीव के लिये भेजकर उनसे कही कि वे उसे बताये की इन निर्वाचन क्षेत्रों में से कहाँ जाना चाहते हैं। मार्गरिट ने कहा की तमिलनाडु के लिए केवल एक दिन देंगी। सूची को देखकर राजीव मुस्कुराकर आंटी (मरगधम) की

---

[214] Doral samy (Engll sh) – pg 26

चुनाव क्षेत्र जोड़ने के लिए कहे। कृष्णागिरी (वाज़पडी), मयिलाद्दूतुराई (मणि शंकर अय्यर) तथा सिवगंगा(पी चिदंबरम) पहले ही थे। मार्गरिट आल्वा ने तमिलनाडु के लिए डेढ़ दिन आवंटित किये जाने की संशोधित सूची राजीव को भेजीं। राजीव ने उत्तर में कहा आधा दिन कम करने के लिए कहकर फिर भी श्रीपेरुम्बुदुर को जोड़ने के लिए कहे।

इस तरह अनुसूची निश्चय हुई की मई 20 के दिन वे भुवनेश्वर में रहेंगे, वहाँ से वैज़ाग जायेंगे फिर वहाँ से चार्टर्ड दौरा मद्रास के लिए जायेंगे। श्रीपेरुम्बुदुर में सभा समाप्त करने के बाद श्रीपेरुम्बुदुर में ही रहेंगे (यह पहले की गई योजना थी और इसे वाज़पड़ी के आदेश पर बदल दिया गया, श्रीपेरुम्बुदुर सभा के पश्चात वे मद्रास वापिस आकर विमानाश्रय के विआईपी विश्रांतिका में ठहरेंगे), वे हेलीकॉप्टर से पोंडी जानेवाले थे, फिर पोंडी से मयिलाद्दूतुराई, सिवागंगा फिर कृष्णागिरी। कृष्णागिरी से बेंगलोरा। बेंगलोर से दिल्ली के लिए निजी विमान से जाना चाहते थे [215]।

पाठक ध्यान दे सकते हैं की, दोनों कथनों में थोडा सा विरोधाभास हैं, बलबीर के कथनानुसार वास्तव में कार्यक्रम मई 16 के दिन, राजीव युपी, महाराष्ट्र एवं बिहार में रहना तय हुआ था, लेकिन रगोथमन के कथनानुसार, मई 13 के दिन ही तमिलनाडु भीजोड़ने के लिए निश्चय किया था, केवल श्रीपेरुम्बुदुर बादमें राजीव के कहने पर शामिल किया गया था। लेकिन इस विरोधाभास को आसानी से स्पष्टीकरण दिया जा सकता है। जैसे बलबीर दिल्ली कार्यालय के हिस्सा थे, संभवतया राजीव की संशोधित अनुसूची आधिकारिक पुष्टि मई 18 के दिन प्राप्त हुई। दूसरी तरफ, राजीव एवं मार्गरिट के बीच आंतरिक चर्चे हो रहीं थीं। अंतिम निर्णय लेने के बाद दिल्ली पुलिस से संपर्क किया गया था मई 17 की शाम।

वैसे कई विरोधाभास हैं जो मार्गरिट के खिलाफ उठाया जा सकता है। उनकी पुस्तक में 'करेजएंडकमिटमेंट' मार्ग्रेट आल्वा ने लिखी हैं कि, उन्होंने राजीव के निजी सचिव विन्सेंट जोर्ज द्वारा यात्रा कार्यक्रम प्राप्त हुईजिसमें राजीवजी स्वयं लिखे थे और इन पांच निर्वाचन क्षेत्रों को - मयिलाद्दूतुराई, श्रीपेरुम्बुदुर, कृष्णागिरी, सिवागंगा एवं होसुर में जयललिता के साथ संयुक्त रैली के लिए हस्ताक्षर किये थे। मार्गरिट ने राजीव से मई 20 के दिन वैयक्तिक रूप से जब भेंट किया तब पूछीं की क्यों इतने रैली रहे हैं, इसके लिए जवाब में कहे कि यदि वे वहाँ जाकर प्रचार नहीं करेंगे, जयललिता संयुक्त के लिए राज्य जीतने का दावा करेंगीं। मार्ग्रेट ने राजीव से कहा कि यह शक्तिशाली संयुक्त था और

---

[215] Ragothaman (Taml I) – pgs 93- 95

तमिलनाडु के लिए जबरदस्त उपद्वार भी। हत्या के बाद, इससे पहले की वो कुछ समझ पातीं, वाज़पड़ी राममूर्ती द्वारा आरोप लगाया गया था की हत्यारों को अनुसूची बताने के लिए मार्गरेट की जाँच कीजाए। वे फिर से पूछतीं हैं कि 'वे कैसे यात्रा कार्येक्रम प्रकट

की जब उन्हें ही यात्रा कार्येक्रम मई 20 के दिन प्राप्त हुई? वे कहतीं हैं कि, अलाहाबाद से वापिस लौटने के बाद, जहाँ राजीव की अस्थियों को गंगा में विसर्जित की गई, वे सोनिया गाँधी से मिलने गयीं और उन्हें राजीव की लिखी यात्रा कार्येक्रम अनुसूची को दिखाई। सोनिया उसे थोड़ी देर देखकर पुष्टि कीं, कि यह राजीव की लिखावट है। सोनिया की पुष्टि को छोड़कर प्रश्न का उत्तर देना चाहिए की क्या राजीव नियमित रूप से मार्ग्रेट को लेखी के यात्रा कार्येक्रम देते थे? इसका बिलकुल ही कोई सबूत नहीं हैं। फिर क्या ये अजीब नहीं है की राजीव ने लेखी में उनकी यात्रा कार्येक्रम केवल उनके अंतिम यात्रा श्रीपेरुम्बुदुर के लिए दिए गए थे और वहाँ उनकी हत्या हो जाती है?

एक और महतवपूर्ण अंतर रगोथमन से कार्तिकियन तक है, सभी जानते हैं की अनुसूचित यात्रा मई 17 की शाम के समय तय हुई थी और प्रेस के लिए उसी शाम की रात मेंप्रकट हुई थी। सन्दर्भ वास्तव में, रगोथमन कहते हैं कि, पहली सूची मई 13 के दिन मार्गरेट ने तैयार की थी जबकी अंतिम सूची मई 17 की शाम में तैयार की गई, तो मार्गरेट क्यों झूठा कथन अपनी पुस्तक में किया है कि, उन्हें यात्रा कार्येक्रम के बारे में मई 20 के दिन ही पता चला था? इतना ही नहीं, पोन कृष्णमूर्ति जो मार्ग्रेट के प्रचार में संयोजित थे, उनका कथन मार्ग्रेट का नुकसान करता है। वे भेंटवार्ता में सीथान्रन से कहते हैं कि, जब मरगधम, राजमणि (मरगधम के पीए) और वे मई 17 के दिन करीब 7:30 बजे शाम मेंआराम के साथ चाय पी रहे थे, उन्हें मार्ग्रेट से फोन आया। राजमणि फोन उठाये वो मार्ग्रेट का फ़ोन था और वे मरगधम से बात करना चाहती थीं, राजमणि ने फोन मरगधम को दी।

मार्गरेट ने मरगधम से कहीं की राजीव माई 21 के दिन श्रीपेरुम्बुदुर में चुनावी रैली के लिए आना चाहते हैं, मरगधम पहले हिचकिचाईं, वे मार्ग्रेट से कहीं कि, पहले ही मई 17 है, 21 मई के लिए बहुत ही कम दिन बचे हैं, इस छोटे समय में उनके लिए आयोजन करना मुश्किल है, आगे भी कहीं कि वे बहुत प्रसन्न थीं की नेता उसके निर्वाचन क्षेत्र के लिए आनेवाले थे लेकिन स्थिति ऐसा होने से राजीव श्रीपेरुम्बुदुर आने के बजाय वे हीं राजीव के साथ प्रचार के लिए जायेंगीं। मरगधम को मनाने में असमर्थ होकर, मार्गरेट ने फोन क़ाट दिया।

लेकिन 1 घंटे बाद लगभग रात 8:30 बजे, मागरिट ने फिर से फोन किया और मरगधम से एक और बार बात की। इस बार मागरिट ने मरगधम से कहा कि उनके नेता (राजीव) श्रीपेरुम्बुदुर के लिए आना विशेष रूप से तय है, यदि वे आवश्यक आयोजन नहीं कर सकती हैं तब भी, राजीव उसके लिए सहमत हैं। राजीव पूर्णतया जीप से भी प्रचार करने के लिए तैयार हैं इसलिए मरगधम नरम पडगयीं और स्वीकार की।

इसलिए यह पोन कृष्णमूर्ति शब्दों के खिलाफ मागरिट के शब्द बन जाते हैं। मागरिट अपनी पुस्तक में दावा करतीं हैं कि उन्हें मई 20 के दिन श्रीपेरुम्बुदुर जाने की यात्रा का पता चला था। पोन कृष्णमूर्ति कहते हैं कि मागरिट ने 17 मइ की शाम में फोन किया था और राजीव श्रीपेरुम्बुदुर आने पर जोर दिया था, लेकिन दोनों रगोथमन एवं कार्तिकियन अपने पुस्तकों में क्रमशः लिखे हैं कि, तमिलनाडु की अंतिम यात्रा कार्येक्रम मई 17 की शाम में प्रेस तथा दिल्ली पुलिस के समक्ष प्रकट हुई थी। मागरिट आल्वा यात्रा कार्येक्रम की तयारी करने में पहले स्थान पर थीं, केवल वे हीं मई 17 के दिन यात्रा कार्येक्रम प्रकट कर सकती थीं। तथा पोन कृष्णमूर्ति की भेंटवार्ता स्पष्ट रूप से मिलताजुलता है जो कार्तिकियन एवं रगोथमन केकथन हैं। मागरिट की मरगधम से बातचीत होने के बाद और मरगधम को पोन कृष्णमूर्ति के कथन से अवगत कराया, फिर वे हीं प्रेस तथा दिल्ली पुलिस के समक्ष यात्रा कार्येक्रम मई 17 की शाम में प्रकट कर सकती थीं। ये मागरिट का कथन है जो बेमेल साबित करता है। सभी बिंदु यही दर्शातेहैं कि मागरिट स्वयमं को जानते हुए भी झूट बोल रहीं हैं।

यहाँ एक और महत्वपूर्ण बिंदु है, सीपीआई(एम) से डी पांडियन जिसे श्रीपेरुमबुदुर में राजीव की भाषण का अनुवाद करने के लिए बुलाया गया था, जो की इसका कथन पेहले ही किया हुआ है।

जब राजीव के हवाईजाहाज़ में कुछ तकनिकी समस्या वजह से, ठीक करने के बाद मद्रास के लिए रवाना हुए, तब पांडियन कार में बैठा था, उसने राजीव से पूछा कि, क्यों राजीव ने तमिलनाडु की ओर प्रस्थान किये?क्यों वे वैजाग में ठहरे? उसने राजीव से यह भी कहा कि वैसे भी वे जीतनेवाले में हैं तो क्यों तनावग्रस्त होकर तमिलनाडु के लिए आयें? राजीव ने चट से जवाब दिए की वे ऐसा कर सकते थे, लेकिन मरगधम ने श्रीपेरुमबुदुर आने के लिए आग्रह की है और

इसलिए उन्हें वे निराश नहीं करना चाहते थे[216]। एक बात स्पष्ट हो जाती है, वास्तव में, मरगधम ने शुरुआत में ही मना की थीं कि, उन्हें अंतिम क्षण में आयोजन करने के लिए संभव नहीं हो पायेगा और इसलिए वे राजीवका श्रीपेरुम्बुदुर आने के विरोध में थीं। दूसरी ओर, डी पांडियन से राजीव ने दावा किये थे की वे मरगधम ने आग्रह किया था की वेश्रीपेरुम्बुदुर आयें, क्यों कि वे अपनी जीत की संभावनाओं को लेकर पूरी तरह आश्वस्त नहीं थीं। तो ये स्पष्ट होता है कि, किसी ने बीच में खेल खेला है। किसी ने मरगधम से कहा था की, राजीव श्रीपेरुम्बुदुर आने के लिए उत्सुक हैं, उसी व्यक्ति ने राजीव से कहा है कि, राजीव श्रीपेरुम्बुदुर आने से मरगधम उत्सुक थीं। यह कौन था, यह जानने के लिए किसी को गहराई से झाँकने की आवश्यकता है, यहाँ मारग्रेट आल्वा एक सामान्य कारक हैं।

प्र – क्या मारग्रेट आल्वा एकमात्र व्यक्ति थीं, जिसे राजीव की यात्रा कार्यक्रम संभालती थीं?

उ – जैराम रमेश भी राजीव की यात्रा कार्यक्रम संभाल रहे थे। आर.डी. पांडियन लिखते हैं "मैंने जैराम रमेश पर निशाना साधा जो राजीव की यात्रा कार्यक्रम मारग्रेट आल्वा के सुझाव के अधीन होकर संभाल रहे थे"। लेकिन कुछ अकथनीय कारणवश उसे दूर रखा होगा क्यों कि उसका नाम एक बार भी प्रकट नही हुआ जैसे की मारग्रेट इसकी प्रभारी थीं।

प्र – क्या कुछ और यात्रा कार्यक्रम को उल्लेखित करना है शेष है?

उ – दौरैस्वामी अपनी पुस्तक में एक दिलचस्प बात बताते हैं। राजीव की हत्या के बाद, सीबीआई ने प्रकरण संभाला। सबसे पहली बात की, उन्हें राजीव की यात्रा कार्यक्रम के लिए पूछना चाहिए था लेकिन उन्होंने ऐसा नहीं किया, या उन्होंने मौखिक रूप से अथवा लिखित रूप में विनंती किये होंगे और उन्होंने नहीं दिए होंगे। बजाय जून 28 1991 के दिन, पुलिस उपाधीक्षक नारायणन जो एसआईटी के साथ थे, राजीव की यात्रा कार्यक्रम प्राप्त करने के लिए दिल्ली गए। जुलाई 1, 1991 के दिन, उसने उसी के लिए अनुरोध सौंपा, दिल्ली में एआईसीसी के प्रशासनिक दत्ता से संपर्क किया लेकिन दत्ता ने प्रति को उसे नही दिए। बजाय उसने नारायणन से कहे की उस प्रति को मारग्रेट आल्वा से प्राप्त कर सकते हैं इसलिए, नारायणन ने अगला कदम लिया, उन्होंने मारग्रेट

---

[216] https://www.youtube.com/watch?v=ZEmXf9gSMS0&t=852s –I ntervI ew wI th D PandI an. From the 3rd mI nute.

से मिलने के लिए अनुरोध किया लेकिन मारग्रेट ने कभी भी मिलने के लिए नियुक्यी नहीं दी।

दिल्ली में वे जुलाई 5 1991के दिन तक ठहरे हुए थे फिर वापिस मद्रास में जुलाई 5 के दिन

लौटे। अंत में यात्रा कार्येक्रम की प्रति नवंबर 28 1991के दिन ओ.पी. सागर द्वारा एसआईटी के लिए सौंपी गईजो दिल्ली पुलिस के एसआई थे। यह भी असली लिखावट में न होकर केवल प्रति थी। यह वास्तव में कोंग्रेस लोगों द्वारा आश्चर्यजनक बर्ताव था। यहाँ, एक नेता की हत्याकांड की तहकीकात शुरू हुई थी, और यात्रा कार्येक्रम को देना केवल एक औपचारिकता थी जो एआईसीसी ने बिना पूछे ही करनी चाहिए थी। उनका ऐसा नहीं करना ही बहुत बड़ी साजिश का संकेत है। ऊपर से, जब नारायणन गये थे, उन्हें क्यों प्रशासनिक से संपर्क करना चाहिए था? वे क्यों नहीं मारग्रेट आल्वा से सीधे संपर्क किये? सबसे आश्चर्यचकित निर्मिती अंत में आई जब मारग्रेट ने नारायणन से मिलने के लिए मना किया और इसलिए नारायणन ने असफलता के प्रयत्न लेकर जुलाई 5 के दिन वापिस लौटे।

क्या यह थप्पड़ अपराध का था या मासूमियत की? इसका निष्कर्ष पाठक को करना चाहिए। जब इस लेखक ने रगोथमन से मिले, लेखक ने इस सवाल को पुछा, रगोथमन ने सीधे मना किये, यह कहकर कि इसे कई शब्दों में कहा गया है की अनुसूची मात्र एक औपचरिक थी। इसे दिल्ली में आसानी से दिया जा सकता था। उसने दौरैस्वामी द्वारा लिखे कथन का खंडन किया। सौभाग्य से, इस लेखक ने रगोथमन की बैठक के बाद ही दौरैस्वामी से भेंट की, जब लेखक ने रगोथमन की मनाई के बारे में दौरैस्वामी के समक्ष कहा, तब दौरैस्वामी स्पष्ट रूप से कहे कि, वो रगोथमन ही था जिसने स्वतः ही न्यायालय में प्रतिपरीक्षा करने के पश्चात अपना कथन सुनाया जो बादमें उन्होंने अपनी पुस्तक में पुनःप्रस्तुति किये। दौरैस्वामी कहते गए कि, रगोथमन अपना-सा मुँह लेकर रह गए जब वे नारायणन से कहे, बजाय के लगातार प्रयत्नों के बाद भी मारग्रेट आल्वा से भेंट नहीं हो पायी।

आर डी प्रधान की पुस्तक

प्र–क्या आर डी प्रधान की पुस्तक में कुछ और महत्वपूर्ण उल्लेखित है?

उ – निश्चित रूप से हैं। राजीव की हत्या के बारे में बात किया जाए, आर डी प्रधान उल्लेखित किये हैं कि, वे निश्चित रूप से कहते हैं की एक एलटीटीई का छुछुंदर 10 जनपथ में आश्रित था।

उसने इस तथ्य से संदर्भित किया - बहुत पहले 1991 में, एलटीटीई ने संभवतः राजीव से मिलने की कोशिश की थी, जिसे सुब्रमनियम स्वामी ने विस्तार में लिखा है। अंतिम महत्वपूर्ण बिंदु, वेकहतेहैं कि, किसी ने 10 जनपथ से उस छुछुंदर को अत्यंत महत्वपूर्णजानकारी दी थी। वह निश्चित रूप से जानता है कि सोनिया गाँधी, वस्तुतः 1991लोकसभा चुनाव प्रचार के समय अमेठी से दूर थी, उन्हें भी ऐसा ही लगता है।

यहाँ तीन बिंदु हैं अ) उसका होना बिलकुल निश्चित आ) एलटीटीई का राजीव से संपर्क करना इ) सोनिया भी इस सिद्धांत को स्वीकारती हैं। पहले बिंदु पर, कैसे प्रधान निश्चित हैं कि 10 जनपथ में एलटीटीई का छुछुंदर था? उसका नाम क्या है? क्या वो दक्षिण भारत से था/थी? छुछुंदर का क्या हुआ? छुछुंदर पुलिस पूछताछ से कैसे भगा निकला/निकली? आख़िरकार, 'वह छुछुंदर' राजीव की हत्या के लिए जिम्मेदार था/थी और वह घर के भीतर था/थी तो सोनिया गाँधी ने इस छुछुंदर को पकड़ने के लिए क्या कार्यवाई की?

सर्फ मन में सोचना और बिना स्पष्टीकरण के कथन करना की एलटीटीई का एक 'छुछुंदर' 10 जनपथ में पाया गया, इसे स्वीकार नहीं जा सकता है। दूसरी बिंदु के बारे में, प्रधान इस तथ्य का कथन करते हैं कि, एलटीटीई ने राजीव से संपर्क किया था और इस बात को विस्तार में सुब्रमनियम स्वामी के पुस्तक में लिखेहैं। यह सत्य है कि एलटीटीई के प्रतिनिधियों ने राजीव से दो बार मिलें थे, लेकिन ये बैठक 'द हिंदू' की मालिनी पार्थसारथी द्वारा एलटीटीई के अनुरोध पर आयोजित किया गया था, यहाँ एलटीटीई के साथ राजीव कबैठक तथा 'छुछुंदर' के बारे में कोई संबंध नहीं है। तीसरी, प्रधान बताते हैं कि, दुनिया भी उनकी निर्धारण को स्वीकारती हैं। प्रधान सोनिया से बहुत निकटतम माने जाते थे। इस कथन के लिए, सोनिया ने अभी तक इस कथन का खंडन नहीं किया है जो प्रधान ने सत्य का उल्लेखन किये हैं।

जैसे पहले ही उस छुछुंदर के कथन का उल्लेख किया गया है, वो बहुत अस्पष्ट है। यदि इस अस्पष्ट कथन को सोनिया गाँधी बिना किसी सपष्टीकरण के स्वीकारती हैं, तो यह संपूर्ण रहस्यमय परिस्थिति को गंभीर रूप से रहस्यकार बना देती है[217]।

प्र – हत्याकांड के बाद मारग्रेट की क्या भूमिका थी?

उ–मारग्रेट स्वतः अपनी पुस्तक में उल्लेख की हैं कि, हत्या के तुरंत बाद, वाज़पड़ी तथा सुब्रमनियम स्वामी दोनों ने हत्यारों को यात्रा कार्यक्रम के बारे में जानकारी दिए जाने का

---

217 Pradhan – pgs 109-110

आरोप लगाये थे, ऐसे हालात में, 1991में चुनाव के बाद, जब कोंग्रेस समर्थन जुटाकर एक सरकार बनाई,

मारग्रेट आल्वा को व्यक्तिगत, लोक शिकायत एवं पेंशन मंत्री (पीपीपी) का पद प्रदान किये।

इस बिंदु पर इसलिएगौर किया है, क्यों कि, इस सीबीआई इस मंत्रालय के अंतर्गत आ गई। दूसरे शब्दों में, मार्गरिट सीबीआई की राजनितिक बॉस बन गई थी, फिर मार्गरिट आल्वा कोपीपीपी मंत्रालय पद की नियुक्ति की क्या आवश्यकता थी? जब भी उन्हें राजीव हत्याकांड में सम्मिलित होने के प्रश्न पूछे जाते थे। दूसरी और बहुत महत्वपूर्ण बात, सीबीआई उनके आधीन होने का किसने मार्गरेट को मंत्री बनाया? इसे केवल दो ही लोग कर सकते थे, एक थे तत्कालीन प्र.मं. नरसिंह राव लेकिन नरसिंह राव षड्यंत्र में प्रत्यक्ष भूमिका नहीं हो सकते थे।

इसके दो कारण थे, आदिम जाति कल्याण और ग्रामीण मामलों के पूर्व केंद्रीय मंत्री किशोर चंद्र देव ने नयी दिल्ली में मोतीलाल मार्ग पर, राव के घर के पास उनसे भेंट किये थे जब वे गाड़ी चला रहे थे। यह 1991में हत्या से कुछ सप्ताह पहले की बात है, जब नरसिंह राव सड़क के किनारे खड़े थे, उनकी कार ख़राब हुई थी और उसे ठीक किया जा रहा था, तभी किशोर ने अपनी कार रोका और नरसिंह राव से पूछे, उन्होंने कार ख़राब होने की बात बताने के बाद, उससे कहे कि, राजीव ने उन्हें संसदीय चुनावों में लड़ने के लिए टिकट से वंचित किया है, और ये भी कहे की उन्हें नयी दिल्ली में मयूर विहार में घर खरीदना चाहते हैं लेकिन उनके पास उनका आय-व्ययक बहुत ही कम था लगभग 15 लाख था। इन बातों से सपष्ट होता है कि, नरसिंह राव का अधिकार नहीं चलता था क्यों कि उन्हें राजीव ने पहले ही पार्टी से बाहर रखा था और कोई भी इनकी बात नहीं सुनते।

षड्यंत्र में शामिलातीव्यक्ति कोंग्रेस का था, जो RAW और आईबी पर बहुत ही शक्तिशाली अधिकार जता सकता था तथाएलटीटीई को देने के लिए पर्याप्त पैसे भी थे। नरसिंह राव के पास ना ही इतने पैसे थे और ना ताकत थी। इसके अलावा, उसी व्यक्ति ने मारग्रेट आल्वा को पीपीपी मंत्री बनाया ताकि सीबीआई उनके अधीन रहकर जानकारी साझा कर सके। तो वे नरसिंह राव नहीं थे जिसने ऐसा किया है, वो व्यक्ति कौन है यह पाठक जानता है।

प्र – वर्मा आयोग के क्या कुछ सार्थक जाँच-परिणाम हैं?

उ–न्यायाधीश वर्मा ने एस. सुब्रमनियम स्वामी ने लिखे अपनी पुस्तक *प्रिंसिपल्स ऑफ़ प्रोटेक्शनऑफ़ डिग्निटरीज़में* से एक अप्रात्याक्षिक कथन–

इस प्रकार के चरम प्रकरण को लेने के लिए, यदि उसके मित्रों/सहयोगियों की आंतरिक परिषद में से हत्या करने के इच्छुक हैं तो कोई भी सुरक्षाएजेंसी वीआईपी की सुरक्षा के लिए प्रबंध नहीं कर सकते थें

यह कहकर न्यायाधीश वर्मा इस कथन को उन्होंने क्यों टिपण्णी की इसका स्पष्टीकरण या खुलासा किये बिना ही अपने अगले बिंदु पर जाते हैं। लेखक के अनुसार, यही वर्मा आयोग का दिलचस्प जांच-परिणाम लगता है[218]।

पदोन्नति एवं पुरस्कार की प्रचुरता

प्र – जिन लोगों ने षड़यंत्र/ गुप्त रखने में सहभागी थे क्या उनके खिलाफ कोई कार्यवाई की गई?

उ – षड़यंत्र के लिए यह एक और साक्ष्य है। यहाँ कुछ लोग शामिल हैं – मागरिट आल्वा, एम.के. नारायणन, डी.आर कार्तिकेयन, ए.एस. बाजपाई, चंद्रास्वामी इत्यादि।

पहले मागरिट आल्वा। उन्होंने हत्या के तुरंत बाद खुद अपनी किताब में लिखा है, उन पर हत्यारोंको यात्रा कार्येक्रम प्रकट करने का आरोप वाज़पड़ी राममूर्ती एवं सुब्रमनियम स्वामी ने लगाया था। आदर्श रूप में, उन्हें प्रकरण की जांच ख़त्म होने तक कहीं पर भी पदोन्नति नहीं देनी चाहिए थी। बजाय उन्हें क्या किया दिया, चुनाव के तुरंत बाद वे कार्मिक, लोक शिकायत तथा पेंशन मंत्रालय बनीं, विडंबना यह है कि, सीबीआई जिस राजीव की हत्या की जांच कर रही थी उन्होंने इन्हें

जानकारी प्रदान की। फिर 2009 में वे उत्तराखंड की राज्यपाल बनीं, 2012 में राजस्थान की राज्यपाल, 2014 में गुजरात की राज्यपाल तथा 2014 में पुनः गोवा की राज्यपाल बनीं।

घाव पर नमक छिड़कने के समान, जब यह पुस्तक प्रकाशित होने की सीमा में थी, उन्हें विपक्षी दलों की उपराष्ट्रपति पद की उम्मीदवार की घोषणा की गई। 2005 में,

---

218 Faraz Ahmad, Pgs 54-55

एम.के. नारायणन एनएसए बनें। वे 2010 में पश्चिम बंगाल के राज्यपाल बनें। डी.आर कार्तिकेयन 1998 में सीबीआई के प्रमुख बने, उन्हें राष्ट्रीय मानवाधिकार आयोग का महानिदेशक भी बनाया गया। इसके अलावा 2010 में कार्तिकेयन को भारतीय सिविल सेवा के क्षेत्र में योगदान के लिए पद्मश्री से सम्मानित किया गया।

आईबी की भूमिका

प्र – इस पूरे घटने में आईबी की भूमिका क्या है?

उ- राजीव की हत्या के दुष्परिणाम के बाद आईबी की क्रिया सबसे बड़े साक्ष्य का निष्कर्ष है, जो बड़े षड़यंत्र की उत्पत्ति थी और यह दिल्ली से निश्चित रूप से संबंध है। हत्या, मई 21, 1991की रात लगभग रात 10:20 बजे हुई थी। श्रीपेरुमबुदुर सभा के लिए, 2 वीडियोग्राफर रखे गए थे, एक का नाम था पॉलराज। पॉलराज को वाज़पड़ी राममूर्ती ने रखा था, उसने मद्रास हवाईअड्डे पर गया और हवाईअड्डे से ही राजीव की यात्रा के बारे में जानकारी प्राप्त किया। दूसरा वीडियोग्राफर था बाबू, बाबू को ए.जे.दोस (मरगधम की प्रचार प्रबंधक जिसने श्रीपेरुमबुदुर के आयोजक थे)ने रखा था। वास्तव में, ए.जे.दोस पर आरोप हैं कि उसने राजीव को माल्यार्पण करने की प्रवेश के लिए स्वतः लोगों से पैस लिए थे। धनु के लिए नहीं। लेकिन कुछ अन्य पार्टी के कर्मचारियों को दी

थी। बाबू शाम में आयोजित स्थल पर पहुंचा और जब लोग इकट्ठे होने लगे तब उसने उसकी वीडियोग्राफी शुरू की, इसमें छोटे कार्यक्रम भी शामिल थे जैसे कि संगीत निर्देशक शंकर गणेश द्वारा दिय गए संगीत कार्यक्रम इत्यादि। वह एक विकट व्यक्ति था, कारण है, उसने वीडियो में गुप्तघाती धनु की प्रतिक्रिया के बारे में, वो कब निष्फल क्षेत्र में आई, उसको किसने लाया और किसने अनुमति दी इत्यादि के बारे में करना चाहिए था। जब राजीव आये और विस्फोट हुआ, पहला वीडियोग्राफर विदत् शक्ति का स्थान ढूँढने में संघर्ष कर रहा था क्यों कि उसने भी हवाईअड्डे से राजीव के साथ आया था लेकिन दूसरा वीडियोग्राफर बाबू जैसे की पहेल बताया है,

उसे मात्र बम विस्फोट ही नहीं मिला बल्कि पहले के अत्यंत महत्वपूर्ण घटना का भी पता चला। विस्फोट के बाद, बाबु घर पहुंचा और स्वाभाविक रूप से जिज्ञासु था कि विस्फोट का जिम्मेदार कौन होगा और यदि उसने हत्यारे को अपनी वीडियो में लिया था यह सोचकर उसने वीडियो चलाई जो उसने अपने घर ले गया था। सुबह, सीबी सीआईडी अधिकारीयों ने आईबी अधिकारी के साथ बाबु के घर गए और उससे वीडियो कसेट जप्त किये। यह कसेट वही है जो एम.के नारायणन के पास पहुंची थी

जिन्होंने पत्र में तत्कालीन प्र.मं चंद्रशेखर से उल्लेख किये थे कि यह वीडियो कसेट को महिला संदिग्ध की गतिविधियों को बारीकी से देखने के लिए लिया था। यहाँ दो चीज़ों पर ध्यान देना चाहिए। आईबी के अधिकारीजन सीबी सीआईडी अधिकारीयों के साथ बाबू के घर गए थे जैसे की पहले बताया है, तथ्य यह है कि पुलिस विभाग में जाँच के साथ हस्तक्षेप करना आईबी का अधिकार नहीं है, उन्हें पुलिस अधिकारी का साथ देना भी अधिकार नहीं है जब वे जांच कर रहा/रही है। इस प्रकरण में, उन्होंने ना केवल पुलिस अधिकारीगणका साथ दिया है बल्कि उन्होंने अत्यंत महत्वपूर्ण साक्ष्य का अंश जप्त किया है और उसके साथ फरार हुए हैं।

जब उन्होंने एम.के नारायणन को भेजा था, इनकी जिम्मेदारी बनती है की वीडियो कसेट को सीबीआई/एसआईटी को भेजें जो उन्होंने नहीं किया। इसका अर्थ यही होता है कि किसी ने दिल्ली से – व्यक्ति जिसने षड्यंत्र रचाया, उसने श्रीपेरुमबुदुर जाकर सभी सबूतों को विशेषतः वीडियो एवं तस्वीरों को छिपाने के निर्देश एम.के नारायणन को दिए थे।

अन्य चीज़ों को एसआईटी द्वारा संभाला जा सकता था। आईबी लोगों ने किया यह कि, उन्होंने वीडियो कसेट को बदल दिये, संवेदनशील अंशों को निकाला गया जिससे सत्य प्रकट हो सकता था और बाबू को कसेट वापिस दे दिये। बाबू को कसेट वापिस देते समय, उन्होंने बाबू को धमकी दी की यदि उसने किसी को भी सत्य से अवगत कराया की इस वीडियो के साथ छेड़छाड़ की गई है, उसके खिलाफ राजीव की हत्या का प्रकरण थोपा जायेगा।

जो उन्होंने छेड़छाड़कीथी, वो भी गड़बड़ कार्य था, उन्होंने कसेट में से कुछ संवेदनशील हिस्सों को काटकर मई 22, 1991 के दिन समाचार कार्येक्रम में चिपका दिए। यदि उन्होंने कुछ पुरानी समाचार कार्येक्रम से चिपकाया होता तो उनकी भूमिका स्पष्ट नहीं हो सकती थी, लेकिन उन्होंने

मई 22का समाचार कार्येक्रम को वीडियो कसेट के संवेदनशील हिस्सों में चिपका दिए, यह कहने के लिए की ये ही अपराधी हैं [219]।

यदि अब पाठक को आईबी के बारे में नकारात्मक विचार घेर लेते है और सोचते हैं कि ये लोग इतना नीचे नहीं गिर सकते हैं, फिर वह गलत समझता/ समझती है। इसके लिए

---

[219] https://www.youtube.com/watch?v=jsxalgSl5bA&t=37s – Ragothamanl ntervl ew wl th SI thannan Engll sh Part 4 – from the 23rd ml nute

बादमें, बाबू को एक भूतपूर्व प्र.मं के भीषण हत्या की दृश्यों को फिल्मांकन करने के एकमात्र अपराध के लिए एसआईटी/आईबी ने अवैध रूप से हिरासत में लिया गया था। इसका कारण था कि, वे घबरा गए थे यदि बाबु सत्य प्रकट ना करें। अंत में, उसे छोड़ा गया और अब बाबु ने उसके कड़वे अनुभव के कारण तमिलनाडु राज्य ही छोड़ दिया है और दूसरी राज्य में नयी ज़िन्दगी की शुरुआत की है।

सबसे धिक्कार देनेवाली साक्ष्य का अंश एम.के.नारायणन के विरोध में वर्मा आयोग की प्रतिवेदन में दिखाई देता है। न्यायाधीश वर्मा अपनी प्रतिवेदन में स्पष्ट रूप से बताते हैं कि, RAWअधिकारी ने अप्रैल के शुरू में कुछ सप्ताह पहले जानकारी भेजी थी कि एलटीटीई द्वारा कुछ बड़े असली हत्या की योजना बनाने की और आईबी को इस पर अवश्य ध्यान देना चाहिए था। लेकिन इस ध्यान को (जानबूझकर) अनदेखा कर दिया गया तथा इसके खिलाफ कोई कार्यवाई नहीं की गई

थी। आईबी राज्यों को संभावित खतरे के बारे में भी प्रतिवेदन भेजती है जो विभिन्न संस्थाओं से उत्पन्न होता है। जब राजीव की यात्रा तमिलनाडु के लिए तय हुई थी, एक प्रतिवेदन दिल्ली के आईबी से तमिलनाडु पुलिस को भेजी थी। कई दल के नाम जिनसे राजीव को खतरा हो सकता है के बारे में सूची में उल्लेखित थी। कश्मीरी आतंकवादीयों एवं उल्फा भी थे लेकिन अचम्बे से एलटीटीई का नाम सूची में उल्लेख नहीं था और इसके बाद RAW ने आईबी से एलटीटीई की बड़ी योजना करने की सूचना भेजी, किन्तु उसी समय पर क्यू विभाग के महानिरीक्षक एफसी शर्मा ने सभी निर्वाचन क्षेत्रों के लिए राजीव का आगमन होने से एलटीटीई का प्रयत्न होने का का संदेश भेजे। इसका निष्कर्ष यही निकाला जा सकता है कि, आईबी जानते थे की राजीव की हत्या होनेवाली है और इस हत्या की सहूलियत के लिए किसी की दिल्ली से निर्देश पर था।

एम.के. नारायणन की भूमिका को समाप्त करने के लिए, उन्होंने मई 20 1991 के दिन, टिपणी भेजी की राजीव गाँधी को एनएसजी से उपबंधित किया जाए। यह बिलकुल हत्या के 1 दिन पहले था। मार्च में, अरफत ने एक दूत द्वारा चेतावनी भेजी कि, प्रचार के दौरान राजीव की ज़िंदगी को खतरा हो सकता है। उस समय, एम.के. नारायणन को एनएसजी से उपबंधित करने की सिफारिश करना उचित नहीं समझे। अप्रैल में, RAW ने उन्हें प्रतिवेदन भेजे कि एलटीटीई कुछ बड़ी साज़िश रचने की योजना बना रहा है। राजीव गाँधी के विरुद्ध जो घृणा प्रभाकरन के लिए थी, वह जग विख्यात था, फिर भी, एम.के नारायणन ने राजीव को इस समय एनएसजी प्रदान करना उचित नहीं समझे। लेकिन मई 20 1991 के दिन, अचानक से एम.केनारायणन को प्रबोधन हुआ और

राजीव को एनएसजी प्रदान करने की सिफारिश की गई। इस पर कार्यवाई भी नहीं हुई। उस दिन राजीव गाँधी को केवल पीएसओ के साथ छोड़ा गया था, सशस्त्र भी नहीं थे क्यों कि इस तथ्य के साथ की दूसरा पीएसओ ने उसे बंदूक नहीं सौंप जाए।

प्र – एम.के नारायणन राजीव गाँधी के निकट थे, फिर वे क्यों इनके खिलाफ हुए?

उ – यह सत्य है। वास्तव में, एम.के नारायणन आई बी के प्रमुख थे जब राजीव गाँधी प्रधान मंत्री थे, लेकिन, उसे निकाला गया था जब वीपी सिंह प्रधान मंत्री बने थे। पुनः, चंद्रशेखर जब प्रधान मंत्री बने, क्यों कि उन्हें प्रधान मंत्री बने रहने के लिए राजीव गाँधी पर निर्भर थे, राजीव गाँधी ने एम.के नारायणन को चंद्रशेखर द्वारा वापिस आईबी के प्रमुख बनाये। यह प्रकरण ऐसे होने से, एम.के नारायणन क्यों राजीव के विरुद्ध हुए?यह प्रश्न इस लेखक को विकल बना दिया, जब उसने मोहनराज से चर्चा किये, एक समाधान निकल आया, कहे "यह तब है जब आपको एक पुलिसकर्मी की तरह सोचना चाहिए, एम.के नारायणन की नियुक्ति राजीव गाँधी ने नहीं की थी लेकिन राजीव के निकटतम व्यक्ति ने किया था। इन परिस्थितियों में, नारायणन की निष्ठा राजीव गाँधी के प्रति नहीं होगा लेकिन उस व्यक्ति के प्रति जो राजीव के निकट थे"

भीष्म नारायण सिंग

प्र–पूर्व राज्यपाल भीष्म नारायण सिंग के बारे में क्या है?

उ – राजीव शर्मा अपनी पुस्तक में कहते हैं कि, एम.केनारायणन, हत्या की रात, वही सबसे परेशान व्यक्ति रहे होंगे। लेखक के अनुसार, वह सबसे परेशान व्यक्ति भीष्म नारायण सिंग होंगे। पहले, वाज़पड़ी राममूर्ती ने भीष्म नारायण सिंग से आपत्ति उठाई यह कहकर के राजीव की सुरक्षा कड़ी करनी चाहिए जब वे तमिलनाडु जाते हैं, भीष्म नारायण सिंग बादमें पुलिस प्रमुख को बुलाकर सुरक्षा कड़ी करने के लिय कहा। इस सत्य का ज्ञात लोगों को भलीभांति पता है, जिन्होंने भी इस मामले का पालन किया। बहुत से लोगों को क्या नहीं पता है, राजीव गाँधी ने गैर राजनितिक मित्र से कहा कि उन्हें उनके निकटतम लोगों से श्रीपेरुम्बुदुर जाने के लिए दबाव डाला जा रहा था और यह भी, की भीष्म नारायण सिंग ने राजीव को सुरक्षा खतरों से श्रीपेरुम्बुदुर जाने से रोकने की सिफारिश की थी। प्रतिक्रिया में, लगभग 9 फोन भीष्म नारायण सिंग के लिए किये गये थे और उनके सहयोगी ने राजीव को श्रीपेरुम्बुदुर जाने के लिए जोर दिया। ये फोन

एआईसीसी कार्यालय एवं 10 जनपथ से थे[220]। तो किसने फोन किये थे 10 जनपथ से जो की राजीव के घर से? रसोइयों के लिए एवं घरबारी के लिए राज्यपाल को फोन करना अधिकार नहीं थे। वहाँ केवल तीन महत्वपूर्ण लोग उपस्थित थे, प्रियंका गाँधी, राहुल गाँधी, सोनिया गाँधी। राहुल गाँधी तब किशोरावस्था में थे और उस समय वे अमरीका में थे। प्रियंका गाँधी केवल एक किशोर लड़की थीं।

हत्या का हलफनामा

प्र – क्या अन्य कोई कारण है की क्यों लेखक, जैन आयोग की प्रतिवेदन के लिए बहुत अधिक सम्मान नहीं रखतेहैं?

उ – हाँ। जैन आयोग के समक्ष महत्वपूर्ण शपथपत्र दर्ज किया गया था। 'भोपाल सनसनी' की पत्रिका की संपादक अनिरुध प्रसाद शास्त्री ने इस शपथपत्र को दर्ज किया था। यह शपथपत्र कथन करता है कि, सिवरासन तथा सुभा मई 12 1991 के दिन मध्य प्रदेश गए थे, वे दोनों सुरेश पचौरी के घर भोपाल के पुराने सचिवालय में ठहरे हुए थे। सुरेश ने उन्हें कोंग्रेस कार्यकर्ता श्रीमान श्रीमती अय्यर – पत्रकार कहकर परिचित किया। यदि सुरेश पचौरी मासूम थे, कम से कम जब सिवरासन

एवं सुभा की तस्वीर अखबार में प्रकट हुए थे, तब सुरेश एसआईटी अथवा वर्मा आयोग कोये लोग पत्रकार के भेस में आने की सूचना दे सकता था। वास्तव में, एसआईटी सिवरासन के ठिकाने की सूचनासार्वजनिकता से ढूंढ रहे थे और इसके लिए उचित पैसे पुरस्कार के रूप में घोषित किये थे (जो अपने आप में स्वांग था)। यह भी की अनिरुद्ध का शपथपत्र 7 कोंग्रेस कार्यकर्ताओं से समर्थित थी।

1) श्रीमती श्यामा बाई 2) किसान लाल 3) श्रीमती चंद्रकांता 4) श्रीमती भागवती 5) श्रीमती मीरा 6) श्रीमती शीला बाई 7) श्रीमती ममता

षड्यंत्र के पहलू को अधिक विश्वसनीयता जोड़ने के लिए, श्रीमती शीला बाई तथा श्रीमती ममता ने सितंबर 21 1992के दिन, सुरेश पचोरी के मतावलंबी द्वारा शपथ पत्र दर्ज करने के लिए मौत की धमकियों को प्राप्त किये। शीला बाई तथा ममता दोनों ने गोविंदपुरा पुलिस थाने में शिकायत दर्ज कराई लेकिन पुलिस ने कोई कार्यवाई नहीं की। इसे आगे बढ़ाने के लिए, यहाँ सिवरासन की डायरी में मार्च 8 1991दिन के लिए प्रविष्टि है जिसमे लिखा है :-

---

220 Subramanl am Swamy – Pg 152

मध्य प्रदेश राज्य

गुना जिला

संथीं हिल्स

ग्वालियर रानी का बंगला

बिहार में बदल दिया[221]

---

[221] Dorl samy - pgs206-208. F C S

उपक्षेप

यह संपूर्ण प्रकरण उस बिंदु से प्रारंभ होता है जब चंद्रस्वामी 2007में विदेश जाने के प्रयास में थे तथा सीबीआई रोकती है यह कहकर की चंद्रस्वामी के खिलाफ राजीव गाँधी की हत्या के लिए वित्तपोषण किये जाने के बहुत सारे साक्ष्य मौजूद हैं। न्यायाधीश साक्ष्य की जांच एक बंद कमरे में करते हैं और कहते हैं की बक्से भरे ठोस सबूत होने से चंद्रस्वामी की विदेश यात्रा की अनुमति रद्द करते हैं। पुनः एक या दो वर्ष में, चंद्रस्वामी फिर से विदेश जाने के प्रयास करते हैं, सीबीआई तेज़ी से फिर से इसके खिलाफ अनुरोध करने न्यायालय पहुँचती है, लेकिन इस बार, न्यायाधीश सीबीआई से कहती है कि, यदि वे समझते हैं कि, ठोस सबूत हैं तो बहुत समय से चल रही इस जांच के विरुद्ध अतिरिक्त आरोपपत्र दर्ज करना चाहिए।

यहाँ बिंदु, न्यायालय स्वयं है, पहली उदाहरण में, साक्ष्य की जाँच चंद्रस्वामी का राजीव हत्या के लिए वित्तपोषण करने का बेहेस तथा साक्ष्य वैध माने गए। तो यहाँ निश्चित रूप से दावा करने के लिए साक्ष्य थे कि चंद्रास्वामी ने राजीव हत्याकांड के लिए वित्तपोषित किये। अब बड़ा प्रश्न है की क्यों उसे गिरफ्तार नहीं किया गया?

इस प्रश्न का उत्तर बादमें दिया जायेगा। दूसरा प्रश्न है की पूरे षड्यंत्र को उसने रची थी? यह प्रश्न महत्वपूर्ण है। जैसे पहले ही दर्शाया गया था, वास्तव में, वे वीपी सिंह को अपराध में फंसाने के लिए सेंट किट्स के बदनामी में भी भागीदारी थे। लेकिन उन्होंने कॉंग्रेस में किसी के लिए दलाल का काम किया, ये उनकी भूमिका थी। वह राजनैतिज्ञ दलाल थे। यदि किसी ने उनसे वी पी सिंह को फंसाने के लिए कह दिए, वह सत्ता एवं पैसों के लिए कर देते थे। यदि किसी ने उन्हें राजीव की हत्या करने के लिए रिश्वत देते, वे कर देते। सत्यता में उन्होंने ऐसा किया है। इसके अतिरिक्त यदि चंद्रस्वामी प्रमुख षड्यंत्रकारी होते, वे कभी एलटीटीई से प्रत्यक्ष रूप में संपर्क नहीं करते, वे दलाल को चुनते और पैसों को भेजते। उदहारण के लिए, यदि वो अ होते, वो ब (दलाल) को पैसे भेजते और

ब ने वापिस पैसों को क (एलटीटीई) को देता। लेकिन यहाँ पर्याप्त साक्ष्य हैं कि पैसों को एलटीटीई के लिए उन्होंने ही भेजा, वे एलटीटीई उग्रवादियों से सीधे संपर्क करते थे।

बेंगलोर रंगनाथ ने सिवरासन से कहा कि वह 'जैन मुनि' (चंद्रस्वामी) था, जिसने उसे विदेश में जाने के लिए मदद करनेवाले थे। तो अब स्पष्ट है की, किसी ने उन्हें एलटीटीई को पैसे देने के लिए सौंपा। वह किसी ने कौन है? अब बजाय सरला ग्रेवाल, जो राजीव की सचिव सितंबर 23, 1987 के दिन तत्कालीन आईबी के प्रमुख एम.के. नारायणन के लिए लिखती हैं कि, चंद्रस्वामी सक्रियता से राजीव को हटाने की योजना बना रहे थे (दैहिक रूप से या राजनैतिकता से स्पष्ट नहीं है), वह राजीव की अंतिम संस्कार में आये और यास्सर अरफत के बगल में बैठे थे, उन्हें किसने अनुमति दी थी?इसके अलावा राजिंदर जैन एक साप्ताहिक में चंद्रस्वामी के बारे में लिखते हैं कि राजीव हत्याकांड में चंद्रस्वामी की भूमिका जुलाई 1991 की शुरुआत में मार्गरिट आल्वा ने चंद्रस्वामी की माँ की शोक सभा जयपुर के दूरवर्ती गाँव (दिनांक पता नहीं) में उपस्थित थीं। यह था जब नरसिंह राव प्रधान मंत्री थे। स्पष्टता से, चंद्रस्वामी के पास राजीव के निकटतम लोगों के अत्यंत महत्वपूर्ण संपर्क थे।

अब आईबी के लिए आते हैं, आईबी अपनी छिपाई का कृत्य मई 22 1991 से पहले शुरू किया

था। मई 21 की शाम के समय हत्या हुई, 22 की सुबह, उन्होंने पुलिस का सहयोग लिया और बाबू के घर वीडियो कसेट के लिए पहुंचे, उन्होंने वीडियो जप्त किया, कसेट को एम.के. नारायणन को भेजे, वीडियो कसेट के साथ छेड़छाड़ की गई, कुछ दिनों में छेड़छाड़ की गई वीडियो कसेट बाबू को वापिस लौटा दिए। बाबू को किसी से सत्य प्रकट ना करने की भयानक धमकी दी गई। पहली बात, आईबी के पास पुलिस अधिकारीयों के साथ सहयोग करना अधिकार नहीं था, यह उनका काम नहीं है और उन्हें ऐसा नहीं करना चाहिए, लेकिन उन्होंने ऐसा किया। यह ऐसा करने के लिए उन्हें किसी ने आईबी के प्रमुख एम.के. नारायणन को निर्देश दिए थे। कौन है वो व्यक्ति जिसने एम.के. नारायणन को निर्देश दिए थे की हत्या के तुरंत बाद जाकर सारे सबूतों को मिटा देने के लिए कहा?

वह असली षडयंत्रकर्ता महिला/पुरुष है। उपनिरीक्षक अनुसूया लगभग 80 जलन से झुलसाने के बाद अपोलो अस्पताल में थीं, उनका जीवित रहना अनपेक्षित था। मरगधम चंद्रशेखर भी छोटे घावों के साथ उसी अस्पताल में भर्ती हुई थीं। वास्तव में, वह सांस फूलने का बहाना बना रहीं थीं जब त्रिची वेलुस्वामी, सुब्रमनियम स्वामी एवं एह.वी. हांडे

मई 24 के दिन उनसे भेंट करने गए थे। फिर भी अनुसूया, जो अपने प्राणों से लड़ाई लड़ रहीं थीं उसे अनदेखा किया गया था।

मरगधम जिन्हें छोटे चोटों से घायल हुईं थीं दिल्ली के AII MS में बदल दिया गया, कारण बहुत ही सरल है। वह चोट नहीं थीं, वह था सत्य जो वे जानतीं थीं, वे लोग एसआईटी को उनसे सत्य प्रकट करवाना नहीं चाहते थे।

सत्य क्या था? सरल है। अनुसूया, जो अस्पताल के बिस्तर पर त्रिची वेलुस्वामी, सुब्रमनियम स्वामी एवं एह.वी. हांडे से पुष्टि किये थे कि, वह मरगधम का बेटा, ललित चंद्रशेखर थे, जिसने धनु को श्रीपेरुम्बुदुर के आयोजित स्थल में डैरिल पीटर द्वारा छोड़े थेऔर 5 लाख रुपयों का भुगतान किये थे। हत्यारे गिरोह की तिकड़ी धनु, सिवरासन एवं सुभा ईपीआरएलएफ कार्यकर्ताओं के भेस में आये थे और राजीव गाँधी को माल्यार्पण करने की विनंती की, केवल इतना ही नहीं

था। दिल्ली से किसी ने उन्हें विनंतीस्वीकार कर मौका दिए जाने का दबाव मरगधम पर डाले

थे। अपना उल्लू सीधा करना था। मई 18 के दिन, श्रीपेरुम्बुदुर की सभा के लिए कोंग्रेस का अनुरोध पुलिस द्वारा स्वीकृत हुई थी तथा स्कूल मैदान में आवंटित किया गया था, फिर भी, पुलिस को सूचित किये बिना, मरगधम स्वतः ही, आयोजित स्थल से बदलकर झाड़ियों से भरे मंदिर के मैदान में आयोजित करना प्रारंभ किया, ऐसा क्यों कीं? बेशक, मात्र एक कारण क्यों कि सिवरासन बदलना चाहता था। क्यों? सिवरासन के लिए, हत्या की कहानी का एक भाग था। दूसरा भगा था हत्या के बाद उसका पलायन करना। स्कूल का मैदान जो पहले आयोजित स्थल था वह मुख्य रास्ते पर नहीं था, वह आतंरिक भाग में था। क्यों कि, वह आंतरिक भाग में स्थित होने से हत्या के बाद कोलाहल के बीच में से पलायन करना चुनौतीपूर्ण रहती और हत्या के बाद वहाँ बस या ऑटो की उपलब्धिता नहीं रहती, लेकिन जब ठिकाना मुख्य रास्ते पर होने से, सिवरासन और उसके गिरोह के लिए पलायन करना बहुत आसान था और वैसे भी मुख्य रस्ते पर गाड़ियों की उपलब्धिता रहेगी। लेकिन उसने ऐसा मरगधम से सीधा संपर्क करके जगह बदलने के लिए बिलकुल नही किया, इसलिए उसने दिल्ली से संपर्क करके करवाया। वह व्यक्ति बदले में, मरगधमसे सीधा संपर्क किया और मरगधम को कुछ भी संदेह किये बिना आवश्यक कार्य पूर्ण किया।

लेकिन हत्या के बाद, क्या यदि मरगधम ने सत्य उजागर किया तो? यह संपूर्ण बिंदु थी। विस्फोटक के बाद मरगधम का बचना अनपेक्षित था। इसे भलीभांति जानते थे की संसदीय क्षेत्र में खड़ी उम्मीदवार राजीव के साथ निकटता से (इस प्रकरण में मरगधम) रहेंगे।

मरगधम की मृत्यु राजीव गाँधी के साथ अपेक्षित थी लेकिन भाग्य ने चाहा, वे बच गयीं क्यों कि लक्ष्मी अलबर्ट की महिला समूह ने राजीव को घेर लिए थे उन्हें कोहनी से मारकर मरगधम राजीव से आगे निकल गयीं, तो यह सत्य हुआ, की मरगधम जिंदा बची, यह देखकर दिल्ली में षड़यंत्रकारियों के होश उड़ गए क्यों कि उन्हें सत्य पता था। एसआईटी से या फिर प्रेस के सामने उनका सच से उजागर करनाहर मौका था। इसे रोकने के लिए, उन्हें किसे से भी सत्य से अवगत कराना संभवतः (धमकी) के कड़े निर्देश दिए गए थे। अपोलो अस्पताल में उनका अल्प प्रवास के पश्चात उन्हें AII MS में बदल दिया गया। वहाँ उनकी सही तरह से इलाज कर सकते थे चाहे वो रिश्वत/ फुसलाना/ विवश करना/ धमकी से ऐंठना, ये सब मरगधम को किया जा सकता था ऐसा किसी की भी कल्पना हो सकती है, इसके बाद से, मरगधम पूर्णतया चुपचाप रहीं।

सिवरासन की तरफ आते हैं, पद्मनाभ की हत्या करने के बाद वो भारत से पलायन किया, वास्तव में, वो भारत में डीएमके सरकार थी जो सत्ता में थी, जो कि एलटीटीई का समर्थन करती थी। हत्या जून 19, 1990की शाम में हुई थी। फिर भी, करूणानिधि से समर्थन होने के बावजूद, सिवरासन उद्विग्न हो उठा और जून 21 1990 के दिन भारत से भाग गया। तो जब उसने भूतपूर्व प्रधान मंत्री राजीव गाँधी की हत्या की, वो अतिभीत होकर उसी दिन भारत से पलायन करना अपेक्षित था। लेकिन वो बिलकुल शांत था और भारत छोड़कर भागा नहीं। वो तिरुपति, वेदारन्यम जैसे जगहों पर जाता, निर्भीक से फिरता रहता। इतना आत्मविश्वास कैसे था? उसे इतना आत्मविश्वास किसने दिया?

सिवरासन सभी को दिल्ली के लिए भेजता गया, अथिरै एवं कनाकसभापति दिल्ली गए। सिवरूपन जयपुर चला गया। वोस्वयं बेंगलोर गया और दिल्ली की ओर प्रस्थान किया। साथ ही बैक अप योजना यह थी, कि, अथिरै आत्मघाती हमलावर होंगी और वो दिल्ली में राजीव की हत्या करेगी। अथिरै तथा कनाकसभापति दोनों को हिंदी भाषा नहीं आती थी और अब वे दिल्ली में थे। तो किसने उनका प्रवेश राजीव तक पहुंचाया? किसके आधार पर वे दिल्ली पहुंचे?

निस्संदेह, कॉंग्रेस में से ही कोई वरिष्ठ एवं अत्यंत प्रबलशाली व्यक्ति थे। सिवरासन खुद कहाँ गया?

वो कर्नाटक के बंगलोर में पहुँचा। मार्गरिट आल्वा कहाँ से थीं? वे कर्नाटक के मेंगलोर से थीं। सिवरासन अंतिमबार कहाँ पाया गया? वो अंजनप्पा के घर में पाया गया जिसका अश्वत रामैया भाई के रूप में उसेऔर कोई ना होकर स्वयं मारग्रेट आल्वा ने तैयार किया था।

साथ ही, मई 21 के दिन, राजीव को रामपुर, बरेली एवं मोरादाबाद में रहना चाहिए था। लेकिन अनुसूचना बदलने से उन्हें तमिलनाडु के लिए जाना था। तमिलनाडु में श्रीपेरुम्बूदूर पहलेवाली सूची में नहीं थी, उसे अंतिम क्षण में डाला गया। अंततः राजीव श्रीपेरुम्बूदूर आये और उनकी हत्या कर दी गई। पाठक इसका ध्यान रखना चाहिए कि किस तरह से संपूर्ण योजना बनाई गई थी और चरण पर चरण के बाद कैसे कार्यान्वयन हुई। यात्रा कार्यक्रम के लिए, पोन कृष्णामूर्ति कहते हैं कि, मारग्रेट आल्वा ने मई 17 की शाम में फोन किया और मरगधम को मई 21 के दिन श्रीपेरुम्बूदूर में चुनावी सभा आयोजित करने के लिए स्थान एवं आवश्यक प्रबंध करवाने को मनवा लिया। कार्तिकेयन तथा रगोथमन दोनों ने स्वीकार किये हैं कि, मारग्रेट आल्वा ने ही राजीव गाँधी की श्रीपेरुम्बूदूर की अंतिम यात्रा कार्यक्रम मई 17 की शाम में तैयार की थीं जो पोनकृष्णामूर्ति कथन से तुलनात्मक है, फिर भी मार्गरिट आल्वा अपनी पुस्तक "करेज एंड कमिटमेंट" में लिखीं हैं कि, उन्हें श्रीपेरुम्बूदूर के बारे में राजीवजी ने ही मई 20 के दिन चुना था। यह कैसे संभव था की जब वे एआईसीसी की व्यक्ति यात्रा कार्यक्रम की प्रभारी थीं?

इन तथ्यों से स्पष्ट है कि, राजीव गाँधी की हत्या एक आंतरिक हत्या थी जिसने कोंग्रेस के किसी ताकतवर व्यक्ति ने की है। अंत में, ऊंट की पीठ में आखीरी तिनका – सिवरासन सुभा के साथ मध्य प्रदेश गया था मई 12 के दिन, वहाँ सुरेश पचौरी के घर ठहरा, उन्हें कोंग्रेस कार्यकर्ताओं से श्रीमान श्रीमती अय्यर मद्रास के पत्रकार के रूप में परिचय करवाया गया। इस शपथपत्र को जैन आयोग में किसी व्यक्ति ने दर्ज किया गया था और इसका समर्थन 7 कोंग्रेस कार्यकर्ताओं ने किया था। इन सातों में से छः महिलाएं थीं। सुरेश पचौरी कौन था? उसके बारे में एकमात्र जानकारी का अंश जो इस लेखक ने पता लगाने में सक्षम था, कि वो व्यक्ति सोनिया गाँधी का करीबी विश्वासपात्र था[222]।

सारस आनंद से अपने पंख फडफडाते उड़ गए।

---

[222] Trl chy Velusamy (Taml I) – pg 152

संदर्भ

1. अरुण शूरी, द कमिश्नर फॉर लॉस्ट कॉजस (अंग्रेज़ी), पेंग्विन रैंडम हाउस इंडिया, 2022

2. नीना गोपाल, द असेसिनेशन ऑफ़ राजीव गाँधी (अंग्रेज़ी), पेंग्विन बुक्स, 2016.

3. डी पांडियन, राजीव गाँधीयिन कदैसी मणि थुलिगुल (तमिल), कुमारन पथिप्पगम, 2005.

4. चंद्रशेखरन पी, क्रिमिनलगल जागिराथई (तमिल), किज़क्कू पथिप्पगम, 2005.

5. फ़राज़ अहमद, असेसिनेशन ऑफ़ राजीव गाँधी – एन इंटरनल जॉब? (अंग्रेज़ी) विटास्टा पब्लिशिंग प्रै.ली., 2015.

6. रगोथमन के, कोंसपिरसी टू किल राजीव गाँधी – फ्रॉम सीबीआई फाइल्स (अंग्रेज़ी), मानस पब्लिकेशन्स, 2018.

7. सिंग एन.के, द प्लेन ट्रुथ – मेमोइर्स ऑफ़ अ सीबीआई ऑफिसर (अंग्रेज़ी), कोणार्क पब्लिशर्स प्रै.ली, 1996.

8. राजीव शर्मा, बियोंड द टाइगर्स, कावेरी बुक्स, 2018.

9. रगोथमन के, राजीव कोलाई वाज़क्कू – मर्ममविलगुम नीरम (तमिल), किज़क्कूपथिप्पगम, 2009

10. दौरैस्वामी एस, राजीव गाँधी मर्डर मिस्टरीज़ एंड सीक्रेट्स, रवी प्रिंटर्स, 2014.

11. सिंग एन.के, द प्लेन ट्रुथ (अंग्रेज़ी), कोणार्क पब्लिशर्सप्रै.ली, 1996.

12. त्रिची वेलुस्वामी, थूक्कू कयित्रिल निजम (तमिल), पात्रिशिया पब्लिकेशन्स, 2012.

13. निरोमी डी सूज़ा, थमिज़ पेनपुलि (तमिल), Umamahesh.com, 2014.

14. थमीजीनी, इन द शेडो ऑफ़ अ स्वोर्ड (अंग्रेज़ी), योडा प्रेस/सेज/सेलेक्ट, 2016.

15. कार्तिकियन डी आर &राधाविनोद राजू, ट्राईम्फ ऑफ़ ट्रुथ : राजीव गाँधी असेसिनेशन (अंग्रेज़ी)स्टरलिंग पब्लिशर्स, 2004

16. रमेश दलाल, राजीज गाँधी असेसिनेशन: द मिस्ट्री अनफोल्ड्स (अंग्रेज़ी), यूबीएस पब्लिशर्स डिस्ट्रीब्यूटर्स लि., 2001.

17. सुब्रमनियम स्वामी, असेसिनेशनऑफ़ राजीव गाँधी :अनआन्सर्डकेश्चन्स एंड अनआस्क्ड क्वेरीज़, कोणार्क पब्लिशर्स, 2000.

18. स्टीफेन हेयंस, रक्तस्रवण द्वीप, पार्ट्रिज पब्लिशिंग इंडिया, 2016.

19. नलिनी मुरुगन, राजीव कोलाई – मरीकापट्टक उमाईगलुम प्रियंका नलिनी संधिपम (तमिल) याज़ पधिपागम 2016

20. रवीचंद्रन, राजीव गाँधी पड़ूकोलाई – सिवरासन टॉप सीक्रेट (तमिल)याज़ पधिपागम 2018

21. चेल्लमुथु कुप्पुस्वामी, प्रभाकरन ओरु वाज़कई (तमिल) किज्हक्कू पथिपागम 2008

22. नकीरन एंड टीम, राजीव पड़ूकोलाईल सर्वदेसा कूलिगल (तमिल), नाकीरन पब्लिकेशन्स, 2021

23. बर्टिल फाक, फिरोज द फॉरगॉटन गाँधी, लोटस कलेक्शन, 2016

भेंटवार्ता

1. पोनकृष्णामूर्ति (मरगधम चंद्रशेखर की सहयोगी)
2. नूरुल्लाह (पत्रकार)
3. मोहनराज जेबमणि (सेवानिवृत्त पुलिस अधिकारी तथा एसआईटी सीबीआई के सदस्य)
4. दौरैस्वामी (नलिनी मुरुगन के विधिवक्ता)
5. रगोथमन (एसआईटी के मुख्य अन्वेषण अधिकारी)
6. अनुस्सोया डैज़ी (एसआई पुलिस)
7. न्यायाधीश के.टी. थॉमस (सर्वोच्च न्यायलय के न्यायाधीश)
8. मेजर रवी (पूर्व कमांडो तथा भारतीय सेने के सेवानिवृत्त अधिकारी
9. कराटे थियागराजन (जी.के. मूपनार के पार्टी कार्यकर्ता)
10. मुनवरबाशा (जी.के. मूपनार के पार्टी कार्यकर्ता)
11. धननचेज़ियन (जी.के. मूपनार के पार्टी कार्यकर्ता)
12. पार्तसार्थी (MAPS) (छाया-पत्रकारश्रीपेरुमबुदुर में मई 21, 991 के दिन उपस्थित)
13. रमेश दलाल (लेखक एवं राजनीतिझ)

पत्रिकालेख / पुस्तकें

1. https://tl mesofl ndl a.l ndl atl mes.com/cl ty/chennal / total-recall-on-the-day-of-rajl v-gandhl -assassl natl on/artl cleshow/86829495.cms

2. http://www.thesundayl ndl an.com/cgl -sys/suspendedpage. cgl?artl cle_l d=15033

3. https://tl mesofl ndl a.l ndl atl mes.com/cl ty/bengaluru/wl th-a-scrap-of-paper-cops-hunted-down-rajl v-assassl ns/artl cleshow/52351328.cms

4. https://www.l ndl atoday.l n/magazl ne/l nvestl gatl on/ story/19910715-rajl v-gandhl -assassl natl on-ltte-supremo-pl rabhakaran-ordered-the-kl lll ng-l n-jaffna-l n-octob er-1990-814580-1991-07-15

5. https://www.outlookl ndl a.com/magazl ne/story/nl ght-of-the-sul cl de-bomb/300169

6. जूनियर विकतन मई 29, 1991

7. https://bharatabharatl .l n/2012/11/17/crl me-reward-the-curl ous-l nvestl gatl on-of-rajl vs-assassl natl on-sam-rajappa/

8. https://taml lnatl on.org/books/eelam/sl ngh.htm

9. https://www.wl kl wand.com/en/1991_l ndl an_general_electl on

10. https://taml lnatl on.org/l ntframe/l ndl a/jal ncomml ssl on/ growth_of_taml l_ml ll tancy/ch3sec1.html

11. https://taml lnatl on.org/l ntframe/l ndl a/jal ncomml ssl on/ growth_of_taml l_ml ll tancy/ch3sec6.html

12. https://www.thehl ndu.com/news/natl onal/taml l-nadu/ former-cbl -offl cl al-says-he-dl d-not-record-perarl valans-confessl on-verbatl m/artl cle5384370.ece

13. https://tl mesofl ndl a.l ndl atl mes.com/l ndl a/freedom-at-ml dll fe-for-rajl v-gandhl -kl lll ng-convl ct/artl cleshow/91649661. cms

14. https://www.Indiatoday.In/magazIne/natIon/story/19960731-rajIv-gandhI-assassInatIon-probe-court-rulIng-on-mv-ahat-crew-comes-as-a-setback-to-sIt-833602-1996-07-31

15. https://www.upI .com/ArchIves/1993/01/20/TamII-TIgers-claIm-IndIan-naval-pIracy-led-to-theIr-leaders-death/5194727506000/#:~:text=NEW%20DELHI %2C%20 New%20DelhI %20%2D%2D, waters%20by%20the%20IndIan%20Navy

16. https://dbsjeyaraj.com/dbsj/archIves/64965

17. https://www.colombotelegraph.com/I ndex.php/the-murder-of-alfred-duraIappah/

18. https://www.newI ndI anexpress.com/world/2010/oct/14/ prabhakaran-dId-not-kIll-jaffna-mayor-scrIbe-195074.html

19. https://www.nytImes.com/2005/11/18/world/asIa/srI -lankan-prIme-mInIster-wIns-presIdentIal-electIon.html

20. https://www.redIff.com/news/2004/dec/13rajIv.htm

21. https://IndIankanoon.org/doc/1404057/

22. https://IndIankanoon.org/doc/1894969/?type=prInt

23. https://www.fIrstpost.com/I ndIa/chandraswamI -the-lIfe-and-tImes-of-self-styled-godman-who-became-controversys-favourIte-chIld-3475296.html

24. https://zeenews.I ndIa.com/news/natIon/justI ce-jaIn-IndI cates- chandraswamI s-role-I n-rajIv-assassInatIon-case_192379.html

25. https://www.IndIatoday.In/magazIne/crIme/story/19960430-accused- sanjay-khanna-reveals-chandraswamIs-role-In-plantI ng-of-bomb-In-journalIst-jaIns-car-833464-1996-04-30

26. https://www.dawn.com/news/1066801

27. https://IndIanexpress.com/artIcle/IndIa/judge-who-handed-death-to-rajIv- gandhI -kIllers-wrItes-to-sonIa-show-magnanImIty-4939399/

28. https://www.yumpu.com/en/document/read/42840544/
supreme-court-judgementjustI ce-d-p-wadhwa-rajI v-gandhI -

29. https://www.thenewsmI nute.com/artI cle/rs-40-lakh-godman-
and-hI s-aI de-unanswered-questI ons-rajI v-gandhI -assassI
natI on-73053

30. https://m.facebook.com/nt/screen/?params=%7B%22note_I
d%22%3A3528157993 04181%7D&path=%2Fnotes%2Fnote%
2F&refsrc=deprecated&_rdr

31. https://www.daI lypI oneer.com/2014/I ndI a/fabrI cated-versI
ons-of-events-floated-as-truth.html

32. https://www.casemI   ne.com/judgement/I
n/5609ad65e4b014971141147f 33) https://www.I ndI atoday.I
n/magazI ne/I nvestI gatI on/story/19960531-gaps-I n-the-
probe-753114-1996-05- 31

33. http://www.I ndI andefencerevI ew.com/spotlI ghts/the-assassI
natI on-of-rajI v-gandhI /2/

34. https://parlI   amentofI   ndI   a.nI   c.I   n/ls/lsdeb/ls12/
ses2/0405089808.htm

35. https://www.hI story.com/topI cs/mI ddle-east/persI an-gulf-
war

36. https://www.southasI amonI tor.org/books/was-rajI v-gandhI
-vI ctI m-foreI gn-I ntellI gence-agencI es

37. https://sangam.org/srI -lanka-the-untold-story-chapter-47/

38. https://www.daI lymaI l.co.uk/news/artI cle-4583004/Adnan-
KhashoggI -shadowy-arms-dealer-frI end-NI xon.html

39. http://www.thesundayI ndI an.com/artI cle_prI nt.php?artI cle_I
d=15033

40. https://www.deccanchronI   cle.com/natI   on/current-affaI
rs/200817/my-commandos-were-ready-not-allowed-to-
capture-em-all ve-major-ak-ravI ndran.html

41. https://tl mesofl ndl a.l ndl atl mes.com/cl ty/chennal /
total-recall-on-the-day-of-rajl v-gandhl -assassl natl on/artl
cleshow/86829495.cms

42. https://taml lnatl on.org/l ntframe/l ndl a/jal ncomml ssl on/
growth_of_taml l_ml ll tancy/ch3sec1.html

43. https://www.l ndl atoday.l n/magazl ne/cover-story/
story/19901115-offl ce-dl dnt-corrupt-v.p.-sl ngh-
but-l t-showed-hl m-up-for-what-he-was-not-yet-a-
leader-813238-1990-11-15

44. https://www.l psnews.net/2020/06/murder-foul-death-olof-
palme/

45. https://l news.co.uk/news/long-reads/stl eg-larsson-olof-
palme-murder-jan-stocklassa-346203

46. https://www.redl ff.com/news/column/who-got-the-bofors-
money/20181023.htm

47. https://www.l ndl atoday.l n/magazl ne/l nvestl gatl on/
story/19871215-questl ons-ral sed-about-government-decl sl
on-to-buy-bofors-gun-799599-1987-12-15

48. https://www.redl ff.com/news/2007/feb/23bofors.htm

49. https://www.redl ff.com/news/2007/feb/24bofors.htm

50. https://www.redl ff.com/news/2007/feb/24bofors2.htm

51. https://www.redl ff.com/news/2007/feb/27bofors6.htm

52. https://www.redl ff.com/news/2008/sep/05bofors.htm

53. https://www.opl ndl a.com/2019/03/papers-long-burl ed-
questl ons-that-were-never-asked-was-sonl a-gandhl -l tall
an-faml ly-l nvolved-l n-the-bofors-scam/

54. https://openthemagazl ne.com/features/l ndl a/the-dangll ng-
conspl racy-questl on/

55. https://economl ctl mes.l ndl atl mes.com/news/poll tl cs-
and-natl on/jal ler-ll ed-on-prl yanka-nall nl -meet/artl
cleshow/3007095.cms?from=mdr

56. https://www.bolojl .com/artl cles/4573/was-prl yanka-seekl ng-the-truth

57. https://www.outlookl ndl a.com/websl te/story/why-nall nl -murugan-should-not-be-released/237349

58. https://www.l ndl atoday.l n/magazl ne/cover-story/ story/19861031-attempt-to-assassl nate-prl me-ml nl ster-rajl v-gandhl -exposes-chl nks-l n-hl s-securl ty- armour-801365-1986-10-31

59. https://www.sl fy.com/news/l ntervl ew-the-man-who-trl ed- to-gun-down-rajl v-gandhl --news-columns-jel vEKheefjsl .html

60. https://tl mesofl ndl a.l ndl atl mes.com/l ndl a/quattrocchl -l ssue-resurfaces-l n-ls/artl cleshow/1971813.cms

61. https://www.l ndl atoday.l n/magazl ne/the-bl g-story/ story/20110117-he-met-sonl a-21-tl mes-after-rajl vs- death-745483-2011-01-08

62. https://taml lnatl on.org/forum/sachl srl kantha/vp/vp32.htm

वीडियो

1. https://www.youtube.com/watch?v=OzdI ScuIFKE – सीथान्रन के साथरगोथमनकी भेंटवार्ता– अंग्रेजीभाग 2.

2. https://www.youtube.com/watch?v=m85jzhZHsHc – सीथान्रन के साथरगोथमनकी भेंटवार्ता(अंग्रेजी) – खण्ड 1

3. https://www.youtube.com/watch?v=I IhVahYBhUQ – सीथान्रन के साथरगोथमनकी भेंटवार्ता(तमिल) – भाग1

4. https://www.youtube.com/watch?v=25VI bw6z09Q – सीथान्रन के साथरगोथमन की भेंटवार्ता (तमिल) – भाग2

5. https://www.youtube.com/watch?v=YN9Tf7HS_8c – सीथान्रन के साथरगोथमन की भेंटवार्ता(तमिल) – भाग3

6. https://www.youtube.com/watch?v=EC4sCGMD2_c – सीथान्रन के साथ रगोथमनकी भेंटवार्ता (अंग्रजी) – खण्ड3

7. https://www.youtube.com/watch?v=jsxalgSI5bA – सीथान्रन के साथ रगोथमनकी भेंटवार्ता (अंग्रजी) - खण्ड4

8. https://www.youtube.com/watch?v=I0dhbAk6uHg – सीथान्रन के साथ रगोथमनकी भेंटवार्ता (अंग्रजी) - खण्ड5

9. https://www.youtube.com/watch?v=Fm01I gl6H_M – सीथान्रन के साथ रगोथमनकी भेंटवार्ता (अंग्रजी) – भाग 6

10. https://www.youtube.com/watch?v=YN9Tf7HS_8c – सीथान्रन के साथ रगोथमनकी भेंटवार्ता (तमिल) – भाग 3

11. https://www.youtube.com/watch?v=RkG4wTBg24M – पोन कृष्णमूर्ति के साथ सीथान्रन (तमिल) – भाग 2

12. https://www.youtube.com/watch?v=g7H1EsahKjM – अनुसूया डेज़ी कीभेंटवार्ताI ntervI ew

13. https://www.youtube.com/watch?v=PA-cKv_cM8s – अर्नब गोस्वामी की भेंटवार्ता कार्तिकेयन एवं रगोथमन के साथ, भाग 2 में 3

14. https://www.youtube.com/watch?v=gT3s99o0krQ – थोल थिरुमावलन का भाषण

15. https://www.youtube.com/watch?v=jxa9Z1Z1I nY – माइकल हर्शमनकी भेंटवार्ता

16. https://www.youtube.com/watch?v=nWSI EI 3aMTk – माइकल हर्शमन की भेंटवार्ता